無悔

陳明忠
回憶錄

李娜——整理編輯
呂正惠——校訂

目錄

上：陳明忠就讀高雄中學二年級時，
第一次知道自己不是日本人。

中：馮守娥蘭陽女中高三畢業照，攝於1949年6月。（馮守娥提供）

下：五〇年代白色恐怖犧牲烈士馮錦輝，是宜蘭地區地下黨的負責人，由郭琇琮直接領導。1950年因「蘭陽地區工委會案」被捕就義。（馮守娥提供）

上：馮守娥與哥哥馮錦煇被捕後，父母特地將家中七個弟妹之合照寄給她，以慰其思念之情。（馮守娥提供）

下：1955年4月馮守娥關押於生教所時，與前來探望的父母、妹妹合影。同年8月10日馮母過世，享年48歲。（馮守娥提供）

上：陳明忠、馮守娥夫婦於1965年結婚時的留影。馮守娥也是政治受難人，1950年被捕入獄10年，出獄後在日資山之內藥廠台北分公司擔任會計時，與在中國新藥任職的陳明忠認識結縭。她的哥哥便是同案犧牲的烈士馮錦輝。

下：1965年元旦陳明忠與馮守娥結婚，隔日返家途中在日月潭合影。

1968年，快樂的回憶：帶長女志民(1965年生)與次女志平(1967年生)假日遊台北植物園。

上：1981年8月8日父親節，在綠島與家人面會。

下：1987年4月保外就醫後，全家到照相館拍紀念照，答謝關心的親友。

1995年陳明忠應侯孝賢之邀，在《好男好女》中飾演蔣碧玉（伊能靜飾）的父親。（劇照師蔡正泰，財團法人國家電影資料館提供。）

上：1997年陳明忠夫婦邀宴剛卸任法務部長回政大任教的馬英九，感謝他當年協助安排保外就醫。

中：2005年2月27日國民黨邀請二二八事件當事人陳明忠於二二八紀念會現身說法。會中陳明忠呼籲族群和解，並促成連戰訪問北京展開「破冰之旅」。

下：陳明忠、馮守娥陪同高金素梅委員赴日參與「還我祖靈運動」時，與日本友人合影。

上：2011年5月在貴州省台灣同胞聯誼會邱培聲會長邀請下，率領夏潮聯合會訪問團前往參訪，在遵義赤峰烈士紀念碑前合影。（夏潮聯合會提供）

中：陳明忠與吳澍培夫婦在貴州鄉下考察新農村建設。（夏潮聯合會提供）

下：陳明忠夫婦與黃秋香、林聲洲於閩西紅區中復村的2萬5千里長征出發地留影。（夏潮聯合會提供）

上：陳明忠夫婦合影於上海自宅中庭，他晚年經常到上海醫治當年被刑求所留下的後遺症。

下：「我生錯了時代，但沒有做錯事。有生之年能看到中國現在的發展，我沒有遺憾」。攝於2010年1月2日陳明忠81歲生日。

一

上世紀九〇年代，台灣統派的一些年輕人，很希望五〇年代的老政治犯（我們習稱老同學）寫回憶錄。那時候全台灣已經充斥著台獨派的歷史觀，我們希望老同學的回憶錄可以產生一些平衡作用。但老同學對我們的建議不予理會，他們認為，重要的是要做事，回憶過去沒有什麼用。況且，那時候台灣解除戒嚴令才不久，老同學也不知道過去的事能講到什麼程度，心裏有很多顧忌，當然更不願意講述以前的事。

當時我們著重說服的兩個對象，是林書揚先生和陳明忠先生。林先生尤其排斥寫回憶錄的想法，因此，直到他過世我們都不太了解他的一生。陳先生雖然比較願意談過去的事，但也只是在不同的場合偶然談上一段，他也沒有想寫回憶錄的念頭。

二〇〇八年，《思想》的主編錢永祥，要我和陳宜中聯合訪問陳先生。這篇訪問稿〈一個台灣人的左統之路〉登出來以後，很意外的被大陸很多網站轉載，大陸讀者反應說，他們對台灣歷史增加了另一種理解。

由於這個緣故，陳先生終於同意由他口述，讓我們整理出一部回憶錄。中國社科院文學研究所的李娜，知道這件事以後，自告奮勇，表示願意承擔訪談錄音和整理、編輯的工作，不拿任何報酬。李娜和藍博洲、張俊傑，還有我，多有來往，比較了解台灣的統派，對台灣歷史也比較熟悉，為人熱情，所以我們都同意由她來承擔這一工作。應該說，這本書能夠完成，李娜是最大的功臣。

李娜完成錄音的逐字稿整理和編輯以後，我列印出來，交給陳先生修訂增補，我再根據陳先生的校稿加以整理。李娜的逐字稿已經把陳先生所講述的事實做了一些歸併，而且劃分了章節。在這方面陳先生和我只做了小幅度的調整。我的主要工作是修訂文字，讓陳先生的意思表達得更明確，並且跟陳先生隨時聯繫，確認一些事實。

我跟李娜講，陳先生普通話講得不太好，講話常有閩南話的習慣，造句、用詞比較質樸，整理時不要太過修飾，儘可能保持他的語氣，這樣比較生動。李娜完全按照這一原則整理，只有少數地方不太合乎閩南語的習慣。我跟陳先生一樣，講的普通話含有濃厚的閩南話味道，因此，凡是我認為不太合乎陳先生口吻的句子和用詞，我都改了。另外，陳先生個性比較急，講得比較快，前後句子常常不太連貫，我就增加一些句子，讓意思清楚。我的修改，陳先生至少看過三遍，他有時候也加以增改。應該說，全稿是在陳先生的仔細審訂下通過的。

回顧起來，自從李娜把逐字稿交給我以後，又經過了兩年多，因為我很忙，校訂工作拖得太久，這是應該跟陳先生和李娜致歉的，另外，稿子在《犇報》連載期間，把我的校訂稿列印出來，交由陳先生修訂，這種工作都是陳福裕負責的，他還和陳先生密切聯繫，從陳先生處選用照片，編配在本書中。在最後的排印過程中，一切工作全部由人間出版社的蔡鈺淩小姐和夏潮聯合會的李中小姐統籌。最後，黃瑪琍小姐聽說是陳先生的書，立即允諾設計封面及版面，這都應該說明，並表示感謝。

二

陳先生生於一九二九年，經歷了日本殖民統治的最後階段，台灣光復時十六歲，高中已經畢業，因此他主要的知識語言是日語。十八歲時遭逢二二八事件，並身涉其中，事變後不久加入共產黨地下組織。一九五〇年被捕，一九六〇年出獄。出獄後，經過艱苦的努力，成為台灣新興企業的重要管理人員。但他不改其志，始終關心祖國的前途，花費大量金錢從日本搜購資料，並與島內同志密切聯繫，導致他在一九七六年第二次被捕。國民黨原本要藉著他的案件，把當時島內從事民主運動的重要人物一網打盡。陳先生備受各種苦刑，仍然堅貞不屈，讓國民黨找不到擴大逮捕的藉口。國民黨原本要判他死刑，由於海外人權組織和美國保釣運動參加者的傾力援救，改判十五年徒刑，一九八七年因病保釋就醫。陳先生出獄時，島內台獨勢力已成氣候，不久民進黨組黨，戒嚴令解除。為了對抗以民進黨為代表的台獨勢力，陳先生又聯絡同志，組織台灣地區政治受難人互助會、中國統一聯盟、勞動黨等，是台灣公認的重要統左派領袖。

陳先生口述的一生經歷，主要圍繞著上述事件而展開，主要是以敘述為主。雖然偶有議論，但無法系統的呈現他的政治見解，因此他決定把〈一個台灣人的左統之路〉收入書中，以彌補這一缺憾。陳先生的一生，不但呈現了台灣近七十年歷史的一個側面，同時也曲折的反映了中國人的現代命運。因為現代的年輕人對這段歷史大都不太熟悉，我想藉著這個機會對本書中所涉及的歷史問題加以重點分析。我希望這本書將來能夠在大陸出版，因此，我把大陸的讀者都預想在內，涉及面比較廣，希望引起大陸讀者的關注和討論。

我的序言主要涉及三個問題：一、台灣人與日本殖民統治的關係，二、國民黨與台獨，三、中國一九四九年革命的後續發展問題。

大陸的一般人好像有一個傾向，認為台灣人對日本的殖民統治頗有好感，到現在還念念不忘，其實這是最近一、二十年來台灣媒體給大陸讀者造成的印象，完全不合乎歷史實情。在一次簡短的訪談中（見本書附錄），陳先生一開始就說，改變他整個人生的思想和行為的，就是高雄中學的日本人對他的歧視。這並不是單獨的個案。陳先生的前輩，二二八事件後台北地區地下黨的領導人，後來被國民黨處死的郭琇琮，是另一個著名的例子。他出身於台北大地主之家，跟陳先生一樣，考上台北最好的高中，也因為飽受日本同學的欺壓而成為民族主義者和社會主義者。只要熟悉日據末期的史料，以及當時台灣重要人物的傳記，就可以知道，光復後加入共產黨地下組織的台灣人普遍都有這種遭遇。

其次，台灣農民的處境，在日本殖民統治時期，遠比清朝惡劣得多，陳先生在書中已經談到了。只要稍微閱讀日據時代的台灣新文學作品，或者了解一下日據時代的台灣經濟發展，也會得到這樣的印象，這就是為什麼日據時期台灣最活躍的反日運動是由「農民組合」所發動的。而領導農民組合的知識分子，大半就是對日本人的歧視非常不滿的、受過比較好的教育的台灣人。這一股力量，是台灣左翼運動的核心，也是台灣光復和二二八事件後，台灣主流知識圈倒向共產黨，並且加入地下組織的主要推動力。

非左翼的民族主義者如林獻堂等大地主階級，也對日本的統治不滿。因為他們極少參政的機會，他們的經濟利益也嚴重受到日本企業的排擠。他們一心嚮往祖國，認為只要回到祖國懷抱，他們就可以成為台灣的主導力量，並且取得他們應有的經濟利益。因此，台灣光復，國民黨的接收官員和軍隊到達台灣時，受到極為熱烈的歡迎，這從當時的報紙都可以清楚的看出來。

這種情勢，在國民黨來接收以後，逐漸的、完全的改變過來。國民黨的接收，幾乎一無是處，所以才會在不到兩年之內就激發了蔓延全島的二二八事件。二二八事件後，台灣內部的左翼力量認清了國民黨的真面目，在來台的大陸進步知識分子的影響下，迅速倒向共產黨。他們之中最勇敢的、最有見識的，基本上都加入共產黨的地下組織。當時國共內戰的局勢對共產黨越來越有利，他們認為台灣解放在即，不久的將來就可在共產黨的領導下，建設一個全新的中國。沒想到，不久韓戰爆發，美國開始保護殘存的國民黨政權，國民黨也在美國支持下，大力掃蕩島內的親共分子，這就是大家習稱的白色恐怖。國民黨秉持「寧可錯殺一百，不可放過一個」的原則，幾乎肅清了島內所有的支持共產黨的人。這樣，最堅定的具有愛國主義思想的台灣人，不是被槍斃，就是被關押在綠島，還有一部份逃亡到大陸或海外，日據時代以來最堅定的抗日和民族主義力量，在台灣幾乎全部消失。

非左翼的地主階級（左翼之中的地主階級也不少，如郭琇琮、陳明忠都是）雖然對國民黨還是很不滿，但比起共產黨，他們還是勉強跟國民黨合作。但是，美國為了杜絕日本、南韓和台灣的左翼根源，強迫三個地區的政權進行土地改革。國民黨當然願意跟美國配合，因為這還可以藉機削弱台灣地主階級的勢力。國民黨表面上是用國家的資源跟台灣的地主階級購買土地，但實際上付給地主的地價根本不及原有的三分之一。台灣的地主階級從此對國民黨更為痛恨，地主階級的領袖林獻堂外逃日本，而且還支持在日本從事獨立運動的另一個地主邱永漢。所以陳先生才會說，台獨運動的根源是土地改革，這是從未有人說過的、深刻的論斷。

這樣，台灣內部原有的最堅強的、愛國的左翼傳統在台灣完全消失，而原來溫和抗日或者跟日本合作的地主階級，全部轉過來仇恨國民黨。前一種人的後代，在父親一輩被捕、被殺或者逃亡之後，在反共的宣傳體制下長大，無法了解歷史真相，又因為上一代的仇恨，當然也只會仇恨國民黨。而地主階級的後代，不管他們的經濟力量受到如何削弱，他們還是比較有機會受到教育，比較有機會到美國留學。他們上一代對國民黨的仇恨都遺留在他們身上，他們在海外又受到美國的煽動和支持，他們的台獨組織在一九七〇年代大大的發展起來，並且在八〇年代和島內的台獨勢力相結合，就成為目前台獨運動的主流。

在美國新興的台獨勢力，開始美化日本人的統治。就台灣一般民眾而言，他們親身經歷到日本和國民黨的統治，他們認為日本官吏比較清廉而有能力，而國民黨的官吏則是又貪污又無能，他們逐漸忘卻日本統治的殘暴和壓榨，因為國民黨的殘酷絕不下於日本人，而國民黨的壓榨也和日本不相上下。所以，台獨派對於日本殖民統治的美化，很容易得到一般台灣民眾的呼應，這樣，整個歷史就被顛倒過來，積非成是。最重要的關鍵還在於，國民黨把最堅強的抗日的、愛國的島內勢力根除無餘，這也是八〇年以後島內的統派力量一直很微弱，難以發揮影響的原因。

三

國民黨為了維護自己的政權，殘酷的清除台灣最堅強的、抗日的愛國力量，這純粹是自私。但國民黨為了穩定台灣，發展台灣的經濟，不得不實行土地改革，這件事無論如何不能說他做錯了。沒有土地改革，就不可能有後來的經濟發展。台灣地主階級的後代對此念念不忘，也應該加以批評。

坦白說，這十多年來我對國民黨在台灣的功過比較能坦然的加以評價。國民黨在土地改革後，實行低學費的義務教育，又實行非常公正的聯考制度，讓許許多多的貧困的台灣農家子弟逐漸出頭，確實有很大的貢獻。另外，由於教育的普及，受過教育的台灣人基本上都會講普通話（台灣稱為國語）。普通話不但讓台灣的閩南人、客家人、外省人，還有原住民可以相互溝通，而且，在兩岸互通以後，還可以跟大陸一般民眾溝通，客觀上為統一立下了很好的基礎。雖然在推行普通話的過程中，國民黨曾短時期（一九五、六〇年代之交）施行過禁止方言的過當政策，但總是功大於過。現在的台獨派，不管花多少力氣想把閩南話文字化（他們稱為台灣話文），都不能成功，反過來證明了國民黨推行普通話的貢獻。

一九七〇年代以後，尤其在一九八七年解嚴以後，過去三十餘年台灣歷史的真相逐漸被暴露出來。面對台獨派及一般台灣民眾對國民黨罪行的控訴，國民黨的統治階層，以及他們的第二代很難反駁，再加上美國的暗中支持，國民黨也無法以法律來壓制台獨言論。這樣，政治上台灣就分成兩大陣營，即現在一般所謂的藍與綠。在國民黨長期統治之下，還是有不少台灣人跟國民黨合作，他們的利益和國民黨密不可分，同時，由於民進黨常常訴諸群眾運動，過分偏激，不少中立者寧可支持國民黨，現在藍、綠兩邊大致勢均力敵。

不過，藍軍也並不支持統一。國民黨的核心統治集團，是當年戰敗逃到台灣來的最頑固的反共人物，他們有很深的仇共情緒，並且把這種情緒遺留給他們的第二代。他們認為，雖然國民黨治台初期犯了重大錯誤，但台灣社會現代化的貢獻還是要歸功於國民黨，在國民黨統治之下，台灣民眾才能過上富裕與民主的生活。因為仇共和自許的成就，即使面對台獨派極大的壓力，他們也不願跟共產黨合作，接受統一。就其實質而言，藍營基本上和綠營一樣，都很少具有民族主義的情懷。除了維持「中華民國」的正統性這一點之外，他們跟綠營的區別並不大。所以很弔詭的是，藍營雖然表面不講獨立，他們真正的心願是以「中華民國」這一塊招牌，把台灣獨立於中華人民共和國之外。所以現在的國民黨也成為另一種意義的台獨派。可以說，國民黨長期和美國合作所進行的反共（後來還有反中）宣傳，造成了今天島內兩黨惡鬥、面對大陸又兩黨一致的怪異局面。

其實，這一切都是美國長期導演出來的。美國在韓戰之後，一方面用武力保護台灣，一方面支持台灣的經濟改革，又利用極優厚的留學條件，把大部份的台灣菁英都吸引到美國去。事實上，現在的台灣統治集團（不論藍、綠），還有台灣大部份的企業家和高級知識分子，他們的後代（或其親屬）、甚至他們本人，不是擁有美國公民權，就是持有綠卡（馬英九的女兒就是美國籍）。這樣的集團既控制了台灣，又和美國具有利益上的種種瓜葛。在這同時，又有美國的盟友日本助上一臂之力。因為，做為台獨核心的地主階級的後代，基本上都親日，在他們的影響下，「哈日」之風盛行。台獨派甚至把當年日本人斥罵台灣人的「支那」和「清國奴」，轉而用到現在的中國人身上，可謂荒謬絕倫。可以說台灣長期在美國和日本的影響下，已經自視為亞洲的「文明國家」。台灣人實際上抄襲了日本人的「脫亞入歐」論，不但瞧不起中國人，也瞧不起東南亞國家。

現在大陸有少數人有一種想法，認為讓台灣長期維持現狀，對大陸的政治改革會產生積極的作用，這是不了解台灣問題的本質。因為，台灣問題是美國和日本採聯合行動，刻意干涉中國內政的最後殘餘。台灣問題不解決，就是中國百餘年來被侵略的歷史還沒有結束。我們應該站在民族大義的立場來看待台灣問題，不應該對台灣的所謂民主抱有幻想。最近民進黨煽動無知的學生包圍總統府和立法院，表現出一種無可理喻的反中情緒，就是最鮮明的例子。

四

陳先生接受新民主主義革命、加入地下黨時，只有十八歲。那時候的他，對社會主義的理論、社會主義的革命的認識都不是很深刻。一九六〇年他第一次出獄時是三十一歲，此後十六年，他想盡辦法偷讀日文資料，以求了解新中國的局勢。一九七六年第二次被捕，不久文革結束，這時，他也許才開始真正的「探索」。他說，文革結束之後台灣對文革的報導，讓他非常痛苦，他不知道中國革命為什麼會搞成這個樣，他不得不為自己犧牲一輩子所追求的事業尋求一個合理的解釋，不然他會覺得自己白活了。

一九八七年陳先生第二次出獄，他開始閱讀大量的日本左派書籍，企圖深入了解中國革命的歷程、文革發生的背景，以及改革開放後中國如何發展的問題。他已經把他的探索過程和看法寫成了《中國走向社會主義的道路》這本書，主要的觀點在本書中也略有提起。

陳先生探索的結論大略如下。他認為，中國革命的第一步是「新民主主義」，集合全民(或者說四個階級)的力量與意志，發展「資本主義生產方式」，全力現代化。這一階段還不是社會主義，而是朝向社會主義的第一步。這個說法，意思和鄧小平「社會主義初級階段論」相近。又說，劉少奇是了解列寧的新經濟政策的，「新民主主義」和新經濟政策有類似之處，「新民主主義」的形成，劉少奇貢獻很大。新中國建立以後，事實上，「毛澤東個人」走的就是一條「違反」新民主主義這一「毛澤東思想」的路，所以才會產生「反右」和「文革」那種大錯誤(亦即，毛澤東不遵守「毛澤東思想」)。總之，陳先生最後肯定了自己年輕時選擇的「新民主主義」，而且，把這一主義思考得更加清晰。

陳先生認為，毛澤東本人的思想則是一種「備戰體制」，是在面對美國和資本主義帝國主義的隨時威脅時的「應時之需」，毛澤東錯把「應時之需」當作正確的思想了。陳先生是劉少奇「修正主義路線」的堅決的擁護者。陳先生又認為，中國現在的政治體制並沒有違反社會主義的精神，還在朝著社會主義的方向前進。至於什麼時候達到社會主義，他是無法知道的。他能夠看到自己祖國的強大，看到統一有望，也看到中國有實力制衡西方，特別是美國帝國主義的、資本主義的掠奪政策，他已經沒有什麼遺憾了。

我是一個「後生」的觀察者，不像陳先生具有「參與者」的身份。我也像陳先生一樣，認為「後進」的中國的所謂「革命」，第一個任務就是以「集體」的力量全力搞現代化，以達到「脫貧」和「抵抗帝國主義」這雙重任務。但是，我比較相信毛澤東思想具有「複雜性」，並不純粹是「備戰體制」。

不論我跟陳先生在這方面的想法有什麼不同，但我們都了解到，革命的道路是非常艱難的、前無所承的。在五〇年代，主管經濟的陳雲和主管農業的鄧子恢常和毛澤東「吵架」，因為他們不能接受毛澤東在經濟上和農業上的一些看法。陳雲常常退出第一線，表示他不想執行毛澤東政策，而鄧子恢幾次跟毛澤東唱反調後，終於被「掛」起來，無所事事。梁漱溟所以跟毛澤東大吵，也是為了農業政策。這些，都可以說明，建國以後，路子應該怎麼走，黨內、外有許多不同看法。大躍進失敗以前，大致是毛主導，大躍進失敗以後，變成劉少奇主導。文革又是毛主導，文革結束鄧小平主導。應該說，中國的情勢太複雜，內部問題很難理得清。經過文革的慘痛教訓，鄧小平才能抓穩方向（八九年還是差一點出軌、翻車）。我推想，鄧是以劉為主的一種「綜合」，正反合的「合」，而不是純粹的劉少奇路線。但這只是「推論」，目前還無法證實。

中國共產黨和毛澤東都犯過錯誤，而且一些錯誤還不小，應該批評。但如果說，這一切錯誤都是可以避免的，因此共產黨的所作所為主要的應該加以否定，那未免把中國這個龐大而古老的國家的「重建」之路看得太簡單了。鄧小平主導以後，還不到三十年，大家都覺得好像走對了，不免鬆一口大氣，歌頌鄧的英明。我認為，這也是把問題看簡單了，鄧是毛、劉、周的繼承人，他不可能不從他們身上學到一點東西，因此，鄧也不是純粹的鄧個人。對於歷史，我覺得應該這樣理解（鄧應該也從亞洲四小龍的發展看到一點東西，當然這是隨他的意思決定去取的）。

我覺得，大陸內部現在最大的問題是，很多知識分子不了解中國革命在「反西方資本主義帝國主義」或者「反資本主義全球體系」中的意義。在中國崛起之前，西歐、北美、日本這些「列強」，都曾經侵略外國，強佔殖民地（甚至可以包括蘇聯在二次戰後對東歐國家的宰制），而中國從來就沒有過。到目前為止，中國是唯一靠自己的力量站起來的現代化經濟國家。

現在大家說：「中國是世界的工廠」，俄羅斯的一份週刊說：「世界超過一半的照相機，百分之三十的空調和電視，百分之二十五的洗衣機，百分之二十的冰箱都是由中國生產。」前幾年大陸南方鬧雪災，交通癱瘓，物資不能輸出，據說美國的日常用品因此漲了

一、兩成。我說這話，不是在誇耀中國的成就，而是想說，中國的經濟改變了「全球體系」。

在中國的經濟還不能對「全球體系」造成明顯影響時，西方、日本都已憂心忡忡，擔心中國的崛起會「為禍世界」。即使到了現在，如果美國不是陷入一連串的泥淖之中，你能想像美國願意坐視中國崛起嗎？美國不是不想做，而是沒有能力去做。

如果中國因素的加入，使得「全球體系」陷入不平衡狀況，如一次大戰前，德國的崛起讓英、法寢食難安，那「全球體系」就只有靠「先進國家」為了「扼阻」新因素的「侵入」而發起戰爭來解決了，兩次世界大戰都是這樣發生的。事實上，上世紀九〇年代美國並不是不想「教訓」中國，只是它沒有能力罷了。美國和日本搞軍事聯盟，說如果「周邊有事」，他們要如何如何，意思不是夠明顯了嗎？

如果中國經濟的崛起，能夠讓「全球體系」產生良性的調整，從而對「全人類」的發展有利，那就是全人類的大幸。如果因中國的崛起，而讓全世界經濟產生不平衡，從而引發另一波的「列強大戰」，那人類大概就要完蛋了。現在美國經濟不景氣，情況似乎頗為嚴重；如果美國經濟一下子崩潰，你能想像這個「全球體系」能不「暫時」瓦解嗎？這樣豈不也要「天下大亂」？應該說，中國一再宣稱「不稱霸」，宣稱要「和諧」，就是希望避免這樣一次大震盪。我覺得，這個時候重新來思考馬克思對於資本主義邏輯的分析，就更有意義了。我是一個中國民族主義者，但我從來就希望，中國崛起只是一種「自救」，而不是產生另一個「美國」或「英國」或「日本」或「德國」，或一種難以形容的資本主義「怪物」。我覺得這樣的思考也可以算是一種讓「全球體系」「走向社會主義」的思考。

從馬克思的原始立場來解釋社會主義，這個社會主義只可能是資本主義生產方式在全球範圍全面展開時，才可能實現。因為，只有全人類有豐裕的物質生產，才可能想像馬克思所構想的那個人人富足、人人自由的物質與心靈雙方面得到完滿實現的社會。一次大戰以後，西方資本主義體制第一次碰到全面危機時，許許多多的左派革命志士認為，全球革命的時代已經來臨，最終證明是一種幻覺。

這一次「不合乎」馬克思原始構想的「世界革命」，以蘇共的革命開其端，以中共的革命達到高潮，以二次戰後許多「後進國」的共黨革命延續下去。現在已經可以了解，這還不是「社會主義革命」，而是「後進國」以集體的力量來實現資本主義生產方式的現代化工程，這一工程可以把「後進國」絕大部份受苦受難的人從西方資本主義帝國主義的侵略與剝削之下解救出來。這一革命的犧牲相當慘重，但相對而言，二次戰後那些走「西方現代化」路線的「後進」國家，犧牲也一樣慘重。姑且不論這兩條路誰是誰非，「後進國」都被迫走進資本主義國家逼他們非走不可的道路。走第一條道路而唯一獲得成功的是中國，走這二條道路很可能將要成功的，大家都看好印度。中國的成功對世界資本主義體系具有三重意義。第一，它的崛起好像還不至於導致德國、日本崛起以後的那種資本「帝國大戰」。第二，到現在為止，中國經濟也還不是經典意義下的「資本主義」（它還保留了相當比例的公有制、也沒有全面市場化），因此可以希望它對其他「後進國」產生啟導作用，讓它們不必完全照「西方道路」走。

中國的崛起距離全球範圍的現代化還很遙遠。拉丁美洲、非洲、伊斯蘭世界、東南亞，這些地區目前都還在發展。我們不知道西方（尤其是美國）和伊斯蘭世界的衝突如何能解決，也不知道拉丁美洲最終是否可以從美國資本主義的桎梏之下解放出來。但是，無疑的，現在可以用更清醒的眼光，用馬克思的方法，好好的審視全球資本主義體系的未來。只是，我們很難期待，二十一世紀會出現另一個馬克思。

在這種情形下，每個地區、每個民族都只能以自救、自保為先。達到第一步以後，如果能對周邊地區產生影響，促使它們良性發展，而且不對周邊地區產生明顯的經濟「剝削」，我相信，這樣的國家就要比以前的英、法，二次戰後的美、日好太多了。並且，第三，如果它還能進一步制衡愈來愈黷武化的美國，讓美國不敢太囂張，那它對世界和平無疑是有貢獻的。我認為，中國是現在世界上唯一有力量達到這三重任務的國家。

我跟一些大陸朋友談過我的看法。有些人認為中國本身的問題多如牛毛，我這樣想，未免太不切實際。我逐漸了解，這種人大多羨慕美國模式，認為中國距離美國模式還太遙遠。但讓我高興的是，像我這種思想傾向的人越來越多，而且他們的影響也在逐漸增加。我相信，這種思想傾向，在未來的一、二十年之內，會成為大陸思想的主流。

五

我跟陳先生來往二十餘年，用客觀的眼光來看，他一輩子的經歷讓我非常感興趣。他出身於大地主之家，從小不愁吃穿。生性聰明，居然從偏僻的鄉下小學，考上台灣南部最優秀的高雄中學，然後又以第一名考上台中農業專門學校的農化系，最後還是以第一名畢業。以這樣的背景，在台灣剛光復的歷史條件下，他可以從政，就像他的好朋友林淵源那樣，很容易成為地方派系領袖，甚至可以選上縣長。他也可以從商，在台灣現代化的過程中，不難成為富裕的企業家。他也可以走學術道路，如果光復後他到日本留學，應該有機會成為名牌大學的教授，但是，這些路他都不走。在高雄中學的時候，因為日本人的歧視與欺壓，就走上反抗之途；光復後，因為國民黨接收的劣政和二二八事件，就走上革命的道路，因此歷經艱險，九死一生，從不後悔。從我們光復後接受國民黨教育的人的眼光來看，實在太不可思議了。

陳先生現在的生活非常簡單，如果沒事在家，一天就買兩個便當，中餐和太太共吃一個，晚餐再吃另一個。他全心全力為他的工作奔忙，此外，沒有其他的需求，我沒有看過人生目標這麼明確、行動這麼果決、意志這麼堅定的人。一個人，十八歲就決定加入革命組織，到現在已經八十五歲了，還不想休息。看到這樣的陳先生，再想起五〇年代就已犧牲的郭琇琮、吳思漢、許強、鍾浩東等人，就會覺得，他們那一代人真了不起。

我跟陳先生相處，最大的收獲是：鮮明的意識到，小知識分子那種患得患失、怨天尤人的壞習氣。有一次，在他面前，我對某件事情大發牢騷，他非常不解的看著我說，這有什麼呢？讓我很不好意思。應該說，這十年來，我的目標越來越單純，行動越來越堅定，牢騷越來越少，他的無形的影響是很關鍵的。我很高興，他的回憶錄的出版我有機會稍盡棉薄之力，我也希望，藉由這本回憶錄可以讓人們回想起五〇年代為了全中國和全人類的前途而犧牲的那一代台灣菁英。

二〇一四年三月二十三日

01 家族與童年

我的家族

我們陳家原來住在高雄阿蓮鄉。鄭成功收復台灣後不久就病死了，鄭經接受陳永華的建議，把一些軍隊安排到各地屯墾，阿蓮鄉就是福建姓陳的開發出來的。阿蓮陳姓有四個家族，我們屬於最小的一支。

我的曾祖父叫陳蛤，因為是農家子弟，名字很土。但我的曾祖父是私塾先生，他後來把家搬到五甲尾。我的祖父也讀書識字，好像是他開始做生意的。當時岡山各鄉的糧食要送往府城(台南)去賣，路上很不安全，常有土匪，我祖父有武功，可以保護。路上的土匪只要一聽說五甲尾陳家的車子，就揮手讓過去，不收過路費。有一天，一連過了三輛，都喊：「五甲尾」，土匪頭不相信，親自過來看看，竟然是我祖父親自押車，一看，說：「是陳英的哥哥啊」，就放過去了。不過，如果土匪來我們家，阿公也會請他們吃飯。

陳英是我阿公的大妹，在五甲尾非常有名，我小時候在外面就常聽說：「五甲尾的厲害女人，陳仔英、陳仔蘭」，我回家就跟著說：「土匪陳仔英、陳仔蘭」，我爸爸非常生氣，罵我：「你知道陳仔英是誰嗎？是你阿公的大妹；你知道陳仔蘭是誰嗎？是我姊姊。」看來，我們陳家的女人都很厲害。

我們陳家的武裝好像是由陳英帶領的。日本人來台灣後，陳英起來反抗，遭到圍捕。陳英的人都還留著長辮子，被抓後，日本人將他們的辮子綁在一起，用火燒死。據說陳英拿著一根竹竿，撐著跳過牆頭，逃走了。陳英後來死在台北艋舺（萬華）。至於我的大姑媽陳蘭，她後來離婚，一直在娘家跟我父母住，對我母親很苛刻。

我祖父在我出生前就去世了，留給父親五、六十甲土地。我祖母叫侯鴛鴦，是綁腳的，顯然出身地主家庭。他們侯家的房子是兩層樓，五甲尾唯一的兩層樓。祖父過世得早，祖母很會花錢，五、六十甲土地，慢慢就剩下三十多甲了。我父親是長子，上面三個姊姊，下面一個弟弟。

父親陳萬生從小接受日本教育，嘉義農校畢業，原來保送到日本去讀書，因為是長子，家裏不讓他去，就留在台灣當公務員。我父親是個標準的順民，從來不反抗日本人。我後來讀小學，老師說：「你們是台灣人，也是日本人。」我雖然講閩南話，但也以為自己是日本人，沒有懷疑過，因為父親是順民，從來沒有批評過日本人。

我叔叔叫陳進興，書也讀得很好，是台南高等工業學校（成功大學前身）第一屆的學生。他一九三一年入學，讀機械，畢業的時候剛好碰到經濟危機，日本大蕭條，影響到台灣，再加上日本的殖民政策是「工業日本，農業台灣」，他學的一點也用不到，只好先到學校當代課教員，後來和前民進黨籍高雄縣長余陳月瑛的父親在高雄市「入船町」開「新和鐵工所」，做製糖機器。叔叔有很多左翼書籍，後來我讀中學時開始翻看，對我影響很大。後來我想，叔叔是因為經濟危機而對社會不滿，才會買那麼多左翼書籍。不過，這好像也是當時風氣，讀高等學校的人閱讀左翼書籍好像很普遍。

我母親叫黃不纏，出生在岡山地區海邊村莊的一個貧苦農家。不纏，閩南話就是「不要了」的意思，希望下一個是男孩子。父母的婚姻完全門不當、戶不對，祖母和大姑媽陳蘭強烈反對，但因為我母親漂亮，父親堅持要娶，父親是長子，祖父又不在，她們只好接受了。大姑媽陳蘭一直對我媽媽不好，應該跟我媽媽出身有關係。

父親生性風流，每天和一批人在外面花天酒地，白天根本看不到他，半夜回家就把我從床上抓起來打，因為我很調皮，在學校的操行（修身）老是得丙。他一面打我，一面罵我：「操行得丙！」他讀書時操行都是甲等。

我最早的記憶，是一、兩歲時趴在母親背上，不知道是在外祖父還是外祖母的葬禮上。我看到供桌上的糖果，伸手去拿，媽媽啪的一下，打我的手背。

和父親在一起的最早記憶，是在北港的四湖鄉，父親在北港郡公所工作。五、六歲時，和幾個比我大幾歲的小孩子在門口玩，打起架，被大孩子推到池塘裏，父親聽到消息跑出來，鞋子也沒顧得穿。他跳下水，把我撈上來，回家還打了我一頓，我覺得很委屈。

我小學一年級的第一學期是在北港的公學校讀的。一個學期後，父親調職，回到了五甲尾公學校。在北港讀書時，父親給我買雙肩背包，五甲尾的同學沒有見過，那時鄉下小孩子都是用包袱巾包書，打個結就好。我的雙肩背包被傳來傳去的看，上學第一天就弄壞了。我穿著北港買的皮鞋，他們看了也稀罕，鄉下孩子，本來都是打赤腳、穿草鞋的。

我就在五甲尾讀小學了。

五甲尾分校

五甲尾(現在叫做嘉興里)雖然小，在周圍的村莊裏算是大的了。周圍村子的孩子，像潭底、前鋒的，都要來五甲尾讀小學。課程除了國語(日語)、算術，還要學體育。我們就在校園角落的一棵雨豆樹下練習相撲（現在這學校叫嘉興國小，完全變了，只有這棵樹我還認得）。岡山地區小學生相撲比賽，我們五甲尾第一名，因為我們五、六年級的學生是十八、九歲，其他學校的才十二、三歲。大人和小孩子比嘛，當然五比零了。

一九三七年盧溝橋事變前後，台灣開始推行「皇民化教育」，偏遠鄉村，以前殖民政府不管不問，現在小孩都要強迫入學。我們那一級的學生就特別多，有五、六十個，之前的年級

小學操場旁邊的雨豆樹。當年陳明忠和同學在這棵樹下練習相撲，拿了岡山地區比賽的第一名。「整個五甲尾我還認得的，就這株雨豆樹了。」如今，該樹已被列為「高雄縣特定紀念樹木36號」。（李娜提供）

都是二、三十個。許多十幾歲才入學的，到了五、六年級就十八、九歲了，所以相撲第一名。

文科考試，我們就是全岡山郡(等於現在的區)倒數第一名了。尤其是算數，零分太多了。有個姓張的台灣人老師，氣我們成績爛，拿竹竿一個個打，得零分的都挨打。他還在班上說：「若有人考上中學，我耳朵割給你們。」後來我考上高雄中學，向他要耳朵。他說：「『四大恩』的內容是什麼?」我說：「天皇、國家、父母、老師的恩啊。」他就一巴掌打過來，說：「你也知道四大恩有老師，還敢要我的耳朵?」我不服，說：「是你講的啊，考上了你就要給我。」我實在是氣他太瞧不起我們了。

我在班裏年齡最小，但國語、算數都第一名，不過，我的「修身課」(操行)卻一直是「丙」等，因為我太調皮搗蛋了。

從岡山到阿蓮有巴士，一天只有幾班，坐的人也不多。普通人都走路，有錢的人才坐車。經營巴士公司的老闆姓劉，是岡山的大姓，很有錢。我爸爸和他很熟，吃喝玩樂做壞事他們都是一幫人。鄉村土路，車子後面為了擋泥巴，有個橡膠做的擋泥板——那個橡膠，特別合適做彈弓。巴士在五甲尾的起站就在我們學校對面，我趁車子停下來，用刀子去切擋泥板。司機吼著跳下車，我跑進學校，他就去告校長。校長說：「一定是陳明忠幹的。」我就被抓著了，罰跪。在校長和老師辦公室裏，有個房間叫「金庫」，是放保險箱、天皇照片、教諭的地方。我跪在裏面，至少好幾個鐘頭，起來腳都麻了。我心裏有氣，晚上就拿彈弓溜去校長家，打他家的玻璃，嘩啦一聲，校長衝了出來，我趕緊跑！

那姓劉的老闆，後來又跟我爸爸說：「你兒子割掉我車子的擋泥板啊。」不過，那個擋泥板做彈弓真的是很好啊。

學校的皇民化教育

我讀的五甲尾小學是高雄阿公店（後來改為岡山）公學校的分校，校長是日本人。我們鄉下小地方，多數老師都是台灣人代課教員，只有五年級、六年級有日本老師。那時候當小學老師是很有地位的，穿制服，制服上有金色肩章。（如果是一個中學，校長的級別是比州長高的）。

老師說：「要記住，你們是台灣人，也是日本人。」小學生啊，深信不疑。老師教過一首詩，據說是日本天皇寫的。大意是說：新高山（玉山）下的人民生活很繁榮，聽了這個消息朕很高興。天皇在哪裏？在遙遠的內地，但他惦記著我們台灣人啊，要做忠良的天皇子民。所以，我們要背誦天皇家譜，從第一代到昭和一百二十四代，滾瓜爛熟，到現在也還記得。

小學五、六年級時，據說是日本開國兩千六百年，全國的學校都要比賽寫大字（書法），叫做「健康報國」，我還得了三等獎。還有繪畫比賽，我的畫和學校一個老師的，一同被送去高雄州參加展覽，結果我的入選了，老師的沒入選。他很沒面子。畫的什麼，總不過是台灣風景吧。或許我真的有藝術天分，「失去栽培」也說不定。

當時日本的教育體系大概也是學歐洲的，強調「教養」，書法、音樂、體育全面教育。但台灣孩童和日本孩童就讀的學校是不一樣的，日本小學生就讀「小學校」，台灣小學生就讀「公學校」。學校建築、師資、設備差異都大，用的課本也不一樣。小學考中學，依據的是日本人「小學校」的教材，我是後來上了中學才知道。除了「內台（日本和台灣）差異」，還有城鄉差異。我們在五甲尾上音樂課，只有一台風琴，只有一個老師會用，其他老師教唱歌就是嘴巴教而已。四年級時，我被學校選去參加岡山郡的唱歌比賽，抽籤抽到第一個。結果一上台，音樂一響，嚇了一跳。因為用的是鋼琴，我從沒聽過鋼琴的聲音，那麼大聲！結果第一句就唱錯了，沒得獎。那歌也是歌頌日本軍國的：「我們能在夜晚團聚吃飯，都是因為皇軍保衛；我們能夠幸福讀書，都是因為皇軍保衛。」

高年級的學生，要去拜神社。一個月一次，走半個多小時去岡山神社，衝一個小木屋拜，也不打開。我很好奇，裏面到底是什麼呢？有一次拜過後，晚上，我和一個同學跑回去，偷偷進了神社，打開木屋，裏面只有一張紙，寫著「天照大神」。我大失所望，這算什麼嘛！我們村子的媽祖廟裏都是有神像的。走五公里，就來拜這個，我覺得不高興，就衝著那張紙撒了一泡尿。我那個同學，他是五甲尾孫家的，也是大姓，嚇壞了。說：「你小雞雞會爛掉哦！」

我們村子裏的媽祖廟已經被禁了，等到太平洋戰爭爆發，連廟也沒有了。要家家供奉天皇的「神龕」，就是這樣一張紙。雖然是戰爭年代，開始物資管制，但我們家是地主，爸爸又經營工廠，衣食不會匱乏。

我喜歡去家裏的牧場，因為有剛擠出來的牛奶喝。那牛奶有種甘味，滅菌過後，甘味就沒有了。有次我把十幾個同學帶去牧場，給他們喝牛奶，好多人都吐了，原來他們會覺得有腥味，不習慣，我從小喝，沒有感覺。我妹妹說，我少年時很會吃，很知道美味，後來幹革命，坐牢，吃什麼、喝什麼、冷的熱的都不在意了。

總之，小學時候就是好玩，無憂無慮。那時候的理想是做個軍官，像日本軍官那樣，穿著神氣的制服，騎著高大的白馬。受的是皇民化教育啊，對自己是「日本人」這點，沒有過懷疑。偶爾會有點迷惑，那是來自課外書。媽媽掛在牆上的衣服口袋裏放著錢，我要用自己拿。我就去岡山的書店，買小孩子看的《少年俱樂部》，還有一些講日本歷史的書。有一本書裏講天皇的故事，好多都一百多歲，還有個大臣，叫武內的，後來日本的鈔票上還印他的像，活了兩三百歲。我很驚奇，想，以前大概空氣比較好，所以長命吧。可是不對，不是說古時的醫學不發達嗎？怎麼能活這麼久。後來又看到日本第一個女天皇，是中國魏晉南北朝時候封的，那日本的歷史怎麼能有二千六百年呢？而且這和教科書講的不一樣。教科書裏的第一個神武天皇不是中國封的。

有一年天長節，就是昭和天皇的生日，要舉國慶祝。我們在操場集合排隊，校長從我跪過的那個金庫裏搬出來天皇的「教育敕語」，全體肅靜。他就開口念了「朕想——」這時，一個二年級的女孩子放了個屁。本來很靜，聽起來特別真切，又是「朕想」之時，大家都哄笑起來。教務主任衝下台，抓住那個女孩子的頭髮就扔了出去，牙齒都摔斷了。我們看著，只覺得恐怖。村裏人是吃番薯簽的，本來屁多，她只是時機不對罷了。

教務主任是台灣人，也許越是台灣人，越要顯示忠誠吧。現在想，這個屁，倒真是對「朕想」的「一視同仁」的嘲諷。

從七七事變到太平洋戰爭，皇民化教育大力推進，但實際情況如何？李登輝常講日據時代皇民化教育如何如何，台灣人的日語如何如何，皇民思想多深，那是胡説八道，他把自己極特殊的皇民經驗，強加給台灣人。

我六年級時，來了一位日本老師，叫櫛淵。有個同學上課遲到，向他報告説：「我家豬的媽媽發神經了，我去找豬的哥哥來給牠打，所以遲到了。」我們都明白，他是把閩南語直譯成日語，原意就是家裏母豬發情了，要去牽豬哥來交配。這日本老師聽得目瞪口呆，讓他再講一遍，還是沒明白，無奈地搖頭：「我怎麼這麼倒楣啊，來到了什麼地方！」

我們鄉下小學，一直到四年級都是台灣籍的代課教員，大多不是正式師範畢業，教課也不大認真，甚至日文水平也不高。我雖然不大會講，但因為看課外書多，常發現老師講得不對。有次老師處罰我們全班繞操場跑一圈，他卻把主詞和受詞弄反了，聽起來變成是叫我們「把操場轉過來」。

皇民化時期的村莊

我們村子有個媽祖廟，廟口有空地。夏天，日頭落山了，村裏的人就到廟口乘涼，聊天。太平洋戰爭爆發後，廟禁了。村裏組織壯丁團、青年團，還要訓練。壯丁團的人年紀大點，多不懂日語。訓練時，左右的口令沒辦法做，喊左右，就左手左腳或右手右腳，手腳一起出去了。因為台語的語法沒有單獨的左右概念，要講「左腳右腳」，「左手右手」。沒辦法，後來就用「碗筷」、「碗筷」代替「左右」喊口令，因為吃飯都是左手拿碗，右手拿筷嘛。又比如，「向後轉」喊成「東邊轉向西邊」，因為學校的主席台，都朝向太陽，向後轉，就是「東邊轉向西邊」。

推行日語的運動也加強了，老年人也得學，給他們在村子裏辦夜校。過了一段時間，總督府機關就來拍紀錄片，要宣傳國語推行運動，之前就指定好什麼人回答什麼問題。晚上，我下課回來，見院子裏燈光大亮，有一部攝影機，記者兩三個。老師指著一個老農腦袋：「これは何ですか？（這是什麼？）」那個老農本應回答：「これはあたまです（這是頭）。」之前反覆練習過了的，結果，攝影機對著他一晃，他就慌了，說：「これはきんたまです（這是睪丸）。」頭變成了睪丸，人們都哄笑起來，那個日本女記者，笑得腰都彎了，蹲到地上去。我自己所經歷的鄉下的日語水準和皇民化教育狀況，就是這樣，跟李登輝的經驗真是天地之差，我想李登輝應該是很特殊的台灣人吧！

戰爭末期日本對台灣農民的壓榨

現在很多人一直在講，皇民化對台灣影響有多大，我前面就是以我的經驗來說明，他們根本胡說八道。他們還喜歡美化日本的殖民統治，我就來談談我小時候(主要是中學時代)日本人如何壓榨台灣農民。

戰爭時期，總督府開始強制農民大量種甘蔗。

台灣有句諺語，第一憨，種甘蔗給會社磅。(第二憨抽煙吹氣，第三憨撞球相碰。)當時最苦是蔗農，因為政府和製糖會社聯合，不但控制農民種甘蔗，還用「區域採收制度」，甘蔗不能自由買賣，只能賣給指定的製糖會社，價格也由他們定，磅秤也有問題。當時流傳「三個村長五十斤」的笑話——農民去抗議的時候，三個村長一起站到磅秤上，結果總共才五十斤，你看日本會社多會偷斤兩。

戰爭時期，總督府直接用強制手段，要台灣農民種甘蔗，還有一個原因：甘蔗產出糖蜜，發酵後，可以做酒精，供給生產軍事用汽油。

我們五甲尾的農地，主要是種稻的。近岡山的地方水多，種水稻，一年兩期。接近阿蓮的地方，地勢高，旱田比較多，也叫看天田——台灣雨水多，看天啦。旱稻一年一期，有的旱田也種番薯，水利設施到不了的地方，才種甘蔗和番薯。

農地是這樣的：下面厚厚一層是黏土層，水滲透不下去，上面是表土，每年要翻耕，表土如果沒有了，就不能種了。黏土如果破壞了，水往下滲透，也不能種稻子。但可以種甘蔗，因為甘蔗是深耕的，可以靠地下水。

現在強迫種甘蔗，農民不願意種，政府就用拖拉機來翻掉深層的黏土層。我中學時看見拖拉機在地裏突來突去，還不曉得是怎麼回事。牛犁是翻不掉黏土層的，所以他們派拖拉機來。沒了黏土層，就不能種看天田了，不得不種甘蔗。

現在提到嘉南大圳和烏山頭水庫，很多人還津津樂道，標榜日本殖民在台灣的成就，還要紀念修水庫的八田與一。他被調到南洋，船被美國炸沉，太太跳進水庫自殺，現在竟成了傳奇。這些讚美的人也不想一想，修水庫的主要目的是什麼？就是為了種甘蔗，為了糖廠，為了這一糖業帝國的殖民體系。甘蔗一年半才能收穫，種兩期就要三年，所謂「三年輪作」就是種兩期甘蔗後才能種一期稻米。後來日月潭水電站和萬大水電站，更是戰爭工業，煉鋁，需要發電。李登輝說八田如何愛台灣，日本如何建設台灣，別人不知道，他念農業經濟的，他會不知道？（陳福裕按，烏山頭水庫建立後，有了廉價的電力，對嘉南平原來說，帶來間接好處，耕田增加一倍。嘉南平原以前都是沿海沼澤地，鹽分很高，在海岸線建築堤防，讓海水漲潮時進不來，用廉價電力把鹽水抽出去，解決土地鹽化的問題，使得原來在海邊不能耕作的土地，變成新生地。所以，清末時候台灣人口維持二百五十萬，到日據時代，一方面分類械鬥解決了，一方面耕地增加，人口增加到五百萬。不能說日據時代台灣沒有發展，但這個問題要多方面看，比如現在稱道日本殖民的人，最喜歡講的是交通建設和水利建設。但劉銘傳時候，這些建設就開始進行了。日本殖民打斷了台灣的自主發展，日據時代的建設是掠奪性的，掠奪資源，水利是為了糖業資源，鐵路道路建設是為了森林資源。）

戴國煇就認為，殖民統治是普天之下最壞的制度，完全沒有好處。在社會制度上，殖民者壓迫被殖民者；在經濟制度上，殖民者壓榨被殖民者；在人際關係上，殖民者歧視被殖民者，可說一無是處。他比喻說，日本人為了自己的利益，養了一頭乳牛，這頭乳牛就是台灣，目的就是為了榨取牠。這頭乳牛長大了，日本人拼命擠牠的奶。但是日本人戰敗了，被趕回日本，他們卻無法把這頭乳牛(台灣)一起帶回去。這乳牛吃的是台灣土地上長出來的肥美的青草，牠吃的是我們自己的草，才能繼續成長，牠吃的不是日本的草，難道我們應該感謝日本人以前拼命擠牠的奶嗎？難道我們應該把日本人看做我們的阿公、阿嬤嗎？

歸根究底，台灣本身原來就有很好的條件，也有人材，在劉銘傳時代按照洋務運動的辦法，引進了不少歐美先進設備；日本人利用了這些基礎，展開了血腥的殖民統治，以統治者的姿態壓榨我們，傷害了我們。這麼壞的殖民制度，我們痛恨都還來不及，那些感謝日本殖民統治的人，我實在無法理解他們的心理。

除了強迫種甘蔗，一九三九年日本人還公佈糧食配給統制，農民生產的糧食都要上繳，再統一配給。這樣，農民就把糧食藏在乾草堆下面，警察要來抓，查起來也很吃力。據說台中彰化有個日本警察，上面派他去查米，中午到村子裏，發現農民吃的都是番薯簽，真的沒有米吃，他同情農民的貧困。後來被徵兵去當炮兵，他說，他不願意打中國人，自殺了。光復後，那個地方的人把他當神來拜。

本來，台灣的土地就集中在少數大地主手裏，佃農與地主分成，多數是地主六分、佃農四分，有些高的地方，是七三分，土地貧瘠的地方才會五五分。基本上，農民租佃負擔很重，雖然種水稻，他們卻吃不到白米，只能把米賣掉，以換得生活所需，買番薯和番薯簽來吃。所以，太平洋戰爭末期，農民生活受了幾重剝削，非常苦。因為戰爭，肥料也沒有了，產量很少。

我在地主家庭長大，小時候完全不知道這些。那時上學帶便當，我家裏是白米飯，同學多數都是番薯簽，就是番薯弄成絲，曬乾，不甜，不好吃了，只是有澱粉質罷了。平常收成的時候，他們吃鮮番薯，我就拿白米飯跟同學換。他們以為我傻瓜，我也以為他們傻瓜，番薯新鮮的時候是很好吃的啊。

我不知道，從什麼時候開始，番薯成了台灣鄉土的象徵，台灣人開始自稱「番薯仔」。其實台灣的番薯原來產得很少，因為土地肥沃，除了少數山坡紅土地區種番薯，台灣多數是種稻米的。番薯怎麼來的？早期台灣的稻米輸出到華南，回頭的船就從閩南運番薯來壓艙，所以番薯的集散市場在艋舺（萬華），那裏有個番薯市場。番薯在那裏卸下來，集中曬乾，再賣到島內各地。我覺得好像是到戰爭末期，白米被集中分配，台灣人很難吃到白米，才大量吃番薯簽的。光復後，雖然實行土地改革，但農民不但要繳水利費，還要以稻穀換肥料，分到的土地還要每年攤還地價，農民很節儉，捨不得吃白米，有一段長時間，還繼續吃番薯簽（六〇年代初期還在吃）。

地主和農民，對日據時代的記憶也是不一樣的，這是階級差別，普通農民受壓迫最重。我父親是地主，學的是農業，又做公務員，戰爭來了就利用公務員身份開工廠，生產榻榻米賣給日本人，牧場牛奶也供應給日本空軍，所以他當然覺得日本人好。一九四〇年日要求「改姓名」。台灣人皇民化有兩個層次，「皇民化家庭」、「國語家庭」。物資配給時，日本家庭第一等，再來是皇民化家庭和國語家庭，有些人因為這個原因才改名字。公務員和地方鄉紳被要求做表率，公務員不改的話職務就保不住了。我爸爸改了，給我也改，叫朝倉忠雄，爸爸改了什麼，我就不記得了。

日據時期的一九三〇年代，戰爭時期，以及光復初期，農民生活都很苦，不少出身地主家庭的高校學生信仰社會主義，就是因為看到農民的生活非常苦，他們希望改善農民的生活。五〇年代白色恐怖，這些人都被肅清掉了（郭琇琮、鍾浩東等人都是地主家庭出身）。國民黨就是在這種壓力下才實行土地改革的。這些過去的事情大家都不記得了，就只會歪曲歷史，實在很不應該。

02 從高雄中學到學生兵

從鄉下考進優等中學

一九四一年，太平洋戰爭發生那一年，我進入高雄中學讀書。

高雄中學建於一九二二年，本來是給日本人子弟讀的，當時頒布的「台灣教育令」說要「日台共學」，所以也有很少的台灣學生。當時台灣人能讀中學的，一般家境比較好，因為讀中學，將來就要考大學。將來不能考大學的，會去讀職業學校，比如農業學校，商業學校。有五年制的，叫甲種職業學校，三年制的叫乙種職業學校。讀職業學校學費較低，因此，沒有錢的不會讀中學。

當時南部有台南二中（光復後改名一中；當時叫「一中」的，是給日本人子弟讀的，光復後改名二中），一般南部台灣學生都去考台南二中。高雄中學主要給日本人子弟讀的，很難考，岡山公學校每年也只考上一個兩個，從五甲尾考進高雄中學的我是頭一個。我是因為除了高雄中學，根本不知道還有別的中學可以考。

高雄中學是高雄縣最好的中學，設備非常好，教學樓是歐式的紅磚建築，有個雨天體育場，有遮蓋，還有武德殿和音樂教室。後面有宿舍，有些屏東和外地的學生就住校。

我進了中學才知道，中學入學考試，依據的是日本人的「小學校」的教材，不是我們「公學校」的教材；也才知道很多人都要補習，才能考進中學，大的公學校也是要補習的。我們在鄉下什麼都不知道。

我在小學成績一直是第一名，家裏是地主，年齡又最小，別人都順著我，天之驕子一樣，到這邊就完全不一樣了。

記得，有次讀一個詞ドロボウ（小偷，dorobou），我發音總發不好，老是說成ロロボウ（rorobou）。老師說，高雄中學，日語最差的是陳明忠了，這對我刺激很大。我小學喜歡讀課外書，常常買日語的《少年俱樂部》，閱讀是沒問題，發音就不行。

還有城鄉差別，從鄉下考進高雄中學的很少啊。入學考試考體育的時候，有個項目是跳箱，我是頭一次看到，根本不知道怎麼跳，別人砰的一聲跳過去，我是跑過去坐在上面，大家都笑壞了。單槓，我直到畢業也沒學會。音樂我也很頭痛，音樂課有鋼琴，多數同學會讀五線譜，我不會。

突然發現我是「清國奴」

我小學時候，雖然對天皇都活一百多歲這件事懷疑過，整個說起來，接受的是皇民化教育，以為自己是日本人。但是上了高雄中學，我的腦子開始亂了。這裏對我完全是另一個世界。

高雄中學每個年級四個班，每個班五十個學生，大約四十個是日本學生，十個台灣學生。高年級的學生可以打下一年級，理由隨便找，比如「態度不好」，沒有禮貌，就可以打。日本學生隨便欺侮台灣學生，我個性烈，常和他們抬槓、打架，他們罵我「清國奴」。這對我衝擊很大，我不能理解以前老師不是說，台灣人也是日本人啊！不是「一視同仁」嗎？進高雄中學怎麼變成「清國奴」？為什麼我常常挨打？被打了，我不服氣，他們就再打。所以被打得很厲害。

小學生對老師的話都是信的，以為自己是台灣人，也是日本人，中國就是外國。父親更是完全聽日本的順民（我後來對爸爸說：「你政治上是白癡，日本時代覺得日本人對，光復後覺得國民黨對。」）媽媽沒有念過書，對我也沒什麼影響。所以高雄中學一年級時候，我的世界顛倒了，腦子混亂，也沒人教我，告訴我這是怎麼回事。

我曾經跟我爸爸說，可不可以轉校去台南二中？但爸爸不相信我會被日本學生欺負。他讀書時在嘉義農校，大多是台灣學生，日本學生很少，成績又都是壞的，而他都是第一名，當然不會被欺負。所以高雄中學的糟糕情況反而讓我醒過來，如果我去台南二中，可能就不一樣了。

關鍵事件是和一個日本學生打架，我們在休息時間打，我打贏了。結果第三節下課時，老師一離開，前面的人把前門關起來，後面的人把後門關起來，十幾個日本學生打我一個，打得我眼睛都張不開。打完了，一個日本學生說：「你可以和內地人打架，但不可以打贏。」我終於明白了：「原來我不是日本人。同樣是人，但台灣人和日本人是不一樣的。」「清國奴」這個詞，光復後，在民間很長時間還是罵人的話。現在台獨派罵外省人，也罵「清國奴」，真是諷刺。

鍾浩東與岸本

從六歲到十六歲，我的青少年期一直生活在鄉下和戰時體制下，台灣反日的思想和行動完全被封鎖，所以，我一直不知道台灣曾經有過包括民族派和左派在內的反日活動。只有一次，早上升旗後教務主任（當時的稱呼是教頭）大罵本島人（台灣人）說：「高雄中學的內地人（日本人）畢業生，很多人在內地當高官，但有兩個本島人卻去支那做共產黨，從事反日活動……」

鍾和鳴（鍾浩東），1940年赴大陸參加抗戰，返台後任基隆中學校長，1950年被國民黨判刑犧牲。（藍博洲提供）

我很好奇，打聽之下才知道教頭罵的是鍾和鳴（光復後改名為鍾浩東，他和幾個朋友到大陸參加抗戰，一九五〇年被國民黨判死刑）和蕭道應兩位學長。這是我頭一次聽到共產黨的稱呼。

在同學裏，第一個刺激我的是岸本，他的台灣名叫宋朝明。

高雄中學的樓是兩棟日式的歐洲紅磚樓，第一棟的一樓是行政辦公室，校長室、老師辦公室；二樓是五年級和一部分四年級教室。第二棟樓，是三、四年級教室。兩棟樓之間，有鋪著木板的地方，可以坐下來休息。不住校的台灣學生，每天在這裏等火車，有時中午大家也在這裏休息。日本同學不會進來，這是被台灣同學佔領的，成了一個聊天的地方。我在這裏認識了宋朝明。他是高雄人，不需要等車，但他常來。他會一直罵日本人，講日本人多壞。我很吃驚，很多話我從來沒有聽過。他這麼年輕，怎麼會有這麼激烈的反日思想？直到第一次坐牢之後才知道，他是受兩個舅舅蔡瑞欽、蔡瑞洋的影響。他舅舅日據時代抗日，後來兩個人都加入共產黨，我坐牢時，曾經有十幾天和他被判死刑的大舅舅蔡瑞欽同一間牢房。

總之，那個等車的地方，對我意義很大。台灣人裏「三腳的狗仔（指皇民化的人）」不會來這裏。其實多數台灣同學對日本人不滿，只是不敢講而已。

有個台灣學生和日本學生起爭執，日本學生拿刀威脅要殺他，他跑掉了，打電話給學校，處理結果是台灣學生被開除了。他爸爸是律師，就去告學校，報紙登出來，那時台灣人能做律師的很少，學校因為這個事情鬧大了，就介紹他到小學校當代課教員。高雄中學就是這樣的學校。

當時的學制中學不分初、高中，是五年一貫制。中學考大學，要先進高等學校或大學預科，高等學校和大學預科畢業就可以上大學本科。讀高等學校的，是什麼大學都可以考。預科和高等學校，我記得要念三年，我們快畢業時，因為戰爭的緣故，改成兩年。中學畢業後，我考上的是「台中農業專門學校」，而不是大學預科或高等學校，光復後這些專科學校升級為「學院」，於是我就成為了「大學生」。

那時，高雄中學好多學生考台南高等工業學校(後來改名為「台南工業專門學校」，光復後再改名為「台南工學院」，也就是現在的成功大學)。考上的差不多都是日本人，台灣人很少。有一年，換了個校長，他剛從日本來，對台灣的政策搞不清楚，他按照成績發表考試情況，報紙登出名單來，問題大了：考上的大都是台灣人，日本人很少。因為之前日本人根本是優待進去的。結果呢，這個錄取名單被取消了，發表了也不算，重新發表，這次日本人就多了。

報紙已經登出來，入學了，還能取消！那時中學的校長，比州知事的地位還高。誰敢抗議？抗議也沒用。（關於這一段，我的記憶似乎有錯誤。因為二〇一四年二月二十三日，《中國時報》有一篇台灣大學名譽教授劉廣定發表的〈日本殖民統治與日據〉文章。其中說：「近讀《成大六十年》一書，內有原『台南工業專門學校』一九四四年入學學生陳祖旬先生所記當年入學考試台灣人受歧視之事，深深表達了『殖民地人』的感受。他說：『……入學考試當年採用不記名只記號碼，我們機械系要錄取二班八十名，應考生一千二百名，……經筆試錄取一百名，理應參加第二次口試；但因無記名關係，一百人中台灣人即占八十名，日本人二十名，發生變相結果；為此校長無法下台，延期口試，再增錄取一百名（日人八十名、台灣人二十名）合計二百名；經二次口試正式錄取八十名（日本人八十六名、台灣人十四名）做為收場。……真是做為殖民地人升學之悲哀事件。』初次錄取的八十名台灣學生只正式錄取十四名；但日本學生卻自二十名反增加錄取為八十六名！真是欺壓殖民地人。」）（按，數字加總有誤，疑為報導誤植。）日本時代的差別待遇就是如此。李登輝他們講日本時代多好多好，沒那麼回事。

讀書與初步覺悟

我出生於一九二九年，日本一九二〇年代末就在國內肅清左翼和共產黨，台灣的左派、台共都抓得差不多了，到我出生後幾年，我家鄉已經沒什麼人參加共產黨或者農民組合。我讀中學時，左派的書也被禁光了，但我叔叔有。學機械的叔叔找不到工作，他很不滿，偷買了很多日本的左翼書籍。我在高雄中學，對學校越來越沒興趣，課外運動也常常溜掉，回到家裏找書看。

在家裏閣樓的倉庫裏，找到那些有關政治、思想的書。其中有關社會主義的書籍被刪除的部分很多，重要的段落和術語都以ＸＸＸ代替，以我當時的思想程度完全無法把前後文連貫起來，所以雖然對社會主義思想感到好奇，但並不瞭解。

有次看到周佛海的小冊子《三民主義》(周佛海著、犬養健譯編的《三民主義解說》)，他早年是共產黨，後來加入國民黨，又是汪精衛手下的大將。但他的小冊子講了三民主義的理論體系，我那時十四、五歲，對民權主義、民生主義都看不大懂，但有關民族主義的部分看懂了，很感動，我才知道，原來我是中國人。在學校為什麼受欺侮，我終於開始懂了，就繼續找來更多左派的書籍，拼命看。其中階級壓迫的概念衝擊了我，讓我重新去看待人和人的關係。

那時我瞧不起皇民化的台灣人，覺得他們一點骨氣都沒有。當時我們私下罵日本人是四隻腳的狗，皇民化台灣人既不是狗，也不是人，所以叫他們是「三腳仔」，像奴才一樣，很討厭。後來我發現，我家佃農對我的態度，也是這麼恭順。我放學回家，佃農看到我都會連忙說：「阿忠啊，你回來了！」……我是小孩子，他是大人啊，對我卻得用這樣巴結的口氣。我突然體會，我家佃農對我的態度，和「三腳仔」對日本人的態度有什麼不同？換個立場來看，在佃農的眼裏，父親和我不就等同日本人嗎！搞了半天，我憎恨壓迫和歧視，卻不自覺的幹了十多年，原來我從小就扮演了壓迫者和歧視者的角色，無論是來自民族或階級，被壓迫者、被歧視者的苦楚都是相同的。

從我有記憶開始，我家的佃農看到我都是畢恭畢敬的，很卑下的樣子，我從來不以為怪。因為農業社會，佃農耕種的土地一旦被地主收回，就沒辦法生活，所以對地主絕對的服從，對地主的子女也才會這樣巴結。

這時我開始意識到，在學校，我受日本人欺侮，當一個台灣人，一點尊嚴都沒有，動不動被打，政治上給人欺負，這是民族壓迫。但作為一個地主的兒子，經濟上我欺負別人，這是階級壓迫。我知道被欺負的痛苦，討厭給人欺負，所以也開始覺悟到自己也不應該欺負人，甚至，世界上根本不應該有壓迫存在。我的社會主義意識，就這樣很素樸地產生。

當時我還看了日本的《三代實錄》，書中收錄日本明治、大正及昭和時代的許多政治歷史事件，沒有特別立場，只是報導。書中被捕的日本共產黨在法庭的陳述讓我很震撼，其中有個醫生加入共產黨，被問到為什麼？他說，他家是大地主，她媽媽患了嚴重的氣喘病，他從小立志做醫生救病人。一天來了一個年輕的女工，一看就知道染上肺結核。他告訴女工，肺病是初期的，只要多休息多吃有營養的食物，就會好。兩年後，女工又來看病，卻惡化為末期，沒救了。醫生罵她為什麼不聽話。女工哭著說，她爸爸早就過世，媽媽長期生病，家裏還有兩個幼小的弟弟，她只能工作多久算多久，好讓弟弟長大，哪有時間休息！這位醫生說以他的經濟條件，就算可以救女工一家人，仍無法救全國同樣需要幫助的家庭，所以他加入共產黨。他講這些話時，整個法庭寂靜無聲。法官說，他能理解這樣的心情，但為什麼要參加共產黨呢？醫生反問，現在有哪一個政黨提出解決這種社會問題的綱領呢？因此他認為，參加共產黨是唯一的選擇。

學校、家庭中的經驗和書裏的思想慢慢結合了，我因此也覺得被壓迫階級、被壓迫民族走上共產主義之路是應該的。

我還看過，有一些日本地主階級的共產黨員，把土地分給農民。看了之後很激動。其中一位日本共產黨，把自己一千多甲的土地分給佃農。日本投降後，他選舉每次都當選。（台灣曾經放映日本電視連續劇《阿信》，裏面有個老左派，一輩子搞土地問題，為此坐牢，腳都被人打斷，但土地問題仍沒解決。結果美國佔領日本，強迫土地改革。他很挫折的是：一輩子搞革命沒解決的農地問題，佔領者一下子就解決了。我也有此感想，台灣是國民黨來了以後才強迫大地主把土地分給佃農的。）

除了這些左派書籍，我那時也看了很多文學。我們十四保（保，日據時代的鄰）姓孫的，在村裏捐了一個圖書館，裏面很多文學書。在那裏我看到日本白樺派，武者小路實篤、志賀直哉、有島武郎的作品，但那時左派的文章在雜誌上已經看不到了。後來我讀到托爾斯泰的《復活》，覺得和白樺派不一樣，裏面有「思想」。（我第一次出獄後看到陳映真的小說，也有同樣的感覺。我之前也看過白先勇的《台北人》，文字很漂亮，陳映真的文字沒有白先勇那麼漂亮，但他有「思想」。）

我讀到的日本文學裏，也有反戰的作品。記得有個場景，主角引用與謝野晶子的詩，大意是：「你爸爸媽媽把你養大，不是讓你去殺人，你新婚的太太在哭啊，為了他們，不要去死。」那是日俄戰爭時的反戰詩歌，我看了很感動。

感謝高雄中學

很多年以後，我看到高雄中學高我四屆（第十六屆）的校友宇敷民夫的文章，〈消失在黑暗中的時代史〉，他說：「高雄中學是充滿愛國主義和皇道主義思想的學校，所以內地人學生以能夠考上陸海軍軍官學校為榮。駐校軍事教官，武道、體育的老師給予學生的是極為野蠻的教育——高班生不需任何理由隨時可以毆打低班生，內地人更可隨時隨意毆打本島人……」他又說：「在這種人種差別中我看到了現在日本人驕傲的原點。」總之，高雄中學的生活是野蠻、不愉快、恐怖的生活。

我就是在這一所充滿野蠻、歧視台灣人的高雄中學念書時，才意識到自己不是日本人而是中國人，才進一步讀了左派的書，有了初步的社會主義意識。所以儘管四年的高雄中學給我的是非常不愉快的記憶，但也感謝它沒讓我變成「三腳仔」。如果說，二二八事件改變了我的一生，那只是表面的。應該說，是高雄中學的生活從根本上改變了我的思想，這才是改變了我一生的根本原因。

愛國便當

我讀高雄中學三、四年級的時候（當時的學制為五年），日本在太平洋戰場上越來越吃緊，生活物資實施配給制。米糧、豬肉什麼不讓自有，都要收走，然後，按等級配給──當時把家庭分成幾等，日本家庭第一等，皇民化家庭和國語家庭第二等，然後是一般家庭。

當時有一種「愛國便當」，大概學校規定的，用鹹梅乾配飯，梅乾一顆，或兩三顆放在一起，擺在便當的中間，看起來像日本國旗一樣，叫「日の丸便当」（日之丸便當）。一顆梅乾怎麼夠？我在下面偷偷放豬肉，但不敢放太多。我家是地主，吃飯沒有問題，但在學校裏不能顯露出來。不住校的學生都要帶便當，中午一起吃。不知道別的學校是不是也這樣規定。那時市面上確實沒有什麼東西，我們鄉下，還可以買得到豬，偷偷摸摸殺，被警察抓到會打。有養豬的，警察會來查，老百姓會藏。

我爸爸本來在岡山區公所，後來日本政府要求成立農會，叫做「農事實行組合」，用來控制農民，爸爸就到農會工作。大概從一九三〇年代以後，辦了牧場和榻榻米工廠，生產牛奶和草蓆，都是供應日本人和軍隊的。台灣人以前不喝牛奶，牧場養奶牛，要請專門的師傅來，我爸爸請了東港一個台灣師傅。榻榻米工廠怎麼經營我不知道，只記得機器都是木頭做的，要人操作，還沒有鐵製機械，好多女工在那裏做事情。

軍事訓練

因為戰爭，高雄中學的體育和軍事訓練占的比重很高。每週一、三、五都有軍事課，一次兩小時。還有課外的體育活動，我參加「陸上部」(田徑隊)，跑一萬米，後來三年級我就不參加了。不參加也不行，還挨打。我要離開陸上部的時候，隊長就打我。他叫莊順安，後來考大學沒有考上，參加了志願兵，當時在報名的人中，他是全台灣第一名，成了台籍日本兵，為天皇效命。

三年級就讓我們拿槍訓練了。當時「體力檢定」，我都是中高級，但手榴彈不行，不會丟，一丟手榴彈，手好像就脫臼，一點辦法都沒有。成績就變成「級外」，而且是最低的丙等(合格的成績分為初、中、高三級，不合格為級外，再分甲、乙、丙三等)。四、五年級要去白河的訓練所，進行一兩個禮拜的軍事訓練，大家住在一起。有個高我一兩年級的同學，軍訓時得肺炎死掉了，據說死前還喊著口號：「進攻，進攻啊。」報紙把他登出來，還做成小冊子來宣傳，學校覺得很光榮。高雄要塞司令部的司令官新妻少將來學校演講，說：「我早就知道高雄中學學生是非常優秀的！」

就是這樣的教育，我差點死在他們手裏。我四年級軍訓的時候，有次做登陸演習。是學校和日本工兵隊聯合演習，船是工兵隊帶來的。登陸的時候，我上的那只船開始漏水，船上的小隊長說：槍是天皇的，不能讓它落水，讓我們把槍舉起來。那時候全身武裝啊，能不能游泳都是問題，還讓我舉槍。我就大聲向隔壁喊：「船船船！」小隊長就一直打我，說我沒有日本精神。我心想，開玩笑，死在這裏划不來，如果這麼死了，就是給他們多一個宣傳品。當時船上十幾個人，其他人都不講話。小隊長會游泳，我只會狗爬式，而且要赤膊才會啊，穿軍裝，綁腿，怎麼游泳。我不想死，不想做軍國主義的宣傳品，因此整個訓練期間，被打得半死。

那時，鼓勵高年級的學生考「幹部候補生」，考上甲級，將來可以當軍官，乙級，可以當士官。我之前無意中看到過學校的鑑定，我被鑑定適合於當「兵」。

四年級上軍訓課時，學校配有兩三個軍隊的教官。有一次，一個上尉教官剛剛從大陸回來，休息的時候談天，他說：「世界上最強的是日本，第二強的是支那。」我們聽了很吃驚，當時報紙上的宣傳都說中國不堪一擊。他說：「你們不知道，我們怎麼攻都攻不下來，後來用催淚彈，才衝進去殺掉他們。」

飛行員的神氣

戰爭的緣故，原本五年畢業的中學制度，改成四年畢業，也就是五年級和四年級一起畢業。但畢業生不管是否考上高等學校，都被送去做「學生兵」。一九四五年一月，我考上了台中農林專門學校（台中中興大學前身），二月就到高雄壽山的「獨立混成三〇聯隊」報到了，我剛剛十六歲。

連畢業典禮都沒有，也是因為戰時緊急狀態。高雄中學那年當兵的，日本學生很少。現在想，是因為日本學生比台灣學生有更多管道去念各種軍校。日本學生的第一志願，一般是考海軍兵學校，再來就是陸軍士官學校，出來是做軍官，但很不好考。成績不好的學生就去考「飛行預科練習生」（簡稱「預科練」），這是戰爭末期才有的，是為了自殺式的特攻隊培訓飛行員的。第一期「預科練」學生上戰場，差不多都死掉了。

當時報紙整天都在宣傳「神風特攻隊」，就是以自殺的方式攻擊美國海軍。當空軍，就是送死。但反正必須當兵，總歸是死，飛行員待遇好，普通陸軍士兵是連吃飯都成問題的。飛行員就算死也死得漂亮些，所以很多日本學生報考。

光復後，有次跟高雄中學的日本同學聚會，他們之中不少人都是四年級時上了預科練，但那時日本快要戰敗，飛機都沒有了，上不了戰場。這些人本來百分之八十要死的，倒活下來了。

那時，飛行預科練習生的制服，扣子有七個（普通軍服是五個扣子），衣服扣子上，還有櫻花的圖案。他們的〈飛行員之歌〉，歌詞就是「身穿七個鈕扣，預科練是皇國的飛行員……大和魂所向無敵。」有次，預科練的學生從高雄火車站走過，穿著神氣的制服，排著整齊的行列，唱著歌，很威風。有些女學生在路邊，一邊看一邊「喔喔」讚歎，很欣賞的樣子。我們高雄中學的學長很嫉妒，氣呼呼地衝她們揮手：「走走，看什麼看！」她們都不知道，飛行員穿得這麼漂亮，這麼神氣，因為他們是要送死啊。

獨立混成三〇聯隊

一九四五年二月，我到高雄壽山報到。那時高雄要塞司令部的司令官是新妻少將，就是曾經到我們學校去訓話，表彰我們那個死前還喊著「前進」的學生的那個人。我去的是雜牌隊，叫獨立混成三〇聯隊。因為那時連船也不夠用了，也因為要準備美軍登陸台灣才沒有被派到海外戰場。

在部隊主要是做工，挖戰壕，挖洞。有個高雄兵從別的部隊轉過來，消息靈通，跟我說，美國要登陸了，要塞的炮以前是向外海的，現在要掉轉頭，要打市內戰。所以我們才每天修戰壕，就是散兵坑，是為了躲在裏面打仗的。至於挖洞，我們也不是工兵，也不懂測量，就憑感覺挖。記得我們分兩隊從兩個方向，按設定的角度挖，最後匯合打通。我們這邊，挖著挖著，聽到另一邊有聲音，敲敲，那邊也咚咚地回敲了。原來兩隊也不知是誰挖的角度偏了，上下錯開，接不起來了。

那時主要就挖工事，訓練比較少。但原來在學校一直是有軍訓的，基本的訓練都有了，也會打槍，扔手榴彈。戰爭進行了那麼多年，日本國力和兵力都衰弱，人心也浮動。我們是雜牌軍，部隊的條件更差，除了連長和軍官有宿舍，我們連兵舍都沒有，就自己砍樹造房。飯是有，菜就稀罕，有時一個人就一根空心菜，也不切斷，就那麼一根放在碗裏。

肚子餓，就想辦法，什麼都敢吃了。山上蜥蜴多，捉了剝皮，烤著吃。蝸牛也多，但開始不知道蝸牛的前半段有粘液，是不可以吃的，吃了拉肚子。後來才知道用木屑灰把有粘液的部分去掉，吃牠用來爬的、肌肉多的部分。還有昭和草，就是一種可以吃的野菜。

高雄神社也在壽山上，記得一年級時每月去拜神社一次，山上猴子很多，猴子很聰明，看見小孩子就圍過來，跟我們要吃的，看見大人就跑掉。我們到壽山當兵時，已經看不到猴子了，都被部隊捉來吃掉了。

不久我就又開始挨打了。那時連長有報紙看，他看完丟掉，我們就撿起來看。有次看到報導說，日本的一架戰鬥機被美國打下來了，飛行員跳傘，傘沒有打開，摔死了。一個女學生看見飛行員快要落地時，合掌朝皇宮的方向拜，皇軍真是忠誠。我說：「這是胡說八道嘛。」第一，飛行員是轉著圈掉下來，他怎麼辨別東南西北？第二，那女學生，也不是掉在她面前，怎麼知道他合掌拜？那時我才十六歲，本來就對日本人不滿，當兵，吃得又壞，從小到大沒餓過肚子，現在肚子裏沒吃的，只有怒氣，就敢講。結果被打了小報告，挨了頓惡打，因為我「侮辱英靈」。

第二次挨打更凶。每天有個訓練內容，是預備美國坦克車M4登陸時，對抗作戰。在路旁挖個洞，人躲在裏面，坦克車來的時候，就舉著一個前端挑著炸藥包的竹竿衝出來，刺向坦克車，然後臥倒。每天就訓練這個扔炸藥包然後臥倒的動作。我想，炸藥包一扔，一爆炸，一個竹竿的距離，人一定跑不掉，早死掉了，臥倒是多餘的嘛！這是訓練自殺隊嘛！這個話，又被聽到了。這次被打得半死，因為「影響士氣」，性質更惡劣。

我想，這樣下去，不用死在戰場上，在這裏先被打死了，就決定逃。結果才跑到高雄市內，就被憲兵抓到（後來我才知道出去要帶袖章、外出證，不然一看就知道是逃兵。）本來應該軍法審判，但結果是私下處理，關禁閉，一個半月。連長怕給上面知道，影響他的成績，他日子也不好過。

之前他有教訓。有次，我們獨立混成三〇聯隊的隊長（等於團長）於保大佐，遠遠走過去，離我二百公尺，我以為他沒看到我，就沒敬禮。誰知他眼睛很厲害，就叫我過去，問：「哪個連隊的，為什麼不敬禮！」我說：「我以為你沒看到。」他打電話把我們連長罵了一通，連長就打我一頓。我決定報復。再次看到於保大佐，還是不敬禮，連長又挨了大佐的訓。連長看著我說：「你故意啊！」但不敢打我了。所以我逃亡被抓回來，他沒有上報，就關禁閉。

關禁閉時，連菜也不給吃了。就一個飯糰，蘸著鹽水吞下去。我對廚房送飯的人說：「你飯糰裏面要給我包菜喔！否則我出來打你。」我讓他包軍官的菜，和士兵的不一樣的。廚房的人也怕我這種人，乖乖地包了菜。

有天覺得身上癢得不得了，找來找去，發現內褲上有十多隻蝨子，真是嚇壞了，從來沒見過，我家裏沒這個東西啊。禁閉室裏睡稻草，裏面藏著蝨子。出來後，就用開水燙衣服，燙蝨子，啊，那是第一次和蝨子打交道。

我的反抗心沒有被打掉、關掉，高雄中學的生活已經告訴我，我不是日本人，受他們欺負，為什麼還要替他們打仗，當炮灰？

劍部隊

這次關完禁閉，我被送到了「劍部隊」。劍部隊是從「滿洲國」調過來的關東軍的主力部隊，隊長是中將，級別很高。那裏七、八年沒有新兵了，所以從其他部隊調過來四十個新兵。後來才知道，新兵都是我這樣的人，別的部隊不要的、成績不好的兵。

他們這支部隊的一些老兵，一九三〇年參加日本二二六事變。兵變領頭的十七個青年軍官都被判了死刑，參與的部隊被送到滿洲戰場。因為二二六之罪，他們在軍隊裏的功名之路已經沒了，最高就是「上等兵」，所謂「萬年上等兵」。所以，這些士兵，混出一種風格，是老油條，也很橫，上面也不敢拿他們怎麼樣。他們點名不到，連長過來問，老兵就說：「你知道，打仗的時候，子彈不一定從前面來，也可能從後面來喔！」連長聽了這話，掉頭就走了。

劍部隊沒新兵，也沒什麼台灣兵，我這個台灣新兵，主要就是給他們做勤務。擦皮鞋、燒洗澡水之類的。但是他們也看到我倔強，敢反抗，反而對我有點「欣賞」似的。他們就是叛亂兵啊，大約覺得我孺子可教，不但給我講日本肯定會輸這樣的話，喝了酒還教我唱歌，唱的就是二二六兵變時的〈青年軍官之歌〉，也叫〈昭和維新之歌〉。（李娜按，這是一首表達青年軍官憂國憂民、要求變革，剷除貪官和腐敗的歌曲。以屈原、汨羅江和孔明、巫山為比喻。受「國家社會主義」思想影響的二二六兵變反而加速了日本向國外發動戰爭，轉移國內矛盾的軍國之路。後來〈昭和維新之歌〉反成為日本右翼的代表歌曲。）兵變被鎮壓後，這首歌本來是禁唱的，但他們不管。我學會了這首歌，現在還記得。

跟他們學的不只是歌，更好用的是那一套不聽話的作風，就是不要乖乖的聽話，消極也是一種反抗。我後來坐牢的時候，這一套還真發揮作用。

在劍部隊，也是第一次跟日本人有了密切的生活接觸。我家是地主，父親是皇民，但我們的生活方式和日本人還是毫不相干。我從小看日本書長大，但到這時才知道好多日本的習俗是怎麼回事，比如日本人喜歡洗澡。我們之前的部隊，都是在河裏洗澡。劍部隊就用桶，日本人叫做「風呂」的。但沒有真的木桶，用汽油桶代替，從下面加熱燒水，桶裏面墊一個木板。洗澡按照官階順序洗，輪到我的時候，我不曉得那個木板是隔熱的，把它拿了出來，結果一跳進去，哦，給燙得……。

排長洗澡的時候，我得在旁邊聽命，他叫我：「背中流せ！」——讓水從背部流過去？我以為讓我給他背上澆水，就澆水，他回頭就給我一巴掌，原來是「擦背」的意思！

在劍部隊也一樣是挨打。軍隊是很野蠻的，上級欺負下級，老兵欺負新兵，入伍早一天，就可以是大的。（中學裏學長可以隨意欺負新生，大概就從部隊學來。）有次，有個當兵前是和尚的日本兵，說我態度不好，「沒禮貌」，要打我。我對他有印象，新兵入伍的時候，要一起座談自我介紹，他說：「我是個和尚，但是個酒肉和尚」，這句話印象很深，所以我知道他是新兵。我就問：「你哪天入伍？」他一講，比我晚一天。我就說：「笨蛋，你是下級。」就舉手打他。

有次站崗的時候，是淩晨二點之前，我靠在牆上睡著了。排長巡夜，用軍刀刀鞘打我的頭。我從迷糊中驚醒，本能地舉槍就刺，他很敏捷，躲開了，但把他的衣服前襟給刺破了。他說：「好好好，你要殺我！」早上集合，他叫我出列，當眾宣布：「這個兵要殺我，幸虧我是劍道三段，躲開了，但我的衣服給他弄破了。」於是我又挨了一頓打，送回原隊處理。

押送回到三〇聯隊，連長說：「啊！你又回來了。」他心裏一定想說：「倒楣啊，才送走。」從此他也不管我，懶得理我了。

學會了二二六士兵的辦法，日子好過多了。值夜班的時候，我偷偷拉開連長的抽屜，把外出證偷出來，第二天白天就去高雄找叔叔，找他要錢，去買東西吃。高雄有軍隊的聯誼社，叫「偕行社」。那裏有很多吃的，是供應軍官的。虱目魚一塊錢一條，我有外出證，就可以買。

那時候部隊薪水是十八塊錢一個月，但五塊錢要強迫儲蓄，只剩下十三塊。物價是一隻雞五塊，十三塊當然不夠用，才找叔叔要錢。

後來又發現，我們部隊的山洞裏，儲藏有好多罐頭，有鳳梨罐頭、牛肉罐頭，我就趁夜裏站崗的時候偷來吃。米也可以偷，地上挖個洞，用便當盒煮米飯，配罐頭吃。這些都可以看出部隊紀律已經沒有那麼嚴，台灣畢竟不是前線，沒有那麼緊張。

後來日本投降，部隊解散，物資分給台灣兵走路，才發現很多罐頭是空的，他們就說一定是我偷吃的，那按人頭一人一套的毛毯、軍裝、罐頭，就不給我了。事實上，恐怕不只我在偷。

當兵六個月的時候，也就是日本快投降的時候，有天集合，連長點名，說：「點到名的往前走三步。」最後除了我，全都走了三步。「點到名的從今天開始是一等兵。」大家就回頭看我，我無所謂，隨便你啦。

日本投降

在劍部隊的時候，那些二二六士兵就說，日本要敗。回到台灣人的聯隊，雖然不敢公開說，但也很多人議論，因為當時美國和中國的飛機轟炸很厲害。我到劍部隊之後，獨立混成三〇聯隊遭到轟炸，我很多中學的好朋友都在轟炸中死了。岸本，就是宋朝明，高雄中學第一個激發我反日意識的同學，也被炸死了。

當時在台北、高雄、台南各有一家現代百貨公司，高樓，有電梯，很多人專門去觀光坐電梯。高雄的百貨公司叫吉井公司，我也去過，就被轟炸了。我們在壽山上，看到火焰滾滾，白天連著晚上，整整燒了兩天。

轟炸的飛機每天來，同一個時間，同一個方向，日本軍一點辦法沒有。有高射炮也不敢打，打了就會被轟炸。看到這種情況，誰都知道日本會輸，但戰敗之後怎樣呢？不知道，沒想過，作為受日本教育的台灣學生兵，很難想像。

日本投降那天，我正帶著外出證在高雄晃，到晚點名的時候才回來，就聽到說，天皇「玉音放送」，日本投降了。我說：「喔！」外表沒有特別怎樣，心裏是高興的，但不敢講，大家也不能流露出來，因為我們這時還是日本軍隊。至於日本官兵自殺的，在三〇聯隊我知道的就只有一個士官。

03 從光復到二二八

光復

光復前，我已考上台中高等農林學校（光復後改為「省立台中農業專科學校」，是中興大學前身），一九四五年九月，我收到入學通知，到學校報到。教務主任是大陸來的，看我才十六歲，怎麼可能考上大學，要我降一級念「預科班」。我跟教務主任說，日本的學制是中學五年，因為戰爭又改成四年畢業，我才能這麼早考上大學。我的國語還講不好，他又不會說日本話，兩人溝通不良。我們只好去找院長周進三，他在日本留過學，知道日本的學制，一看我的材料就說，沒錯。我就開始了大學生活，因此我對院長的印象非常好。

農學院二戰前有農化、農藝、森林三個系，光復後新設農業經濟、植物病蟲害兩個系，因此共有五個系，每系只有一班，我讀的是農化系。

日本投降了，國民黨軍隊還沒來，這段時間比較混沌。我被分在第二宿舍，宿舍裏的日本高年級學生因為戰敗苦悶，在一起喝酒，喝醉了，就揮著刀，叫我們新進學生起來，嚷著「喝酒，喝酒！」那哪裏是酒，是酒精泡水，很難喝。但是沒辦法，還得應付他們。有個晚上我回來，發現棉被沒有了，原來有個日本學生把我的棉被拿去當掉了。我很惱火，一氣就搬出宿舍。管理員說：「你創記錄啊，住九天就走。」十月十七日國軍來了，我把日本學生全部趕到第一宿舍，我成了第二宿舍的龍頭。

光復了，好多在日本留學的台灣學生回來，轉校進來，慢慢每班人多了，有二三十個人。在班裏，我被指定做班長。第一學期考試的時候，有消息傳出來說，考第一名的姓陳。班上有個同學叫陳保德，嘉義農校畢業，成績很好，都以為是他，沒人想到成績一公佈卻是我。我才十六歲，考第一名，平常看起來也不用功的樣子。他們不服氣，有次特意出題考我，看我怎麼算。我一下就算出來，這樣他們才服氣。

光復了，台灣人揚眉吐氣，曾經被欺負得很慘，這時就有了報復的心理。有些地方，如台北，開始出現打日本人的情形。也有學生自發組織來維持秩序。我們十幾個學生也組織起來，自覺是民間的警察。有人把日據時期的一份資料印出來，是台中幾個有名的日本人給總督府的一份建議書。建議書上寫有：「日本罵人的話只有幾句，台灣有幾百句，關於『性』的就有一百多種，可見台灣人是卑劣的民族，所以需要消滅他們。怎麼消滅呢？第一給他們抽鴉片。第二鼓勵他們賭博。」看了這份建議書，大家就罵：「王八蛋！去抓他們！」建議書上有幾個人的署名，我們就先去找「南」醫院的院長。走到醫院前面，忽然有人講：「說不定他有手槍啊。」大家就猶豫了。我說：「你們不進去，我進去。」我直奔院長室，先拉開他抽屜看，沒有槍，就對他說：「起來！」他乖乖地站起來，我就一把推出去，門外的人一擁而上，把他捆起來。

日本人挨了打，也要報復。報紙上登出來，有日本人組織了一個「幻組」的暴力組織。有天我在宿舍，一個日本同學打門口過，唱〈幻組之歌〉，故意反覆唱：「幻しい（mabolosi）。」我從床上跳下來，拿起一把木刀衝過去，他卻不敢打，跑了。

有次路上遇到一個商業學校的日本學生，走到比較黑暗的地方，我就突襲，在他印堂上打了一拳。有時候突襲時碰到體格很好的人，反而會給對方打得半死。我小孩子時候就頑劣不好管，經歷了高雄中學和當兵的經歷，十六、七歲，少年氣盛，一想起從前被欺負，現在能夠報復，特別有種旺盛好鬥的勁頭。

讀書

光復後，有些日本人為了生活，把傢俱、衣服、書籍拿到街上賣。當時最令我感到意外的是，有不少的日本人還有如《資本論》等左翼書籍。我買了不少，但看不太懂。當時我對共產主義、社會主義理論的理解大都來自日本的反共書籍——因為要反駁，不得不闡述共產主義理論。對我影響比較大的，反倒是來自大陸的《觀察》和《展望》雜誌。

光復後幾年，台灣的文化很活躍，有許多從大陸來的知識分子，大陸的書籍和雜誌也跟著進來。台灣人中有頭腦有理想的，也都很活躍，辦了很多雜誌和報紙。因為看到國民黨接收的狀況非常差，年輕人都想在思想上找出路，自由主義的《觀察》和共產黨的《展望》等雜誌在台灣銷路都很不錯。不過，據我的感覺，《觀察》被接受的程度還是高於《展望》。社會主義或共產黨成為年青人的思想選擇，是二二八事件以後的事。

從高雄到台中讀書以後，最讓我吃驚的是，街上十字路口旁常有二、三十個年輕人，圍著一圈彈風琴一起學「國歌」(三民主義，吾黨所宗)，到處也都有自動教人國語的小型團體，可見台中地區日據時代的文化氣氛一直很好，而且反日情緒很強，光復後才有這種自發的熱情。這讓我感到十分震撼，也深深感覺在思想上我比那些人落後太多了。

兩年後二二八事件發生，我在「二二八最後一役」之地的埔里看到了當年教唱國歌，教學國語的那些人圍在謝雪紅旁邊，聽謝雪紅指揮的情形。再經過三年，白色恐怖肅清全面展開，我又在保安司令部軍法處看守所裏，看到了那些人被槍決前的最後一幕。這就是說，由於國民黨接收的失敗和二二八事件，他們拋棄了國民黨的「白色祖國」，走向了共產黨的「紅色祖國」，然後，從容就義。這就是那批愛祖國、愛人民的熱血青年的下場，我一直沒有忘記他們。日據時代反日，光復後反國民黨，這樣的年輕人都是時代的先覺者。那時代，懷抱理想就是要掉腦袋的事情。

光復後的農學院教授，部分留用原來的日本人，部分從大陸過來。台灣本地的老師很少，有位林秀棟，羅東人，五十年代被判十年。院長周進三和教務主任，都是從大陸來的。大陸來的老師的風格和日本老師不同，對學生態度很好，是經過新文化運動的知識分子吧。但我們和大陸老師語言不通，雖然覺得他們帶來民主、進步的氣氛，但很難有更多的交流。不過，我們對他們的印象都很好，二二八事件時，我特別把他們帶到宿舍，請同學把他們保護起來。

風雨欲來

台中火車站前面有一條大路，我們宿舍就在火車站後面，電影院在前面。鐵軌兩邊有天橋可通。我和同學去看電影，嫌麻煩不走大路，常常通過天橋到前站，然後跳欄杆過去，這可以說是受到光復後社會失序的影響。

火車站附近有憲兵巡邏，有次被他們抓到了，叫我們跪下。說：「你們台灣學生瞧不起我們中國兵，媽的跪下。」我們是三個人，他們也三個人。我看他們拿著手槍，安全栓還沒開，偷偷跟那兩個同學說：「我們打，一個對一個。」他們兩個不敢，跪下來了。我不跪，我說：「我們是學生，你們管不著，報告到我們學校去吧。」他們就動手打我。這時很多人圍過來看，看得憤怒了，就喊起來。他們也有點害怕，就放我們走了。跪下來的兩個同學一直覺得對不起我，一九六〇年代我出獄回家後，他們還來我家向我一面恭喜回家，一面道歉說，當年讓我挨一頓打。

那個時候，民怨已經累積到一定程度了。光復初期的激動，興奮，揚眉吐氣，都成了深深的失望。物資短缺，通貨膨脹。官員多用大陸來的，看到的儘是貪污腐敗。國軍是橫行霸道，又騙又搶，根本亂來。

當時在學生宿舍，每個學生繳三十台斤米，應該夠吃的，但都被管事的人貪污掉了。我們吃不飽，只好自己去買米燒飯。買米的時候，到第一家問，二十塊一斤，太貴了，換一家，二十五；再換，三十塊！趕緊回到第一家，二十塊變三十五塊了。就是這樣，一天之中，漲價好幾次。

有次在市場上，看到部隊的兵也來買米，他們買了一大包，大概六十公斤，要兩百塊。那個兵就拿出一張大陸的紙幣（關金），面額一千塊。老闆不收，說沒看過。他說：「你不是中國人嗎？」老闆說：「是啊。」他說：「中國人怎麼不用中國的錢？」老闆只好收了，而且還要找他八百塊。當然這張紙幣就是廢紙，不知道大陸哪一時期哪個軍閥發行的，根本一文不值。

這種事情看得太多了，大家火大了。後來我才明白，國民黨不代表祖國，對國民黨不滿和對中國不滿是兩回事，但那時弄不清楚，就變成很討厭大陸來的人。接著又發生了穿越鐵軌遇到憲兵的事，我非常憤怒，對祖國的熱望變成了絕望。也就因為這種不滿的情緒，我才沒有認真學習國語。

所以「二二八」發生的情感因素是很大的，是民怨，盼望祖國，祖國來了，怎麼來了對我們這樣？我那時還不了解，這是整個中國近代動亂、帝國主義侵略、國共內戰的一個後果，是內憂外患的一部分。經過二二八事件的洗禮，看到一些前輩的行動（譬如街上自動教唱國歌的那一批人），我的思想逐漸清楚了。必需以革命行動來根除老中國的一切舊習氣（以國民黨為代表），把新中國建立起來，中國才會有希望，台灣才會有希望。因此，在二二八事件之後，我就加入了地下組織。

04

二二八事件前後

台中戲院市民大會

一九四七年二月二十八日，我還在農學院讀三年級。這天下午去看電影，晚上回學生宿舍，迎面碰到謝桂芳（他也是我高雄中學的學長），說：「你還去看電影啊！」我說：「是啊！」心想有什麼不對。他說：「台北都打起來了！」就走掉了。接著台北延平大學（台灣人建的私立大學，夜間上課。很多延平大學學生參加了二二八，也有不少人加入共產黨；延平大學後來改為延平中學）和台大醫學院的兩個學生來宿舍通報消息了。他們說，三月二日在台中戲院要召開市民大會，問我參不參加，我說：「當然去啊！」

第二天街上就有很多人散發號召鬥爭的傳單，台中整個鬧起來了。我記得還看到楊逵寫的傳單，鼓勵人參加市民大會。

三月二日，台中戲院裏人滿滿的。大家推楊克煌出來講話，他正講著，謝雪紅來了，他就介紹謝雪紅，一聽是日據時代反抗日本人坐了十幾年牢的人，大家就都很敬佩，推舉她做大會主席。討論要怎麼做，很多人跳出來講，群情激動。有人就喊：「講沒有用啦，去！」

去哪裏？先去了警察局。警察局長立刻解除全體警察的武裝，把武器都交出來。我跟著到警察局，就看見台中縣長被捉來了，跪在陽台上，謝雪紅在旁邊。好像進行公審一樣。

台中縣長因為貪污，大家都很憎惡，有人喊槍斃他，謝雪紅講：「他雖然壞，罪不至死。」有人又喊：「耳朵割下來！」謝雪紅說：「這也太野蠻了吧。不要吧。」又有人喊：「打他！」她說：「打可以。」就讓兩邊按著的人打他。她對群眾還是很能控制，也因為是日據時代敢反抗日本人的，大家都很尊重，都聽她的。

很多人從警察局拿槍，我也拿了一桿槍。槍膛裏有黃油，這是保存槍的辦法，我在中學三年級的軍事訓練課就學過，應該拿布伸進槍管裏擦，弄乾淨。但這時忘記了，拿到槍後就走了。帶著槍和子彈回到農學院宿舍，但也不知道要幹什麼。台中集會是自發的，其實沒有人指揮。

這一天，台中也成立了「台中地區臨時處理委員會」，並且把學生組織起來成立「治安隊」。台中農學院比較保守，可能因為學生出身的關係。光復時郭琇琮組織「學生聯盟」，台中地區的師範學校和商業學校都參加，轟轟烈烈的，農學院就沒有參加。現在農學院也成立了屬於處理委員會的學生治安隊，隊長是林秀棟，他是農學院僅有的台灣人教授，羅東人（事件後被學校解聘，轉到延平學院任教，一九五〇年被捕，判刑十年）；副隊長是一個林姓學長。但當時參加武裝鬥爭的，大多是師範學校、商業學校和謝雪紅的建國工藝學校的學生。台中一中和農學院的很少。

攻打教化會館

三月三日，大家到市政府廣場談天，要幹什麼也不知道。忽然國軍一輛卡車開過來，架著一挺機關槍，後面堆著沙包，看到人就掃射。我們趕緊趴下來，躲起來開槍。我專打車輪，打中了，但車沒停，稍微轉了一下就開走了。如果它不跑掉，我們就可以消滅它。

等到車子都沒了，我爬起來，發現跟著我來市政府廣場的陳保德（現在是愛之味食品公司的副董事長）不見了。回到宿舍見到陳保德。他說他從排水溝裏爬出去，先回宿舍了。

聽說國民黨的部隊集結在教化會館，下午有武器的人自動去攻，我就去參加。我日據時代受過軍事訓練，知道臥倒、跳起、進幾步。我聽機關槍的聲音，知道什麼時候該臥倒該前進。一個商業高職的學生看著我，我跳起來，他也跳起來，但我臥倒，他就沒跟著臥倒，結果就中了一槍，受傷了，幾個有經驗的人把他抬走了。攻教化會館的人，有從東南亞回來的台籍老兵，有失業的人，多數有戰爭經驗。學生大都沒有打仗的經驗，所以死傷的人較多。

有個人提醒我：「你的槍有點奇怪喔，會發火花。」我也奇怪，怎麼對方的火力都往我這邊來。我突然意識到，啊，黃油，是我槍裏的黃油沒有擦掉。算我命大，被集中掃射也沒死。那個人，我後來才知道，是東南亞戰場回來的老兵，外號叫老虎(tora)。

一直打到晚上，到幾點忘記了。忽然一顆手榴彈落在我身旁三、四米遠，我趕緊臥倒，它一直滾到我腳邊來，好在沒有爆炸。原來，這是日本留下來的手榴彈，日本的手榴彈和國民黨軍隊在大陸用的不一樣，要先敲一下再扔出去。國軍不會用，我撿回一命。

教化會館外面有圍牆，裏面二樓走廊堆著一捆一捆棉花，用來擋火力，我們的槍打不進去。而且我們在平地，他們在高處，火力又強，所以他們損失很少。攻教化會館現在被說得很厲害，其實我們攻是沒有辦法攻進去的，是因為國民黨軍隊的家屬也在裏面，那些家屬哭，要投降。守軍最後投降了，我們進去後，發現裏面倉庫有好多日本空軍飛行員專用的衣服，圍巾，大家就拿出來穿。

投降的大概一百個左右，幾個年紀大的，就帶他們到學校集中管理。我們攻的人，各方面都有，搞不清楚多少人，也沒有指揮，就那麼亂打一通。但我看見一隊穿黑衣的，很勇敢，動作很迅猛，據說是埔里來的原住民。我後來去了埔里才知道，他們穿的是灰色衣服，是日據時代警察留下來的衣服，晚上看起來以為是黑衣。他們是埔里的平埔族，領導人是黃信卿，以前是台籍日本軍官，在東北做軍官。（二二八後他跑到上海，他自稱二七部隊的參謀長，是不是我不知道。二二八後他來學校宿舍找過我，講過他的經歷。他是台北人，爸爸是醫生，對外省人很厭惡，拒絕給外省人看病，因為國民黨太壞了。他告訴我，在中國北方打過仗，當過排長。戰爭結束，就跑回來了。我對他不滿的是，他講到，有次佔領一個大陸村莊，村裏的人獻給他一個女孩子，讓部隊不要亂來。那個女孩做他臨時太太。他說，那個女孩還是大學生。後來離開時，他也沒有送她東西，就留了一個袁大頭給她。那個女孩子說：「你這個袁大頭太貴了，我做你的妓女半個月就這麼一點報償！」我那時想，怎麼可以做這種事情？對他很反感。看見我不滿，他說：「你不能原諒我嗎？這是戰爭啊。為了讓部隊不要亂來，才送女孩子給我睡覺，我是隊長啊。」我還是很生氣，想這個台灣人怎麼搞的。）

古瑞雲（周明）二二八後也跑到大陸，後來寫了一本《台中的風雷》（人間出版社，一九九〇）。他自稱是謝雪紅的副官，書裏面提到這個黃信卿。黃信卿怎麼跑的，我就不知道了。古瑞雲是謝雪紅派。他後來對我講，他贊成社會主義，但對統一有意見。（他弟弟在五〇年代白色恐怖被捕，槍斃了。）

到埔里去：尋找黑衣隊

台中市和近郊的一些機關都被市民佔領了，二二八時，整個台灣大概只有台中全面被市民佔領。但是當時就有消息，說國軍已經要開來了，「處理委員會」的地方士紳很害怕，宣布要解散「處委會」和「治安隊」。謝雪紅把堅持的學生組織起來，成立「二七部隊」，後來到了埔里改稱台灣民主聯軍。台南、嘉義則是張志忠率領，首先叫嘉南縱隊，後來改為台灣自治聯軍。後來在香港成立台灣民主自治同盟，名字就是從這兩支隊伍取來的。

我們佔領台中後，農學院的學生負責守衛火車站。台北來了通知，要槍和武器。我們的武器也沒那麼多，就用火車送手榴彈給台北。

後來有個人來報信，才知道高雄很慘，給高雄要塞司令部彭孟緝的軍隊打得一塌糊途，希望我們台中派援軍去。我是高雄人啊，想帶人去援助。那時我們有三、四十個人在火車站，但不太敢跟我去高雄。我就想到黑衣隊，三月十七日就去埔里找他們。其實他們是埔里的平埔族。我到埔里，看到他們幾個人，還穿著那身衣服，拿著槍，我就問：「是攻教化會館的嗎？」他們說：「是。」我說：「我想去高雄，要不要去？」他們就說：「可以啊。」我說：「你們多少人？」一算，五、六十個人。那麼需要車子。怎麼辦呢？在埔里過一夜後，三月十八日我去找埔里的區長。那個區長很客氣，拿名片給我，我一看，張文環，不是那個日據時代很有名的小說家嗎？我問：「你是不是作家張文環？」他說：「是。」我說：「我看過你的小說啊。」他很高興，我們就談了很多。他當時大約是能高區的區長，區公所在埔里。但他說：「車子沒有。」

我決定回台中去調車子，結果在埔里的大街上碰到了謝雪紅、楊克煌他們。他們開著一輛巴士，後面裝著襪子、毛毯、蚊帳等很多東西。看見我，我還穿著教化會館裏繳獲的日本空軍的衣服，他們就說：「哎，學生來，幫忙幫忙。」原來二七部隊要撤退到埔里，他們先來，把教化會館裏的東西運過來賣，當經費。他們問我在埔里幹嘛？我說要帶原住民去高雄救援。他們說先幫忙卸東西。這時還沒跟我說要撤退。幫過之後，我就打算回台中，正好帶謝雪紅來的巴士也要回去，我們就一起走。路過草屯，碰到二七部隊的人，說：「國軍要來了，我們要撤退，你不要回去了。」我想，昨天出來還沒什麼事，怎麼一天之間就有這麼大的變化？我還是要回去。他們又說：「你回去碰到國軍，帶著槍就麻煩了，不要拿槍。」我就把槍交給他。又有個人說，他們撤退時，火藥庫沒有來得及炸，拿鑰匙給我，讓我回去後把它炸掉。

寂靜的台中

我和那個巴士司機回到台中，發現整個台中是靜的，街上完全沒有人了。可能知道國軍要來，二七部隊又撤離，一般人都不敢出來了，台中好像死城一樣，感受很不好。回到宿舍，宿舍也是空的，桌上有林淵源留的一張條子，讓我到苗栗縣後龍鎮一個同學家裏，說他先去了，讓我也去。可是沒有車子，怎麼

林淵源（中評社提供）

去？我打算先去炸火藥庫，到那裏一看，已經被流氓佔領了。我過去，他們就喊：「幹什麼？」我說：「我看看。」他們說：「看什麼？回去回去。」國軍進來之前，流氓先進來保護。流氓是最快倒戈的，這種人真要命。

流氓一般是無業遊民，之前攻教化會館之後，台中開始有人打外省人，就是一些流氓亂來。我曾見他們打一個孕婦，踩她的肚子。我說：「打倒貪官污吏，不是打倒外省人。」我有槍，就衝著他們喊：「再打我就開槍了。」他們就不敢打了。我想到學校的外省老師會有麻煩，就去找院長，問：「有沒有人找你麻煩？」他說：「有啊。」我說：「我有槍，你全家準備一下，我帶你們到宿舍。」他說，他家裏還有幾個外省老師，農業化學系的主任等。我說：「通通來。」我把他們帶到學生宿舍，讓林淵源照顧他們。林是鳳山人，慢我一期，但跟我很好。他很會照顧人，就讓他在宿舍照顧外省老師，流氓不敢來學校宿舍。

林淵源留的條子，讓我去後龍，找姓魏的同學，也是農化系的，後來在美國一個大學當教授，娶一位越南總理的女兒。但我沒法去，沒車子。我決定趕快回埔里，帶兩個同學（郭錫麐和王明璋）一起走。

加入二七部隊（台灣民主聯軍）

之前和那個巴士司機分手時，和我約定一個地方等，要去埔里的話坐他的車子。我去炸火藥庫時，看到那些流氓倒戈，就擔心那個司機會不會也倒戈。本來也不認識啊，就不敢去約定的地方，決定走路去。我帶著兩個同學先到第一宿舍，看到同班同學田煥玉正在整理要繳出去的槍枝。我們三人各再拿一枝槍和子彈後出發，走到霧峰附近，聽到後面有車子來。是不是國軍來了？當時整個台中沒有人，氣氛很肅殺，認為國軍隨時會來，所以很擔心。但台中到埔里，走要走一天。我就讓他們兩個路邊蹲下來，我去攔車：如果是國軍，我會給打死，你們就快跑，如果不是，我們就可以搭車走了。我拿槍站在路上攔車，沒想到就是那個司機！他等我很久沒等到我，所以就開走了。他說：「怎麼你沒有來？」我說：「我怕你也叛變。」他說：「媽的！」

到了埔里，謝雪紅他們本來在國小那邊駐紮，後來怕影響學生，就搬到武德殿。葉芸芸曾問過我埔里到底多少人，我說武德殿很小，頂多容納一兩百人。她說：「別人說一兩千個啊。」我說：「別人怎麼講我不知道，我在那看到的，就這麼多人。」我還告訴過葉芸芸和蘇慶黎，在攻教化會館時候，手榴彈扔到我腳邊，知道它的殺傷半徑五米，掉下來我身邊三、四米。我當時沒講，現在敢講：當時一緊張，害怕得陰莖的肉都縮進去，剩下皮，沒辦法小便了。一個鐘頭以後才恢復原狀。她們聽了笑壞了，說：「你最誠實。」

沒有打過仗嘛，怎麼不害怕。

我是又回去埔里後，才加入二七部隊的。在埔里武德殿，人家都分好睡的地方了，我沒地方，謝雪紅說：「睡我旁邊好了。」我睡在她旁邊，這樣才聽到他們的許多話。好多幹部過來跟謝雪紅和楊克煌討論工作，裏面就有陳文茜的七舅公何集淮。

有次我聽到謝雪紅說：「台中如果解放了，要把最大的路命名為『雪紅路』。」楊克煌就罵她：「什麼雪紅路！牛屎路啦！」我聽了，對楊克煌印象很好。覺得他人正派。楊克煌後來在大陸和謝雪紅結婚，日據時代兩個人坐牢時就戀愛了。楊克煌先出獄，家裏讓他結婚，謝雪紅知道後很生氣。

有個鍾逸人，寫過《辛酸六十年》，說陳明忠二二八時給支那軍打傷了，到現在都沒醒過來——因為我沒贊成台獨。他說自己是二七部隊隊長。黃金島說他胡說八道，他從來沒打過仗。至少在埔里，我也沒見過他。還有一件事，我第二次坐牢回來時，《人間》去採訪黃金島，又來找我，說在你對面山裏打仗的黃金島提到你。黃金島還說，謝雪紅給鍾逸人十萬塊去買糧食(當時可以買二十公頃土地，一萬塊可以買兩甲)，結果他跑掉了。《人間》

把這個寫出來，鍾逸人要告《人間》。後來我就說話，當時我在啊。我們在埔里因沒錢買青菜，每天都吃罐頭。

我回到埔里後的第二天也就是三月十九日，二七部隊開會。謝雪紅宣布，二七部隊改為「台灣民主聯軍」。有個新聞記者蔡鐵城（五〇年代被槍斃），就說：「埔里是台灣的重慶。」大家聽了很振奮，埔里是重慶，就是革命的中心啊（就像重慶是抗戰的中心一樣）。大家就朝天鳴槍慶祝。

謝雪紅去蘇聯學習過，有軍事知識，她知道埔里守不住。只有烏牛湳橋這個地方可以守。國民黨的部隊來，一定經過這個橋，他們如果衝過來，埔里就守不住的。

所以謝雪紅想要把部隊帶到霧社去，山裏面可以打游擊。她去霧社聯絡，我沒有跟著去，因為我不是她的親信，情況是後來霧社的鄉長高聰義告訴我的。她找高聰義，高說：「我們這裏的人，經過『霧社事件』，死了十之七八；活下來的小孩子長大了，參加高砂義勇隊，又死了三分之二；如果再參加這個，我們就滅族了，所以我們不希望妳們來霧社。如果個別人要參加，我不反對。」所以有十幾個人跟著謝雪紅下山。謝雪紅因為之前聽到我想要帶著埔里的原住民去支援高雄，就把這些霧社的原住民給我帶，我後來跟別人說我們是「突擊隊」，實際上是敢死隊。因為當時（一九八七年）我剛保外就醫出來，敢死隊這個名字不敢講，就說是突擊隊。霧社的原住民十幾個，埔里自願參加的人（平埔族）一、二十個，副隊長是呂煥章（後來白色恐怖時他被判死刑，因為在地下黨裏他是「台中武裝工作委員會」委員）。謝雪紅身邊的人，大概不少是共產黨員。我當時只有十八歲，都不瞭解，就是憑著年輕和血氣。因為睡在旁邊，聽到他們談的很多話。我聽過謝雪紅和他們講，如果埔里守不住，就退到嘉義附近的小梅基地，嘉義那兒有張志忠的台灣自治聯軍，去和他們合流。

「日月潭之戰」

我們在埔里，佔領了能高區署和警察所。國軍那時也進駐到二水、集集、水里、日月潭，準備進攻埔里了。聽說國民黨要從日月潭攻來，我們打算先發制人，去攻打日月潭。古瑞雲做總指揮，分成三個隊行動，一個隊大概十幾個人。到了涵碧樓，發現已經空了，國民黨的部隊跑到日月潭的另外一個地方了。我們就往派出所方向走，當時是晚上，剛一上路不久，忽然他們的探照燈照過來，機關槍也掃射過來。我們趕緊臥倒，距離很近，但互相都不知道多少人。我們的總指揮古瑞雲說：「要馬上攻！」我說：「情況不清楚，對方火力又那麼強，不能貿然進攻。」他說：「現在不攻，等到天亮了，他們的援軍來了，我們就死定了。」我有些猶豫。他就說：「你怕死嗎？」

我被他一激，就決定攻。我打出手勢，全體敢死隊員就一起大喊：「衝啊」，衝了出去。沒想到，國軍聽到我們的衝殺聲，竟然落荒而逃。他們也搞不清我們多少人，什麼情況。原來他們也很害怕。這一仗我們俘虜了三個國軍，後來警備總部的檔案記載是俘虜了二百人，這也成了我後來被通緝的罪證。

烏牛湳：最後一戰

攻完日月潭，我帶著我的敢死隊連夜趕回埔里，還來不及休息吃飯，早上七點多，國軍又攻過來了。不管國軍從哪兒來，要進入埔里，都得通過烏牛湳橋。當時腦筋也簡單，也沒有真的打過仗嘛，我們就守在那裏。烏牛湳橋前後有兩塊山丘，當時是我帶敢死隊十二人守著靠埔里鎮的一邊，黃金島帶人守另外一邊。一直打到下午四點多，忽然有顆子彈從另一側打過來，從我左邊腋下擦過胸部，我只覺得一陣灼熱。我想怎麼子彈從側面來？回頭一看，原來對面的黃金島已經撤退了，國民黨的軍隊從三面上來了，被他們包圍了，我就趕緊撤退，身邊只剩下敢死隊的五個人。我們匍匐前進，溜下山去。後來看到古瑞雲的《台中的風雷》，說的一點也不真實。我最後撤退的，我記得很清楚，我知道他胡說八道。我躺在那裏都被打一槍，他說，他站在那裏揮動帽子，怎麼可能不被打到，距離只有不到一百米，百發百中啊。（呂正惠按：見《台中的風雷》八十四～八十五頁）。

我們回到武德殿，發現沒有人了，謝雪紅他們都不見了。我知道原來講過撤退了去小梅基地，有條去東勢的山路可以走，但我不是台中人，不知道怎麼走。我的隊員，霧社的原住民說：「我們回霧社吧。」

我腋下被打了一槍，受了傷，先在埔里去看醫生。那個醫生給我敷藥，手直抖。我給他錢，他也不要。他說：「我是醫生，不管好人壞人我都救。」我還想逗他，問他：「那你把我當好人還是壞人？」後來到霧社，有個張新漢醫生繼續幫我治療，他本來是基隆人，得了肺結核，來霧社養病，因為這裏空氣好，鄉長就讓他當衛生所所長。白色恐怖時他也被捕了，在監獄裏我們正好同一個房間。我問：「你為什麼進來？」他還不好意思講，原來是因為給我治療，但他沒有判罪。

霧社鄉長高聰義

埔里和霧社中間，有個地方叫眉溪，那兒有派出所，有五六個警察。我已經兩個晚上沒有睡覺了，又打了敗仗，受了傷，心裏有氣，看見眉溪的警察，就開槍嚇唬他們，結果他們跑掉了，以為我們很多人。他們就向上面報告說，五、六十個武裝的人攻擊他們，所以之後國軍才來霧社抓人。

快到霧社的時候，路邊有片林子，我們之中的一個人，是霧社的賽德克人，拐了進去，我以為他要小便，我也去，結果看見他在林子裏，槍抵著下巴，要自殺。我說：「你幹什麼？」他說：「打了敗仗，沒臉見人。」我說：「我們也不是故意打輸的。」

到了霧社，我們找到鄉長高聰義。高是布農族，有個日本名字叫加藤，他是日據時代日本人的養子，所以能夠受教育，算是我農學院的學長（他念書的時候，還是台灣帝國大學附屬農林專門學校，我念書時，是台中農林專門學校，光復後才改省立農學院。）戰爭時，高聰義參加高砂義勇隊，派到菲律賓小島上，在那兒居然語言差不多通，他覺得很奇怪（後來才知道，原住民和菲律賓土著都是南島語族的人）。我帶著農學院的兩個同學，躲在高聰義家，從他那兒才知道謝雪紅曾經來找過他，和他講想撤退到霧社打游擊的事。霧社的副鄉長是個平地人，叫劉錦焜，想在山上做生意，高聰義不允許，他一直懷恨，現在正好有機會了。我們那時每天喝酒，二二八怎麼打也都講，他都聽到了，就去密告，說高聰義通匪，窩藏我們。再加上眉溪的事，國軍來抓人，我就換下空軍軍服，逃離霧社，打算回台中去。

走到霧峰時，肚子餓得不得了，看見小吃店，聞著真香。我身上只有一碗麵的錢，想，算了，把它吃掉！人一輩子很可能會不小心無意做了壞事，這是無意，比如我走的時候，槍彈來不及處理，藏在高聰義家的屋樑上，後來國軍搜出來，給他惹了不少麻煩，那是無心做的壞事。也有明明知道不對，還要做，就成一輩子心病。在霧峰這個麵店，一碗麵眼看要吃完了，肚子還很餓，我就把腋下的毛拔幾根，放進去，叫老闆來看：「怎麼這樣，這麼髒？」老闆說：「對不起，對不起，再換一碗。」這是明明知道不對，還是做了。這一碗麵想起來內疚，一直記到現在。

我第二次坐牢出來，有個日本朋友來，她要去霧社找高聰義，我說：「你問他認識陳明忠吧？」晚上高就打電話來了。後來我們見面喝酒，他就說：「媽的！你走的時候槍藏到天花板上也不告訴我！」我說：「對不起，太匆忙，來不及啦。」後來他為此受到情治人員監視和騷擾。

05

從加入地下黨到被捕

回到農學院：准予自新，危險分子

回到農學院，已經開學了。有同學對我說：「快跑，報紙上登出來了，通緝你。」後來我看到通緝佈告，上面說，謝雪紅懸賞獎金十萬，我一萬。我回宿舍收拾東西，準備逃走，林淵源來了。他說，院長周進三讓他告訴我，不要跑，他會幫我。我說：「他憑什麼呢？」原來他是陳儀的妹婿，他哥哥又在南京中央當大官。（周進三畢業於日本東京帝國大學，思想大概有點左傾。後來他要跟陳儀回浙江時，跟我透露過，他是民主同盟的人。）

三月底，國民黨台灣省黨部委員李翼中，還有被蔣介石派來宣慰的國防部長白崇禧，都發表過聲明和講話，針對學生，說：「准予自新，不究既往」。

周進三院長就讓我按照教育處訂的「省立中等以上學校學生關於二二八事件自我表白須知」的規定，寫一份「自新聲明書」——實際上是學校幫我寫好的，當時我還不怎麼會國語，反正這個自新書是制式的，內容統一。院長給二十一師政治部發函，附上我們六個學生的文件。

函件是：敬啟者查本省二二八事變期間本院學生陳明忠等六名因識見淺薄，不明事理，致受人煽動，參加暴舉，該生事後深知自己言行錯誤，向本院請求准予悔過自新，本院以該生等確屬無知盲信，照章似可准予自新，茲將該生等名單開列一份，函請備查為荷……

自新書還要附上日記，交待那幾天的活動，和什麼人在一起，談些什麼，參加什麼集會，每個人發表了什麼意見，事件中見聞、感想，未來求學服務計畫等等。我後來看到檔案中這個日記，裏面寫的事件日期都不對，我自己寫的怎麼都不知道，大概當時是胡亂應付，隨便亂寫的。

後來，院長又讓吳本立教授帶我去二十一師政治部，找一個新聞處的少將。那人說：「你們學生愛國沒錯，可是現在怎麼樣，物價上漲，社會大亂，你們熱情做了錯事。」把我訓斥一頓，算是把我的通緝取消了。

那時還追問我謝雪紅哪裏去了，我也不知道啊。（一九九一年我去大陸的時候，有老台胞一直問我，謝雪紅什麼時候離開埔里，我根本不記得了。原來，當時地下黨曾經派謝富來通知謝雪紅撤退。謝富本來是台中市委，做生意掩護身分，地下黨讓他去通知謝雪紅撤退。如果是接到謝富通知，她才離開，她是英雄。如果之前就離開，她是逃兵。原來一些老台胞在大陸和謝雪紅鬥得厲害，才問我這個。我確實不記得謝雪紅撤退的時間，我不是有意幫她講話。）

一九四九年，蔣介石帶著軍隊撤退到台灣以後，曾經宣布，參加二二八的人，寫悔過書之後，不再追究。但是我不知道，我已經被列為「危險分子」，黑名單上有我的名字。

加入地下黨

我就在農學院繼續念書，一年後秘密加入了共產黨地下組織（正式名稱是：中國共產黨台灣省工作委員會，簡稱省工委）。

二二八讓年輕人很苦惱，也開始想：出路在哪裏？當時我們讀了很多大陸進來的雜誌，我前面說過，有民主黨派的《觀察》和共產黨的《展望》。慢慢大家瞭解，原來祖國有兩個，一個是現在欺負我們的、以國民黨政權為代表的白色祖國，一個是要打倒國民黨政權的、以共產黨為代表的紅色祖國。

當時很多台灣青年都是在二二八後，從白色祖國轉向紅色祖國，開始左傾的。台灣的共產黨地下組織，二二八後擴大了。二二八的時候，地下黨只有七十多個成員，一九四八年就有了四百多人，到了一九五〇年全面逮捕時，根據蔡孝乾的交待，已經有一千多人了。

我現在說二二八時共產黨發揮相當作用，很多人不信。我就說，以後歷史會說話的。二二八時，台北沒有成立武裝部隊，只有台中和嘉義成立了部隊。台中是謝雪紅，嘉義是張志忠，都是共產黨員。當時我還不是黨員，但很多參與的人已經是黨員了，只是身分不能表露。

我入黨的時間是一九四八年三月二日，就是台中開市民大會的一年後。因為我在二二八事件中表現勇敢，本來又有社會主義的思想傾向，地下黨早就注意到我。我和農學院的謝桂芳、呂從周三個人一起入黨。呂從周是陳文彬（光復初期是台大教授，後來擔任建國中學校長）的外甥。他原本考上師大，不讀，又考來農學院，和我住一個宿舍。謝桂芳是鳳山人，在高雄中學時高我一級，但光復後才考上農學院，所以，到農學院他成了我學弟。我們三個人在一起談得來，後來一起入黨，發展成支部，謝桂芳年紀大點，做書記。

我們三個被觀察了一年才入黨的，入黨的地點是在台中陳福添的家裏。牆上貼一塊紅布，李舜雨帶著我們三個宣誓。李舜雨（後來逃到大陸，改名李紹東，二〇一一年九十二歲逝世於上海）是職業革命家。他的父親李喬松，是日據時代農民組合的領袖之一，非常有名。我先由李舜雨領導，李舜雨逃走後，又交由李喬松領導。

一九四八年二月，台中開全省運動會，我們就去運動會上偷偷發傳單。怎麼發呢？運動會很多人來看，有小孩子賣冰棒。我們找幾個賣冰棒的小孩，給他們一點錢，把傳單給他，跟他說：「有人買冰棒，就順便給他傳單。」警察發現了來抓，小孩說：「不知道啊，有人給我錢讓我發的。」他是小孩子，警察也沒辦法。其他傳單，利用晚上往台中牆上貼，這一次的活動是我們的入黨考核。

農校同學的命運

二二八時我帶著農學院兩個同學在埔里打仗，又在霧社高聰義家躲藏。我被捕後，那兩個同學怕得要命，但我都沒有講他們，他們很感激我。

家在基隆的那個同學叫王明璋，我們離開霧社後，他給高聰義寫信說：「謝謝你的照顧，我們等待快樂的日子到來。」結果這封信被查到了，他家裏花了很多錢才保住他。家人跟他說：「不要和陳明忠在一起了！」把他轉學到台大讀書。他在台大讀書時，我去他家找過他，他不在，姐姐在，問我是誰，我說陳明忠，他姐姐說：「啊，還是個小孩子嘛。」原來，她聽他弟弟講過我，還以為是個高大的大鬍子。

後來我坐牢出來，在旗山農校教書時，他到高雄來出差，到旗山農校找我。我正午睡，有人用腳踢我的枕頭，枕頭踢掉了，我醒了，說：「哪個王八蛋？」一看是他，我們談得很愉快。旗山農校的老師好多是台大畢業的，有個客家人，被他教過，驚訝地說：「你怎麼認識他的啊。」我說：「早就認識啊，老朋友了。」那時他已經是副教授了。

順便講一下，因為我參加過武裝鬥爭，我的同學對我很尊重。我爸爸在台東縣政府山地科工作時，有台北林業部門的官員過去，爸爸請他們吃飯。問他哪個學校畢業，他說台中農學院，爸爸說：「陳明忠你認識嗎？」他說：「認識啊。」爸爸就說：「是我的孩子啊。」他說：「啊！」他本來坐上座，趕緊下來，讓我爸爸上座。有時爸爸出差來台北，讓我幫忙，因為好多農業官員都是我農學院的同學或學弟，檢驗局啦，林業局啦，很多單位都有我的同學。後來我在公司工作時，有時公司會讓我出面，也是因為這個緣故，我的同學都會幫忙。也因為這個原因，第一次出獄以後，我跟父親的關係也比較緩和了。以前，他娶小老婆，這個小老婆還是我公學校的同學，我很生氣，我們的關係一直不好。不過，雖然我們的關係有了改善，我結婚時還是沒告訴他，他很生氣，又不敢講，他其實很怕我。

日月潭茶葉試驗所

農學院畢業後，地下黨想派我去霧社建立武裝基地。當時地下黨在山地建立的根據地，北部有角板山，南部有阿里山（角板山泰雅族的省議員林瑞昌，阿里山鄒族的領袖高一生、湯守仁、汪青山都加入地下黨，後來都被槍斃。就因為日據時代的許多山地菁英，戰後初期和地下黨接觸，才是他們被肅清的真正原因。不是因為他們受日本教育，才不被國民黨信任。），中間地帶就是霧社，還沒有建立基地。如果建立起來，三個基地可以連接起來打游擊，所以最初給我的任務是去霧社建立基地，我就申請去霧社鄉公所工作。我台中農林學院畢業，家裏又是地主，要去山地鄉做公務員，是有點怪。我爸爸不清楚怎麼回事，罵我：「大學生，省政府以上才去，縣政府都不去，你要去鄉公所！」我說我身體不好，有肺結核，要去霧社療養，山地空氣好。我爸爸對我毫無辦法。

鄉長接受了我的申請，報了上去當經濟股長，但上面不准，原來因為二二八，我有案底。（後來，有次遇到一個田姓同學，他和憲兵隊好像有什麼關係。他說：「你有危險哦，黑名單上有你，說你是危險分子。」第二次出獄後，我才又知道，國民黨的檔案說，我俘虜過兩百個國軍，是危險分子。哪有兩百個國軍！根本就只有三個。）

後來我就去了比較近的日月潭茶葉試驗所，當化驗員。假日到霧社去做聯絡。那時去山地要有入山證，要檢查，我去了三次沒問題，第四次時，崗哨盤問我：「你常常來幹什麼？」我說：「霧社地區的人生活不好，想幫他們在那邊種茶葉，改善生活。」回來後，我告訴李喬松，他說：「你不要再去了，有危險。」以後我就沒有再到山地工作，如果我留在山地而被捕，必死無疑。

大逮捕

一九四九年年底開始對島內的地下黨進行大搜捕，五〇年韓戰爆發後，規模更為擴大。農學院先被捕的人供認，院內姓謝的、姓呂的兩人有問題。因為不知道具體名字，特務就來學校抓人，到教務處，叫謝桂芳過去。那時，謝桂芳的哥哥已經在台北被捕，他就比較小心，先偷偷去看，教務處只有一個人，他以為沒事。可是他不知道外邊停有車子，特務已經在樓上等著了。結果一上去，就被抓了。

謝桂芳帶著手銬下來，正好呂從周吃飯回來，看到他，謝桂芳偷偷把衣服拉上來，給他看見自己戴了手銬。呂從周明白，謝桂芳被捕了，趕緊跑路，跑到岡山，叫他哥哥來通知我，要我小心，他不知道我那時的黨籍已經移到台南市了。後來呂從周竟然能夠偷渡，跑到大陸去，真是幸運極了(他現在還在)。

現在就說到我為什麼被捕。我的領導李喬松因為身份暴露，要逃到大陸去，臨走前交代我，下一次什麼時候什麼地點會有人跟你接頭，如果到時接頭的人沒有來，立刻走。我按照他的話去等人，等不到人，我就趕快回到岡山，到岡山農校教書。岡山農校有一個叫蔡仁雄的數學教員，大我四五歲，台南二中畢業，去日本留學回來教書。我從他的話裏聽出一些味道，知道他是地下黨。後來他想要介紹我，我說我已經參加了，但和組織斷了線，你幫我聯繫一下。他是台南市派來的，是區委。我就接上了台南的組織。後來，台南地下組織被破壞，我帶他到大崗山一個同學家裏躲。

不久我就被捕了，但我沒有把他供出來。他從大崗山來岡山找我時知道了我被捕的消息，但沒有來抓他，他判斷我沒有講他，他趕快出來自首，也沒有講我。他雖然自首，但顯然沒有變心。我關了十年出來後，他常來家裏找我，要送錢給我。他事業成功，養雞發了大財。他叫我娶他妹妹，我那時身體不好，肺結核，吐血，就說：「你妹妹我又不認識，我也沒工作。」他說：「生活我給你保障。」我還是沒答應。我們一直有來往，一九七六年我第二次被捕，出獄後他仍然來找我。他前幾年過世了。

逃過一死

特務得到的情報是，我在岡山中學教書，他們到岡山中學抓我，沒找到。他們又到了岡山農校，問校長：「陳明忠在這裏嗎？」我那時遠遠的看到校長指著我這邊，我走了過去，就被帶走了。

我所以被捕，推測起來有兩個線索。一個是我農學院同學吳寅生，他是光復後去大陸讀書的第一期公費生，去了北京大學，因為英語差，退學了。回台灣後，常來農學院的宿舍聊天。他說，大陸現在共產黨雖然還不行，但一定會贏，因為國民黨沒有民心了。後來他被特務抓了，他不是共產黨，熬不住刑求，就被收買了，成了特務。

我從茶葉試驗所回學校時，碰到他，我告訴他，我要回岡山教書了。那時知道我回岡山的只有吳寅生，很可能是他說出了我。但他誤以為我是去岡山中學，所以後來特務先去岡山中學抓我。我坐牢出來後，他曾叫一個朋友帶話道歉，說，他沒有講我是共產黨，只說和謝雪紅關係密切。我說道歉沒有用，我牢都坐過了。他後來在台視當副導演，他老婆是很有名、很漂亮的台語演員。

第二個線索是這樣。在保密局被審訊時，我一直不承認，那個審訊的人說，你上級已經招出你了，就把自白書給我看，我只看到「陳明忠」三個字。後來他抽煙時，打火時被風吹熄掉了，他轉過身去打火，我趁機去翻那個自白書，看到第二頁的簽名，洪什麼兒，中間那個字沒來得及看清楚。他回過身來，甩手打了我一巴掌。但是我看到那個名字了。

後來我在軍法處的監獄碰到張伯哲，他問我：「誰講你的？」我說：「一個叫洪什麼兒的。」「是洪麟兒」，張伯哲說。李喬松去大陸以後，把我的組織關係交給洪麟兒。那天按照約定時間碰頭時，洪麟兒沒來，我就跑掉了。所以洪麟兒沒見過我，只知道我的名字。他是區委，家裏有武器。張伯哲就是逃到他家裏被抓的，要抓洪麟兒，結果還抓到張伯哲，想抓小魚，連大魚都抓到了。

張伯哲判斷，關於我的情況，法官什麼都不知道，所以我要咬緊不承認。我在岡山農校教書一年多後，才被抓，吳寅生打的報告，是二二八時期的事，是舊案。從這條線索判斷，我的新案只有洪麟兒提到，此外沒有任何證據，因此無論如何不能承認加入地下黨不論如何刑求，就是不承認，我因此逃過一死。

06 從被捕到判刑

轉移

一九五〇年夏天（暑假的返校日），我在岡山農校被捕，先被送到岡山憲兵隊，又轉移到彰化憲兵隊，然後是台南憲兵隊、台北保安司令部（東本願寺）、保密局南所、北所，最後到軍法處。

在彰化憲兵隊，被刑求，先是灌水，夾手指，然後老虎凳。老虎凳的磚頭一塊一塊往上加，我都不承認。刑求的人說：「再加一塊，你腿骨會斷，人可就終身殘廢了。」我一想，是啊。於是招供。招什麼？我說：「我參加了『社會革命黨』。」他們查來查去，查不到這個組織。他們說我不老實，把我移交到台南憲兵隊。

在台南憲兵隊牢房，同房有憲兵，因為開玩笑玩槍誤殺了同事，也被關在這裏。晚上有憲兵來跟他聊天：

那人問：「陳明忠是哪一個？」

「裏面那個。」

隊長說：「這個人要死了。」

「他不承認是共匪啊！」

「當然不會承認啦。你知道XX師長，查出他姨太太是共匪，他自己把她斃了。自己的姨太太都殺，他知道沾上共匪的厲害啦。共匪……當然死也不承認的。」

我聽到他們聊天，又想，在這裏沒被刑求，看來定案了，必死無疑。

有一天早上，聽到叫我的名字，我就把手錶、雜物整理好，交給同牢房的黃介石，準備去死。我那時二十一歲，黃介石二十二歲。少年人不懂安慰，傻傻捧著我的東西，看著我，一句話也說不出。（後來知道，黃介石是台中師範支部書記，判死刑。）

走出牢房時，我覺得腦袋頂部突突地跳，有點緊張。我這時候才知道，人的頂門，天靈蓋上還有動脈。出來才發現，是要移送台北保安司令部情報處，不是槍斃。

保安司令部情報處是由東本願寺改的，在西門町（按：今獅子林商業大樓、六福西門大樓和誠品武昌店那一塊）。我被關到三樓一個房間，一個人，悶得發慌，我就數牆上和柱子上的佛像。有一次我唱日本歌，忽然旁邊牢房有人說話了：「你會講日本話？」

我們就隔著牆壁談起來。他自稱白井少將，日本人。我問他為什麼他被關在這裏，他說：「我也不知道啊。」後來我出獄，聽說當時國民黨找來了一批岡村寧次的部下，組成「白團」，幫國民黨訓練人員，來對付共產黨。岡村原來是日本軍華北區司令，他用三光政策（殺光、搶光、燒光）對付共產黨的游擊隊，很受肯定，被提升為整個中國戰區司令。戰後岡村寧次列為重要戰犯，本應該接受戰爭審判，卻被國民黨庇護起來，後來被揭發，不得已送回日本。但蔣介石和他秘密達成了組織「白團」的交易。出獄後我還特意去查了「白團」的檔案資料，不過沒找到這個白井。

保密局

我又從保安司令部情報處轉到保密局南所，這裏環境最差，因為抓的人太多了。房間不夠，一個房間關二十四個人，所以只能八個人躺下睡覺，十六個人站著或蹲著，三班輪換睡。這樣站了一個禮拜之後，腦子連思考的能力都沒有了。

我到保密局第一天就被打。這天早上喝稀飯，裏面有綠豆，簡直是美味，我一口氣喝了好幾碗，結果老是想上廁所，打了幾次報告都不許。後來看守說：「你出來。」我一出去，馬上就一頓暴打。原來，這裏的規矩是每三小時開放一次上廁所。

廁所是這樣的：大便的地方，是一個圍起來的池子，大家蹲在池子四周。之前在憲兵隊時，有人趁上廁所逃跑，所以他們加強戒備，犯人在裏面大便時，門是開著的。開著也算了，衛兵還站在門口，舉槍對著你。這怎麼大便得出來！所以我十幾天都便秘。終於便出來了，硬硬的，還有光澤。

之前那個人怎麼跑掉的呢？衛兵帶他上廁所，拿鑰匙開門，剛打開，這人忽然轉身就跑，衛兵慌了：如果去追他，門已經開了，廁所裏面的人會趁機跑出來；如果先顧鎖門，這人就跑了。這一慌，那人已經跑到院裏，翻過牆去了。為了活命，人的腦筋變靈光，膽子也變大了。我第一次坐牢出獄後見過這個逃跑的人，但他已「自新」沒事了。

保密局南所還有一個記憶。這裏有土豆，也就是花生，有一次分到十九顆，我捨不得吃完，吃九顆，留十顆，包起來，想著下頓吃。沒想到調房間，忘記拿了。現在還會想起這件事。（現在也還是喜歡花生米下酒，沒有花生米就不痛快。有次跟那些支持抗議靖國神社的日本左派吃飯，笑他們，日本人吃花生都是一粒一粒吃，我是一口吃掉好幾顆。）

再後來，我又從保密局南所轉到北所。北所原來是辜顏碧霞（辜濂松的母親）經營的高砂鐵工廠，聽說附近有呂赫若的大安印刷所，呂赫若變賣了自己的祖厝，又從辜顏碧霞那裏拿到一筆錢，開辦這個印刷所，表面上印樂譜、歌譜，實際印地下黨的宣傳品，包括《光明報》。一九五〇年《光明報》案發，呂赫若關閉了印刷所，逃亡到鹿窟基地，在鹿窟基地被毒蛇咬死。辜顏碧霞被捕，高砂鐵工廠被沒收，就改為保密局北所。

在北所房間較寬，終於可以睡了，每個人都可以躺下來睡覺。只記得晚上沒有棉被，覺得冷，大概是牢房不夠，趕工的結果，每間牢房的牆壁水泥未乾而顯得潮濕。最後，移到軍法處。

軍法處：馮錦煇和鍾浩東

軍法處在今天的青島東路，就是現在喜來登大飯店所在。有二層樓，關押犯人的地方分幾個區。一區、二區在樓下。二樓是三區，關女犯，我太太馮守娥就關在那裏，那時我們還不認識。

我關在二區二十房，謝桂芳就住對面牢房，看到我進來，很驚訝，說：「你怎麼來的？」意思是，他並沒有供出我，怎麼我也被抓了。我就說：「又不是我愛來。」同房人聽到，都笑起來。

這裏給犯人穿的囚衣是紅色的，紅內褲和短袖紅內衣。早上放出去洗臉五分鐘，要求必需穿這種囚衣，因為醒目，方便衛兵監視。很多人都不喜歡，只在那五分鐘穿。我因為被捕以後，轉移來轉移去，幾個月就這一身衣服，穿得都快爛掉了。所以我一拿到紅衣褲，二話不說就換上。同房難友說，這個人很乾脆。

我們這個房間三十多人，分兩班睡覺。我認識了同房的張伯哲，最初是他叫我過去，問：「你什麼名字？」我說：「陳明忠。」他說：「哦。」就把我的情況一一都說出來。我嚇一跳。他說：「不要怕，我是你上級的上級。」他是台灣地區地下黨的重要領導，台中地區地委。他在魚池鄉林業試驗所擔任總務科長，這裏離我工作的茶葉試驗所不遠，他曾偷偷的來觀察我兩三次。所以我不認識他，他記得我。

我進二十房不久，有一個叫馮錦煇的被叫出去槍決了。他走出去之前，和同房的每個人都握手，帶著微笑走出去。和我握手時，他的手是溫熱的，我非常佩服。我在台南憲兵隊誤以為要被槍斃時，因有點緊張而感覺到自己腦袋頂部突突的跳，他居然這麼鎮靜。我們唱著安息歌送他走，我問張伯哲：「他是誰？」張伯哲說：「他是羅東的小學教員。」我在綠島時，朋友指著一個出來提開水的女生，告訴我說：「她就是馮錦煇的妹妹，叫馮守娥。」當時我完全沒想到，後來會和她結婚。（很久以後，我終於知道，馮錦煇是宜蘭地區的負責人，由郭琇琮直接領導，他早就知道一定死，所以視死如歸。他是我岳丈最喜歡的兒子。）

再過幾天，基隆中學校長鍾浩東又被叫出去了。本來基隆中學案，凡是外省地下黨員一律判死刑，本省人一律判感訓（破案時戒嚴令下達不久）。鍾浩東和其他本省人被送到內湖國小「新生訓導處」（綠島新生訓導處的前身），但他堅決不接受感訓，被調回軍法處。他是我高雄中學的學長，也是當年在高雄中學朝會時被點名大罵的兩個人之一，因為他們跑到大陸參加抗戰了。

按照慣例，我們唱安息歌送他，他要求我們加唱〈幌馬車之歌〉。他說，他太太跟著他到大陸參加抗戰，他太太很喜歡這首歌。他同父異母的兄弟就是著名作家鍾理和，在綠島時，有人告訴我，鍾理和其實也加入了地下組織，但那時他犯了嚴重的肺病，生死

馮錦輝烈士就義前遺照（馮守娥提供）

未卜，大家都不講他。（關於鍾浩東的事蹟，大家可以參考藍博洲寫的《幌馬車之歌》。）

張伯哲

張伯哲告訴我，基隆中學案外省人都槍決，本省人都判感訓，讓本省人產生了不該有的幻想，以為國民黨對本省人比較寬大，加上大家以為台灣快解放了，於是許多人被捕後就坦白交待關係。他說，其實這是國民黨一貫的欺騙手法，沒有過國民黨統治經驗的本省人太天真了，國民黨對共產黨是絕對不會手軟的。

果然，以後的判決狀況就證實了張伯哲的說法。抓了一大批人（如台北市委案、台中市委案、學委案等等）後大約四分之一的人會被判死刑，也就是支部書記以上的人都會死。不久之後，判死刑的「行情」提升為三分之一，於是，小組長以上的都死了。再過一段時間後，行情更上一層，提到二分之一，如此一來，連參加小組會議的人，以及繳過黨費的人都要死。

張伯哲在大陸時是東江縱隊團級政委，來台後是台中市、台中縣地區的地委，他當然一定死。我看他每天都很平靜，好像等待的不是死亡，我問他：「你不怕死嗎？」他說：

「孔子不是說過嗎，朝聞道夕死可矣。」對他來說，「道」就是共產主義。

張伯哲是廣東東江地區的人，地主家庭出身，家境滿好的，全家只他一個人參加革命。他寫了遺書，給我看過，其中有一段大意是這樣：你們反對我參加共產黨，可是你們看，星星之火可以燎原，這證明我們是對的。那時候共產黨在大陸已經打贏了內戰，建立了新中國，所以張伯哲覺得革命基本上已經成功，他死而無憾。張伯哲是在我被送到軍法處新店分所以後才槍斃的，他把遺書交給一個判五年的人，我出獄後，找不到那個人，也不知道遺書是否送到了他家。那個人是高雄市委案被捕的，一九四九年就被捕，在牢裏得了腳氣病、夜盲症，很瘦，很可能出獄不久就死了。

張伯哲死後十年，他的家人接到以他的名義寄來

張伯哲（陳仲豪提供）

的西裝料，家人很驚訝，就以為他還活著。據我判斷，這個西裝料是蔡寄天寄的。蔡寄天是地下黨領導蔡孝乾和宣傳部長洪幼樵之間的聯絡員，蔡跟洪都投降，所以國民黨也讓蔡寄天自新。蔡寄天和張伯哲可能是同鄉，或者組織上常會接近，知道他家的地址。我在綠島時，因成績不好被迫寫文章登在壁報上，蔡寄天曾經在新生訓導處編壁報，有一次他在壁報上看到我的文章，偷偷跟我講，要我在文章中不要隨便暴露思想，免得引起別人懷疑。蔡寄天後來改名為蔡丹冶，專門研究中共文藝理論。（呂正惠按，一九九〇年代初期，在一次大型的研討會的休息時間，蔡丹冶主動來找我聊天——我看過他的書，知道他——他說，我這篇論文比較有民族主義色彩。聽了陳先生的話，我才知道他原來是地下黨的人。）

解嚴以後，有人回大陸探親，特別跑到張伯哲家，跟他們家人講張伯哲犧牲的經過，因為這個原因，張伯哲被大陸追認為烈士。後來才知道這個人叫做謝漢光，是張伯哲所服務「魚池林業試驗所」所長，是由張伯哲吸收入黨的。台中地區地下黨被破後，張伯哲通知謝漢光趕快離開。謝漢光逃難到台東縣山地後，剛好有一個原住民往生，他就用原住民那一張身份證躲過三十多年戒嚴恐怖。謝漢光在大陸結婚九天後就來台，他夫人生了一個孩子，而這個孩子又生了三個孫子。

我看到馮錦煇、鍾浩東、張伯哲臨刑前的勇敢與堅定，他們的影子一直留在我腦海中，讓我下定決心，要跟著他們的路走下去。我一直記得張伯哲對我的談話，這是我在軍法處牢房最大的收獲。

三個外省人

在二十房，我見過三個外省人，印象很深刻，到現在還記得。有一個人，是屬於搞情報的「洪國式案」的人，來台之前見過毛澤東和劉少奇，後來被槍決了。他曾跟我講，毛澤東對他們很親切，像好好先生，劉少奇看起來很嚴厲，對他們一個一個追問，什麼事情都不放過。他認為，是因為劉少奇在白區領導地下工作，毛澤東沒有這種經驗，所以做事風格不一樣。

還有一個中央政治學校（現在的政治大學）畢業的，南京人，跟著部隊來台灣，負責打電報。他的一個同學是共產黨，讓他給對岸發電報，他拒絕了，但沒有檢舉，後來被牽涉進來。那時的行情，「知情不報」一般是判七年，他以為自己會判七年，結果有一天竟然叫到他的名字，要叫出去槍斃了。他整個人呆了一陣，然後說：「我不相信！」又再說：

「我不相信。」他走出牢房時，長嘆了一口氣，說：「啊——算了。」後來我才知道，他的判決書上寫著：「中央政治學校的校長是蔣委員長，你是他學生，竟然不檢舉共產黨！」

另有一個叫劉鳴鐘。日本投降時候，英國送了一艘軍艦（太平艦）給中華民國政府，國民黨戰敗，要撤退來台時，蔣介石是準備坐這艘船來台灣的，卻由於該船向共產黨投降（起義），讓老蔣沒坐成。劉鳴鐘去英國參加接收。但內戰後他逃兵，帶太太來台灣。有個同事問他，太平艦的裝備如何？他就說了。那同事後來被抓，供出他。劉鳴鐘想，這也沒什麼，我又不是共產黨。後來他看到中央政治學校那個人因「知情不報」被槍斃了，就跟我說：「看這樣，我大概也要被槍斃的。你們是共產黨，要被槍斃時都會喊共產黨萬歲，我不是共產黨，不能喊共產黨萬歲，但也不能喊國民黨萬歲啊——國民黨都要槍斃我了。我喊什麼呢？」他想了一下，就說：「我要喊：『劉鳴鐘二十七歲！』。」槍斃那天，看守進來叫：「劉鳴鐘！」我的名字的讀音跟他很相近，又睡在隔壁，我和他同時坐了起來。我以為叫陳明忠嘛。我們倆都坐著，互相看著對方。看守放慢速度，又喊了一遍：「劉——鳴——鐘——」他就出去了。但他太緊張了，「劉鳴鐘二十七歲」，忘記喊了。

越獄與逃亡

我在二十房，聽到一些越獄與逃亡的事。有一個台灣醫生也是「洪國式案」的，是黃順興太太邱瑞穗女士結婚前在日本的男朋友（江德興）。有一天早上，他把一條毛巾弄濕了搭在脖子上，和另一個人抬馬桶去倒。倒馬桶的地方在圍牆邊，上面有鐵絲網。倒了馬桶，他把毛巾往上一甩，纏住鐵絲網，馬桶倒扣過來，踩上去，就翻牆過去了。但他跳下來時腳摔傷了，還是被抓回來。

也有逃亡成功的。有個人叫林聲發，膽子很大，洗澡時揹了一個木梯，在院子裏慢慢走，看守以為他是外役（有些普通案件的犯人，讓他們做些牢裏的事務，叫做外役，也可以到監獄外面出公差）。他不跑，慢慢走，沒有人懷疑，到了圍牆邊，啪地一放，爬上木梯就跑掉了，但後來還是被抓回來。他逃亡了好幾個月，跑到哪裏都被追，親戚有多少，警察都查得清清楚楚。有一次他去找一個親戚拿錢，竟然被一個真正的外役看到，就喊：「共產黨，共產黨」，他就被抓回來了。

集體逃亡的，我知道的有兩件，一件是吳思漢想幹的。他是台北市工委案件被抓的，他用肥皂做成牢門鑰匙的模型，讓太太送東西來監獄時偷偷拿回去，打成鑰匙，再放到豬骨頭裏送進來。但他後來想，不對，如果開了門，逃出去了，我們台北的人熟悉環境，可以跑掉，可是很多中南部的人不行，被抓回來就是死，本來不會死的也會死。這麼跑，會害死很多人，他就決定不逃了。

吳思漢後來被槍斃了。台北市工委案在當時影響很大，這一案的吳思漢、郭琇琮、許強都是很有名的醫生，所以很轟動（藍博洲把他們三人的事蹟都寫出來了）。槍斃前，在台北火車站前貼公告，那天早上，車子從軍法處到馬場町，很多人圍在路邊看。

再有一件是台南市工委案的。我們去軍法處提審時，要經過一個碉堡。他們的計劃是，第一批開門出去洗澡的人，用醬油瓶打倒看守，再從看守身上找出鑰匙，把牢房的門都打開，大家一起衝向碉堡，向碉堡的看守丟石灰，讓他們眼睛張不開。但第一批衝出去的人，用醬油瓶打看守的時候，沒有把看守打昏，

左：郭琇琮（藍博洲提供）

右：許強（藍博洲提供）

看守叫起來了，看守所的鐵門立即關上，其他人當然就出不去了。那些衝出去的人，後來有的被判死刑，其他人都加判四年（白色恐怖賠償的時候，加判的幾年不賠）。當時領導他們越獄的是鄭海樹，台南市工委的書記，是全國台聯前副會長郭平坦的姐夫。雖然鄭海樹的岳父（郭平坦先生的父親）是當時台南紡織界最重要的企業家之一（比當時新光集團老闆吳火獅更為重要，在某一個紡織公司擔任董事長，吳火獅是他的總經理），花了很多很多錢卻救不了他女婿的命，只做到在鄭海樹被處死之前，秘密的和家人（妻子和孩子）見上最後一面，而這使郭家開始走下坡。

我從台中回到岡山時，是通過蔡仁雄和台南工委會聯繫上的（這件事前面已經談過了）。我在獄中倒馬桶碰到鄭海樹，他說：「蔡仁雄自首了。」我說：「你怎麼知道？」他說：「我是案頭。」我說：「我沒有承認參加共產黨。」他說：「我知道，我也沒有講到你。」我前面講過，我曾帶蔡仁雄去躲起來，蔡知道我被捕後，就出來自首，他也沒有講到我。自首的人什麼都得講，如果不講，後來被發現了，就是死刑。我被捕一段時間，蔡沒有被抓，蔡就判斷我沒有講他。所以他後來自首時，也不講我。說起來，大家都是膽子大，所以蔡很佩服我，他對我也真夠朋友。那時候只要鄭海樹和蔡仁雄任何一個提到我，我恐怕難逃一死（因為二二八我有被通緝的案底）。

在新店分所判刑確定

後來我被轉到了新店分所。一般來說，送到新店的應該就不會死，留在軍法處的大多會死了，有個例外是謝富。他本來已送到新店了，他就是被派到埔里通知謝雪紅撤退的那個人，他原來是台中市委，做生意掩護身分，國民黨不知道他是個重要人物。那時台中市工委被破壞，重要的人有洪幼樵、蔡寄天。蔡寄天是原台中女中的訓導主任，是蔡孝乾和洪幼樵的聯絡員。蔡寄天自首了，後來成為有名的反共文藝理論家，改名蔡丹冶。

蔡寄天被審訊時，知道洪幼樵快要搭船出逃，他撐著，預料那天船已經開走後，才供出洪幼樵，沒想到因為颱風，船沒有走，洪幼樵就被捕了。洪幼樵被捕，講出了謝富的事。謝富從新店調回軍法處，被處決。

新店的牢房比較大，可以睡十五～十六個人，如果睡十五個人，馬桶就放在角落。如果多來一個人，就把馬桶放過道中間，角落就可睡人。有次新來一個人，是個鄉下人，這房裏有個流氓欺負他，不讓他把馬桶放中間，不給他地方睡。我看不過，就過去把馬桶搬到中間，流氓大怒，跟我打起來。看守來了，說我煽動鬧事，就把我調到隔壁，用繩子吊起來，只能踮腳尖站著。這間牢房有個鴉片案的犯人，他拿一床棉被墊在我腳下，這樣我就能站立了。他又拿一雙筷子，竹子做的，把竹子皮剝下來，削到很薄，插到手銬孔裏，一下就打開了。那牢裏關著不少鴉片案的人，對他們來說，最慘的是沒有鴉片了，犯起癮來沒法子，一直哀嚎，眼淚鼻涕直流，有個人整整叫了幾個禮拜。

我的案子就是在新店的時候判的。因為我始終沒有承認參加共產黨，而只承認參加了社會革命黨，他們查來查去也查不到這個黨還有什麼人，刑求我又不承認，又找不到其他證據，最後就判我十年，理由是在他們二二八的黑名單上有我。宣判的時候，我說：「我沒有參加共產黨的地下組織啊。」法官說：「『二二八』就有組織啊。」我說：「蔣介石一九四九年撤退來的時候，不是宣布『二二八不追究』嗎？」法官說：「沒有錯，不追究才判你十年啊，如果要追究的話，你十條命都不夠判，所以你要感謝政府的寬大。」

我們那個案是個雜案，把一些無法歸類的人一起判。其中有一個叫辜金良，他很早就被抓，但老是找不到他的證據，他也什麼都沒講。他曾經幾次因為別的案而被調問，但總找不出他跟這些案的關係。有一次他又被調問，法官說：「怎麼你又來了？」辜回答：「又不是我想來的。」最後，他被判十二年。其實，他跟張志忠關係密切，如果找到證據，是要判死刑的。

我們有一次在綠島打起來，我突然停手不打，他說：「怎麼不打了？」我說：「你年紀比我大，我不能打你。」後來我們就成為好朋友。出獄後，我介紹他跟許金玉結婚，他們在屏東做鹹鴨蛋，剛開始非常辛苦，後來就賺錢了，賺了不少。我第二次出獄，組織政治受難人互助會和勞動黨等團體，他非常支持，捐了很多錢。後來他中風，躺了幾年才過世。藍博洲訪問過他，不曉得整理出來了沒有，這個人是不能忘記的。（按，辜金良的口述已收錄在藍博洲，《老紅帽》，台北：南方家園，二〇一〇年。）他的太太許金玉，也很了不起，好像有很多人訪問過她了。

移送內湖國小

在新店正式判決後，按理我要被送到軍人監獄，但軍人監獄人滿為患，我又被送回軍法處。回到了一區十二房，碰到了中學同學岸本的舅舅——蔡瑞欽。岸本就是受他兩個舅舅影響，才會在雄中時候就有民族意識，罵日本人。蔡瑞欽後來被槍斃，另一個舅舅蔡瑞洋，自首了。蔡瑞欽死前，寫了一首日本和歌，大意是：太太帶著孩子來看他，卻不被允許見，是很傷感的歌。

再之後，我又被移送內湖國小，好像叫「新生總隊」，是綠島新生訓導處的前身，一到五隊是古寧頭戰役（金門戰役）的俘虜。當時從軍法處送到內湖國小的，編成六隊。睡覺時，早上起來發現毛毯沒蓋到的小腿，全腫起來，後來才知道是被跳蚤咬的。星期天掃除時，我們就用水沖木床，跳出來幾百隻跳蚤，看得我直起雞皮疙瘩。那裏洗澡，是一個池子，洗過的水再倒回去，反覆用，我不敢洗澡。

「新生總隊」六隊的犯人們很複雜，有判感訓的，有判刑的。有十年以下，也有以上，性質不一樣，思想也不統一，大部分不是共產黨員，很難團結做什麼事。

四隊則最團結，最堅強，會抗議。他們都是判十年以上的人，其中有個叫陳行中的，他原來是孫立人部隊管補給的上校，因為貪污，後來逃回到湖南老家，買地置產。共產黨來了，他帶著地主去歡迎。共產黨也不能殺他，也不想用他，就送他去受訓，派到台灣工作，卻被同鄉的吳雨村檢舉而被判十年。吳雨村是他家鄉自衛隊的隊長，殺過不少人，他的同鄉都很怕他，他在湖南參加過「三民主義青年團」，到台灣後，他們的老大做交通部長，後來老大死了，三民主義青年團失了勢，三十多個人都被抓。吳雨村雖然檢舉了陳行中，但後來也被牽連進去，判了十年。

陳行中很會講話，也有聲望，因為他假裝自己是共產黨的幹部，又確實被共產黨訓練過半年，知道共產黨的方法。四隊很多人進來是冤枉的，根本不懂馬克思主義，所以聽他一講就很佩服他，跟他學習，四隊的學習運動很熱烈。

那時很多人莫名其妙被牽連，也有因為國民黨內鬥，進來後受不了刑求，就承認了。有次我聽到一個吳雨村的同鄉、同案說，他太太責備他：「你明明不是共產黨，為什麼要承認？」那人回答：「連吳雨村都承認了，我還能不承認嗎？」有個在基隆做生意的余某某被抓，就把他一個朋友，警備總部姓馬的中校供進來。因為這個姓馬的，平常總吹牛說和蔣經國稱兄道弟的，他想把姓馬的牽進來，說不定就一起得救了。沒想到姓馬的進來，刑求吃不消，也承認自己是共產黨了。我在那裏的時候，姓馬的常常要揍那個姓余的生意人。

被捕的政治犯裏，百分之四十是外省人，當時外省人人口只佔台灣百分之十五。所以可以知道，白色恐怖是國民黨因為意識形態，因為對共產黨的恐懼，就對全民進行大清洗。

當時吳石案最轟動，因為他是國防部參謀次長。大陸正準備攻打台灣，吳石把資料送給大陸派來的一個情報員朱諶之。朱諶之丈夫前妻的女婿是省警務處電訊管理所主任，朱諶之來台的住所就是女婿的家裏。後來吳石、朱諶之、陳寶倉中將（第四兵站總監）、聶曦上校等人都被槍決了。

另外，共產黨中央社會部的于非（原名朱芳春）和蕭明華來台後，分別謀得《國語日報》編輯和省立師範學院（現在的台灣師範大學）助教工作。于非利用台灣省政府社會處主辦的「社會科學研究會」附設「實用心理補習班」為基礎，從事組織活動。後來他依照中央社會部命令改變工作路線，專力於情報策反工作，曾利用國防部作戰課課長蘇藝林上校取得台灣的防守地圖、碉堡位置等重要軍事機密情報。

蘇藝林將這些資料裝在皮包內，帶著不知情的陸軍大學上校教官張國維一起上于非要回大陸的船上，交換皮包後下船。案發後蘇藝林被判死刑，不知情的張國維也被判五年（因為這個案子，國防部後來抓了很多人，台灣很多軍事設施也因此修改了）。張國維曾因其所著《蔣介石的三角戰術》一書，被蔣介石親自召見，因不滿被判刑而繼續上訴後，從五年改判十年、十五年，最後被改判為無期徒刑後才不敢再上訴。

于非當時曾透過各種關係擬爭取黨、政、軍高級人員如孫立人、游彌堅等人，據說當時雖未為于非所動，但亦未向政府檢舉，因而使政府認為「隱憂」。這些情形就可以說明，當時國民黨為什麼那麼恐懼，寧可錯殺一百，也不肯放過一個。所以，白色恐怖蔣介石真是痛下殺手。

蔡孝乾被捕時供出，地下黨只有九百多個，再加上大陸潛伏過來的情報人員，被抓到的黨員總共也不過一千三百多個，但據報載，整個白色恐怖期間國民黨總共抓了十四～十五萬人，槍斃了一萬多人，冤枉的人實在太多了，這是國民黨在發洩怨氣。但是監牢的人看著那麼多人在槍斃前喊著共產黨萬歲，確實受到很大的震動。

來到綠島

一九五一年綠島的「新生訓導處」成立，可以疏散台北人滿為患的監獄了。我在內湖待了大約兩個星期後被移送綠島。據説第一批政治犯抵達綠島是一九五一年五月十七日。我們從基隆坐登陸船去，我們犯人坐在船艙下，和煤、貨物一起。小便、大便也都在裏面。很多人暈船，一直吐。環境非常惡劣，如果是豬，恐怕都會死掉，我們卻活下來，到了綠島。從被捕、審訊、刑求、押送，整個過程，大家都吃盡了苦頭，但人的生命力是驚人的。記得在保密局，有個人受了槍傷，大概快死了，被扔在走廊裏，他躺在那兒，自己伸手到化膿的傷口裏捏蛆蟲。

綠島上本來就住有老百姓，「新生訓導處」其實就是政治犯的集中營。開始時有兩個大隊，第一大隊有四個中隊，第二大隊有三個中隊，加一個女生分隊，第三大隊後來由南日島的俘虜所構成。補給船三個月來一次，送糧食和煤炭，我們犯人就從港口抬到監獄。吃得很壞，沒有青菜，饅頭很硬，因為麵粉太差，發酵不夠。有時我們就吃做醬油的黑豆，曬乾了吃，還有鹹菜乾。這些東西吃到胃痛。原本我的胃在日據時代當學生兵時就開始壞了，在彰化憲兵處灌水刑求，搞得更壞。這時就開始胃潰瘍，吐血。伙食太差，犯人們抗議，要求改善。隊長就說，我們隊的錢由特務長借給人家了，但借給誰忘記了，特務長薪水不多，請大家原諒他。其實是伙食軍官貪污，那時魚很便宜，五毛錢一斤，也不給我們吃。

〔呂正惠按，本章提到張伯哲後來被大陸追贈為烈士（一九九六年），陳先生原來不太清楚原因，後來看到汕頭陳仲豪老先生的文章，才完全了解。陳仲豪先生是張伯哲在韓山師範讀書時的同學，經由張伯哲的安排，到鍾浩東領導下的基隆中學教書。基隆中學案爆發時，又經由張伯哲的安排逃回大陸。他寫了兩篇文章：〈五十年代台灣白色恐怖六十週年祭〉，回憶了跟他共事過的鍾浩東、林英杰、張奕明、張伯哲等人；〈六張犁魂兮歸來——深切悼念在台灣殉難的張伯哲烈士〉，詳述了張伯哲的一生，以及他被追認為烈士的經過。我們要特別向陳仲豪先生表示謝意。又，本章所提到的蕭明華，是臺靜農先生抗戰時期在四川白沙女子師範學院教過的學生，一九四八年來台。她被槍斃後三十多年，臺先生曾經寫詩悼念：〈過青年公園（日據馬場町刑場）〉「荒木交陰怪鳥喧，行人指說是公園。忽驚三十年前事，秋雨秋風壯士魂。」關於于非和蕭明華的事，香港的許禮平先生寫過一篇文章〈秋雨秋風壯士魂——臺靜農詩句箋註〉詳細考訂過。〕

陳明忠攝於綠島監獄。在綠島監禁期間，獄方每年會為政治犯拍攝一張相片，這也是陳明忠監禁期間少數保存的照片之一。

他們當一回事，駐守綠島等於發配，也是沒什麼前途的。後來，有的人砍的茅桿裏有不夠二米的，捆成一捆時，就前端對齊，想矇混過關，被發現了。有人問：「誰幹的？」分隊長就說：「一定是陳明忠！」又說：「那個傢伙，將來生下孩子沒屁眼！」我不高興，找他理論，他就宣布：「大家聽著，我剛才講生孩子沒屁眼的，不是說陳明忠！」大家聽了哈哈大笑。

有陣子發起打蒼蠅運動，規定一個人要交五十隻蒼蠅。內湖跳蚤多得嚇人，但在綠島就活不了，大概因為海風太大。這裏雖然有很多蒼蠅，但不好打。有人用魚內臟養蒼蠅，很容易就抓到五十隻。我把飯粒用墨水染黑，晾乾，冒充蒼蠅上交。兩次都矇騙過了，第三次被查出來。隊長說：「奇怪，怎麼都沒看到陳明忠在抓蒼蠅，就交上來了？」仔細一查，就被發現了。

重體力活，比如挑煤，三十公斤、四十公斤的增加。肩頭磨得起泡，有的人就把衣服墊在肩上扛。農民還好，知識分子吃不消，要抵抗，商議集體不抬規定重量的煤，受處罰也不抬。當希望表現好的人，爭先裝五十、六十公斤後，不想按規定裝四十公斤的人就沒人敢出去裝。於是我就帶頭去裝不足三十公斤的煤，比規定少十公斤左右。隊上對我的處分是大家吃飯休息時，罰我挑不足四十公斤的隊上廁所的大便或挑水。

這還不算嚴重。後來，韓戰的反共義士來到台灣，新生訓導處就搞「良心救國運動」，鼓動大家表態參加。我們不幹。隊裏開了一個會，讓參加的站一邊，不參加的站另一邊，我第一個站出來，到不參加的那一邊去。原來只是調皮搗蛋，現在變成政治上有問題，嚴重了，所以後來硬把我扯進所謂的暴動中。

南日島俘虜與兩個暴動

一九五二年十月，國民黨襲擊莆田的南日島，帶著八百多解放軍俘虜回到台灣。先在新店軍人監獄把軍官統統槍斃，兵就送到了綠島，編入第三大隊。那些被槍斃了的，新店監獄的人還把肝拿去當地的麵館，讓賣麵的給煮了吃。賣麵的煮的時候覺得奇怪，這也不是豬的，不是狗的，是什麼呢？後來知道了是人的，賣麵的人把鍋都扔了。

那時南日島的俘虜跟我們一起政治學習，有「三民主義」、「共匪暴行」、「國父遺教」、「領袖言行」等。教官講共匪暴行，說共匪部隊有慰安婦，那些南日島的俘虜立即說：「沒有。」教官說：「報紙上寫的。」他們說：「我們從那兒來的，我們知道啊！金門部隊有慰安婦，你們國民黨有，我們沒有。」

教官很惱火，不讓他們上課了，但他們很想讀報紙，想瞭解情況。我們六隊有個叫陳澄詮的，被捕前是造紙廠工人，他對我說，他們（南日島的俘虜）想看報紙，我們就商量怎麼傳遞報紙前面幾張「國際形勢」給他們。那時大家要上山勞動，上山後分散，可以趁那時給他們。我當時編入第九班，是成績不好的班，班長是個海軍軍官，最會打小報告的。副班長大家選我，獄方不讓我當，但沒人肯當，

南日島俘虜（郭琴舫攝影，《中央日報》提供）

只好給我當。陳澄詮在山上傳遞報紙，班長看到了，就去告密。晚點名時，就把他叫出來，關碉堡。碉堡在海邊，是關禁閉的地方，空間狹小，馬桶的蛆蟲爬滿地，沒法躺下來睡覺。

陳澄詮被抓，被刑求，要他承認組織暴動，還要他供出參加的人。他最後承認「暴動」，但說，陳明忠只是知情，沒有正式參加。除了他，還抓了好幾個人。其實哪裏有「暴動」，是想把我們這些「成績不好」、不聽話的政治犯抓起來，找個名目槍斃。

那些南日島的俘虜是真的要暴動的。他們的軍官都死了，他們只是普通的兵，但他們畢竟是軍人，知道碉堡在哪裏，機關槍在哪裏，他們策劃怎麼攻擊、怎麼分配任務等等。那時每三個月補給船從台東開來，他們計畫搶船，搶成功就跑回大陸，不行就上岸在台灣打游擊。但因為颱風來，船沒靠岸，他們的暴動失敗了，有些人在綠島就被槍斃了。

後來來了一個技術總隊，開始我們不曉得為什麼派來這個總隊，後來才知道因為南日島俘虜暴動，他們被派來綠島防備。這個總隊的人，大多三十多歲，都是軍官，帶自動武器。從大陸撤退時安爆破裝置的，就是他們。

我們這批被認為想「暴動」的政治犯，被送回台灣軍法處第三區樓上，這裏是關死刑犯人的。我們對面就是南日島那些俘虜，有幾個還同過房間。他們都會看字，我說：「你們小學都沒念，怎麼會看書？」他們說：「在部隊裏學的。」其中有個福州人，叫陳品官，問他為什麼參加共產黨，他說他是佃農，家裏很窮，跟地主借貸，還不起，媽媽自殺了，妹妹賣掉了。後來共產黨來了，分了土地，他當然支持共產黨。「如果國民黨又來了，我們就完了。」所以一要打仗，他就參加了部隊。有個山東的俘虜說：「大家都參加，我不好意思不參加。」

七月一日，大家想，反正要死了，我們就一起唱歌，唱國歌，唱五星紅旗歌。後來南日島的俘虜，大概有一百多人，都被槍斃了。而我們這批被製造出來的暴動犯，卻沒有死。

我們中間有個人，被抓時是台大哲學系四年級的學生叫張坤修，在綠島刑求時手都殘廢了。我們從綠島要送回台北時，都被捆綁著，坐了十幾個小時的船，先在高雄上岸，再坐卡車去火車站。這個學生的父親張武是開醫院的，恰好醫院的藥劑師在碼頭看到他，趕緊跑去通知張武，張武跑過來，但不能見面，張坤修偷偷把殘廢的手讓爸爸看到。他爸爸回去後，立刻把自己的醫院賣給醫師公會的理事長吳基福（後來選立委，又辦《台灣時報》），請他救兒子。吳基福有人脈，幫忙奔走，這個學生沒判死刑，我們這批人也都跟著免了死刑，沒有槍斃，真是幸運。

我們從軍法處送到新店軍人監獄時，南日島的兵還沒被槍斃，看到我們要離開，頭伸出來，跟我們打招呼，不久他們都被槍斃了。大陸恐怕都不知道他們在台灣的遭遇，所以我特別把這件事講出來。在軍法處不能看報紙，我不能確定這事件的時間，但記得那時候正好是前國民黨省黨部主任李友邦被槍決的前後，算起來，應該是一九五三年四月二十三日前後。

被當成「暴動」組織者之一的陳澄詮被刑求得很厲害，從綠島出來後，就沒有再參加任何政治活動。

在監獄上大學

綠島的政治犯有一些確實參加了地下組織，但大家的政治認識還很淺薄，還有很多莫名其妙被抓，根本是冤枉的，國民黨、共產黨、毛澤東，什麼都不知道，當然更不知道共產主義是什麼東西。大家都想要瞭解，學習的熱情就起來了，監獄成了學習共產主義的學校。所以出獄之後，大家來往，互相稱「老同學」。我也是在獄中，開始真正研讀馬克思主義的。

獄中本來就有政治學習的課，有「領袖言行」、「毛澤東思想批判」、「共匪暴行」等。葉青的《毛澤東思想批判》是我們的主要教材，葉青本名任卓宣，是個投降的共產黨員，

《鄭超麟回憶錄》裏有提到他。這本書常常大段大段的引述毛澤東的話，我們只讀這些話，不讀葉青的批判，我們就這樣學習共產主義思想。我還記得，葉青說過，毛澤東是真正的理論家，王明不是，是教條主義者。還說，毛澤東的理論是將馬克思、恩格斯的一般道理，和中國的特殊情況融合起來的，任卓宣的這種提法讓我對毛澤東思想產生很大興趣。

綠島有給管理員看書的圖書館，裏面有共產黨的小冊子，如《新民主主義》、《人民民主專政》等，有人就偷出來，傳著看。記得有次看到任弼時的文章，批評解放後很多大官休掉

1951年綠島的「新生訓導處」成立，負責監管，密集勞改和教育政治犯。（中央社提供）

原來的太太，討年輕漂亮的老婆。記得他文章裏大概說這樣的話：「我結婚是父母定的，太太不識字，又裹小腳，現在眼睛又瞎了，可是她還是我的太太，我沒有換太太。」我覺得任弼時這個人不錯。其他很多偷出來的書，我都看過。

有個台大的學生抓進來時，帶進來一本書，是日本左派戰後成立的「民主主義科學者協會」出版的，這個協會出版了很多書，都是有關自然科學的。日本第一個拿到物理諾貝爾獎的，就是這其中的一人，另有一人坂田昌一曾經到大陸去給毛澤東講辯證法。台大學生帶進來的這本，是井尻正二寫的《古生物學概論》。看名字，古生物學，沒問題，檢查通過，其實裏面講的是唯物論的辯證法。概論是方法論，沒有用辯證法這個詞，用的是「連續的不連續」這個概念。事物發展有聯繫，也有分斷(即不連續)，等於辯證法裏的揚棄。還講「範疇」，如可能性與現實性、必然性與偶然性、本質與現象、量與質等。從這本書得到線索，我就買來了這個協會出版的《物理入門》、《化學入門》、《自然科學辭典》等。從這幾本書我學到很多東西，例如從可能性到現實性，有好多契機，契機的每一個叫做偶然性，合起來就是必然性。死是必然的，死的各種原因就是偶然。我就這樣學到辯證法的概念。

後來在新店軍人監獄，買到一本《生命的起源》，蘇聯科學家歐巴林寫的。傳看時，好多人說看不懂，我看得懂，因為是化學的內容很多，我念過化學，所以看得懂。達爾文講了進化論。但是生命怎麼來的？達爾文沒有解釋。這本書講生命怎麼來的，無機物變成有機物，變成蛋白質，變成生命，完全是辯證法，但一句也沒提「辯證法」。我又從這裏學到辯證法。

對我的理論學習幫忙很大的還有英國的M. Dobb所著的*A Study on the Development of Capitalism*，我們是用十倍的價錢委託新店軍人監獄的「軍事犯」買進來的。我很認真的讀了三、四次，終於了解資本主義是如何由封建主義演進過來的。例如進入大機器工廠時代之前，必須經過工廠手工業時代，這讓我想到我們家的榻榻米工廠，就是用木頭機器，是工廠手工業階段。還有，封建主義要進入資本主義，都有一個代表性工業的發展，英國是羊毛，日本是絲。可是日本絲業沒有工廠手工業時代，它是通過批發商，批發商把原料給小家庭作坊，然後再來收成品。這本書和《古生物學概論》、《生命的起源》等，教我如何思考問題，看問題，也堅定了我走社會主義的道路。

我在綠島時才慢慢學了國語，跟同牢的外省人，還有「政治學習」時幹事講的國語，開始都聽不懂，後來聽久了，慢慢也開始聽懂了。筷子這個詞，我在牢裏第一次聽到，「哦，這個叫筷子哦。」光復後我已經讀大學，沒有國語課了，被關了才開始學國語。外省人是從各地來的，發音都不一樣，很傷腦筋，所以我國語比較差。我閩南語講得比較好，其次是日語，最後才是普通話。

獄中的派系

很多人被點燃學習共產主義的熱情，在政治學習課上，利用各種教材，偷偷抄寫毛澤東的文章，藏到牢房裏。有次獄方利用犯人出去放風的時間，來查房，查到了這些紙條，就加了一個「暴動」的名義，槍斃了很多人。當時第四隊的學習最熱烈，結果被槍斃的最多。帶頭的叫陳行中，前面已經講過他們，他們在上綠島前和在綠島時就已認真學習了。雖然這麼多人被槍斃了，但還是有人繼續抄，譬如我們這一批所謂的暴動犯，調到新店軍人監獄後，就有人在抄，抄完了藏在哪裏？洗手間的便池，前面有蓋子，把蓋子下面的水泥地挖空，把毛澤東理論藏進去。

這樣熱情的學習，學習過程中，見解不同，就開始分派了，有極左派和修正主義派。極左派比較敢做，原本一無所知，坐牢了才了解共產主義，就比較激進，知識水準高的人不會那麼簡單。極左派人不多，但什麼都鬥爭，就把大家都拖進去，很傷腦筋。比如上政治課，教官發書，他不要，甩掉，那第二個人也不好要了。於是整個房間都跟著受罰：禁止放風，禁止接見。所以十年間我媽媽兩次來看我，都沒有見到。來了都見不到，讓她很傷心，不再來了。

還記得討論《武訓傳》。為什麼批判武訓？極左派的人就說：不應該做乞丐，應該去搶啊。其實批判《武訓傳》，是批判它教的內容是封建的。還有，國民黨宣傳說，共產黨的思想基礎是恨。國民黨的思想基礎是愛。他們聽了說：「對啊。」我說：「不對。這是一對的東西，愛恨一體。不是說共產黨的基礎就是恨。只有恨，怎麼會有理想。」還有吃東西的鬥爭。獄裏是早上十點一頓飯。下午四點一頓。一般下午四點吃不多，剩下的，獄方就拿去賣，賺錢。這些極左派說要消滅國民黨的力量，就把飯盛很多，倒到糞坑裏。其實，這只是會影響監獄官兵的福利，不可能消滅國民黨的力量，是很幼稚的想法。

還有「打入敵人內部」的鬥爭。獄方會在每個房間收買打小報告的人，極左派就想利用這個機會，將計就計，打入敵人內部。有一次讓一個叫顏大樹的——他台中工業學校畢業後，讀軍官學校——讓他去做臥底，在監獄廣播室工作。別的人都罵他，不知道他是臥底的。我們房間比較安全，沒有打小報告的人，就做為聯絡站。我們廁所旁邊有個洞，顏大樹把一些消息寫在紙條上，透過這個洞傳進來。什麼消息呢？比如，有個犯人進來前是工廠老闆，看到監獄裏有工廠，就想去做外役廠長，為了這個目的打別人的小報告，顏大樹知道了，用紙條告訴我們。後來顏大樹身份暴露，被調回來。不過，在還沒被調回來之前，極左派拼命替他講話。真是莫名其妙嘛，現在不應該替他講話，這等於害他嘛。

他們商議再找個人打進敵人內部，選出陳俊堂，他是我農學院的學弟，判十二年，讓他打進去。那讓他打誰的小報告呢？打石滄柏的吧，石答應了。小報告怎麼打？那時睡覺，是輪流睡牢門的欄杆邊。輪到打小報告的人睡欄杆邊了，晚上看守來，把小條子扔下去，看守撿起來。後來石滄柏一直被獄方叫過去問話，很害怕，最後發神經了。要知道，有的被打小報告的，問出問題，就調出去槍斃了。

當時我就反對這種打入敵人內部的「鬥爭」。監獄保安對我們能怎樣？最壞的情況不過如此。打進去有什麼意思？是白白犧牲，這個犧牲沒有價值。我反對他們這麼做，但我肯定他們的熱忱和勇敢，只是腦子太簡單了。除了這些，他們還要打擊那些不主張「鬥爭」的，一般是比較有知識，想得多的人。蔡惠如的孫子蔡意誠，就被他們打成修正主義，搞到大家在一個房間，好幾年不講話。

這也可以說明當時政治犯普遍認識水準比較低，高的都被槍斃了，不像一九三〇年代，日本人抓台共，他們在牢裏還可以互相學習。一九五〇年代的牢裏，活下來的屬罪行輕的，其實很多人根本是冤枉的，一點也不知道共產黨和馬克思什麼的。

極左派為此犧牲很多。第一批因為抄毛澤東文章，槍斃二、三十個，也有許多人被加判感訓三年。我不贊成極左派的想法，但我有事敢出頭，所以他們信任我，覺得我立場堅定。修正主義這邊，理論水準高，但膽子比較小，不敢有什麼行動，他們覺得我理論水準高，又不極端，也接受我，所以兩邊都信任我。

08 在新店軍人監獄

我在監牢裏的「特殊待遇」

新店軍人監獄用來關政治犯的地方有仁監和智監。仁監的看守長似乎是有虐待狂。他點名，「754！」「有！」「聲音太小，出來。」；「755！」「有！」「聲音太大了，出來」。他把兩個人用腳鏈連起來，左腳連左腳，讓他們無法走路。大家看著，都很氣。有一天，他又叫了一個人（那人現在還在，是嘉義農校畢業的陳棠梨），吊起來打，手吊在鐵欄杆上，打他的肚子。陳棠梨大叫了一聲，看守就從地上撿起一塊抹布塞在他的嘴巴。這個虐待狂，我忍了很久了！我在第一房間直接看到，就用腳拍打地板，其他牢裏的人聽到，就跟著鬧房，整片都打起來，砰砰砰，又大聲喊。獄方嚇壞了，以為是暴動。每個房間都有打小報告的，有個政戰部的少校就打我小報告，因此，我就被調到智監。

監獄是這樣安排的：成績好、聽話的住在前半部，後半部就關一些成績壞、不聽話的。我被調到智監十一房，此後一直在那裏。監獄裏很多外省人很可憐，沒家，沒人送東西，連衛生紙、牙刷都沒有。我們有家人送吃的來，他們只有監獄的鹹菜。我們在旁邊看著，吃不下去，就叫大家一起來吃。把各自家裏送來的東西匯集起來，一起吃用。後來大陸開始搞人民公社，監獄裏就說我們發動搞人民公社。

在綠島時，因為過度勞動，營養不良，我的身體已經開始壞了，但我沒有介意。轉移到軍人監獄以後，咳嗽會咳出血。同房的廖萬督是醫生，他看我到了下午就會臉紅、發燒，對我說：「明忠，你恐怕得了肺結核。」廖萬督沒坐牢之前，在雲林縣某一個衛生所當所長時，推行過一種合作醫療，讓農民一年繳一點錢，整年看病都不用付費，地下黨廖清纏就吸收了廖萬督。廖萬督在獄裏罵廖清纏說：「你吸收我，但沒有教我！」因為廖清纏那時候的理論水平也不見得很高，剩餘價值有相對的和絕對的，他就不明白，跑來問我。所以廖萬督佩服我，以為我懂理論。

第二次咳血時，我去看病。獄醫一個禮拜來一次，問我：「什麼症狀？」我說：「吐血，有時在痰裏，有時直接吐血。」獄醫又問：「還有其他症狀嗎？」我說：「下午發燒。」他又問：「還有嗎？」我說：「肩膀會痠痛。」最後他說：「不夠資格就醫，回去！」不但不給藥，也不讓家裏寄藥。我們這樣的政治犯，監獄就是要讓你死掉的。所以雖然肺結核會傳染，應該隔離的，仍然把我和別人關在一起。

又一次，我頭痛得不得了，去看病，他說：「不要胡思亂想。」我很氣，罵他：「獸醫！」他報告看守長，我就被關了禁閉。在緊閉室裏，我被銬上手銬和腳鐐，然後又把手銬和腳鐐連起來，讓你沒辦法站直，也沒有辦法躺平。緊閉室很小，屋頂上還鋪了瀝青，熱得要命。我只穿一條內褲，從早上太陽出來開始流汗，一直流到晚上太陽下山，這樣受了一期三個月的懲罰。因為上手銬腳鐐，又沒法站起來，看守很好奇，到底我們要怎樣換內褲呢？有一天，他特地跑來看，看我這樣那樣挪，竟然換好了，他才恍然大悟說：「原來如此。」

「發神經」的難友

旁邊的禁閉室關了一個外省人，叫做陳永生，是金陵大學的畢業生，來台灣在高雄女中教英語。學校有朝會，讓老師輪流講，輪到他時，他講：「民生主義就是共產主義」，結果就被抓了。審判時，他說：「這句話是國父《三民主義》裏講的啊！」法官說：「現在，政策比主義重要。」就這樣判了十年。在獄裏，他的精神變得不正常，常常自言自語

「民生主義就是共產主義，沒有錯啊！」有一天，他一緊張，突然喊：「史達林萬歲！」因此也被關禁閉，就關在我旁邊。他肺病比我厲害，對我說：「明忠，看來我大概完了……可是也值得。」後來就死在監獄裏。

獄中很多犯人得了神經病。其中有一個，把饅頭用菜湯弄軟，再捏成一個頭像，明天再捏一個，這樣放了一個禮拜，味道已經很壞了。看守訓斥：「你幹什麼？」他就吃掉。倒也沒拉肚子。

放風時，有個得神經病的人，把自己所有東西包成一個包裹，拿在身上，說：「我不要在這裏啊！我要回家。」還有人把郵票貼在腦門上，想走出去，被看守攔下來，就說：「我有貼郵票啊，把我寄回去。」還有人互相說：「哎，聽說你有神經病啊！」那個說：「聽說你也有啊！」有時他們叫我們唱歌，我們不唱，他們就說：「哎，看起來你們不愛國的樣子。」

監獄裏的難友，在壓力下出現精神錯亂的情況，是常有的。在綠島的新生訓導處也一樣。在綠島時，我有一個同隊、同班叫做賴祖蔭，他是前陸委會主委賴幸媛的伯父，被捕時是竹山國小的教務主任。賴祖蔭被捕後，因為被刑求得太厲害，他想要自殺。當時台灣人都穿木屐，他把一隻木屐墊在下面，把睪丸放在上面，用另一隻木屐來砸，結果人暈倒了，睪丸卻沒敲碎，但從此不再講話，變成啞巴。有天晚上，他忽然開口：「明天是我們的日子啊！」他就睡在我旁邊。我奇怪，獄裏沒日曆，幾月幾日我也不記得，他記得什麼日子？第二天早上他就唱「起來，不願做奴隸的人們……」原來是十月一日。我們就想，糟了，怎麼辦？因為不久前剛槍斃了一個。

那個人本來是國民黨的軍官，精神不正常了。抽煙，他撿我們的煙屁股抽，給他整支的，他不要。我們每個月吃一次豬肉，他不吃。他說：「現在中國人民沒有達到每個人都可以吃豬肉的地步，如果每個人可以吃到肉了，我就吃。」有天晚點名。點完了，值星隊長跟大隊長「報告完畢」，大隊長回禮，要走了。他突然喊：「大家聽到！」大家都嚇一跳，連大隊長也停下了。他說：「我以前殺人放火強姦什麼都做，現在我改好了，為什麼？因為我參加了共產黨。希望大家好好研究共產主義，加入共產黨。」結果就被調去軍法處槍斃了。

負責思想問題的幹事是東北人，很有個性，他叔叔是「滿洲國」電影公司的演員，也坐牢。賴祖蔭的事情一發生，他就讓大家投票：賴祖蔭是不是精神病？如果是，就不移交軍法處。結果大家投票說他是神經病，免了一死。出獄後，我還碰到過他，他腦筋還沒好，講話會不連貫。賴幸媛一直以為她伯父是因為二二八坐牢，白色恐怖和二二八，好多人都搞不清楚，其實不是一回事。賴幸媛還說，她伯父家有毛澤東的照片。

賴祖蔭的命被保了下來，也不一定是這位幹事慈悲，如果是外省人，恐怕就直接槍斃了。外省人在台灣沒根基、沒親戚。賴祖蔭是本省人，在學校做過教務主任，日據時代讀師範學校的，在地方上是有頭有臉的人，國民黨不敢隨便槍斃。

其他難友

國民黨「破獲」的地下黨案子裏，有個阿里山基地案，是由張志忠和簡吉（大眾電腦簡明仁的父親）領導的。國共內戰期間，共產黨在江西、福建的根據地，曾經被國民黨長期封鎖，沒有鹽巴吃，人就沒有力氣，很痛苦。因此，他們就挖了一個大池子，大便小便都放進去，久了之後就有鹽鹼，可以用來做鹽巴。因為這個經驗，台灣的地下黨人就設法在阿里山建一個醬油廠，鹽巴就可以運進來，阿里山就可以做基地。阿里山住的是鄒族人，地下黨就跟他們的領袖聯合。後來基地被破了，有關係的原住民高一生、湯守仁、汪青山都被槍斃了，剩下一個判無期徒刑的武義德，他共產主義不知道，三民主義不知道，什麼都不知道，但他是村長，醬油工廠就設在他村裏，所以判無期。

新店軍人監獄人滿為患，一個房間睡很多人，地方不夠，浴池上鋪個板，晚上可以睡人。大家排兩排睡，有些人個子高，睡覺時就得把腳墊高，才不會碰到別人。有時候晚上小便，會踩到人家。有個叫王任的，最好笑，踩了一個，喊對不起，再下腳，又踩另一人。

王任是從上海過來，在成大讀書。他在上海時搞學生運動，好像是民盟的。要抓他時，他跑到台灣成大。在成大跟著的老師是留德的，老師的爸爸是民主黨派的一個領袖。大陸新中國成立後，老師的爸爸叫他回去，老師就打算帶王任一道回去，因為王任是他的得意門生。可是，王任覺得再過三個月就畢業了，打算畢業再走，結果就被抓了。老師走了，他被牽連。本來判三年，他不服氣，一上訴，戒嚴令出來了，糟糕，要撤回來不及了，結果就加，變成十年。王任在成大成績很好，很聰明。在獄裏，他一直在算人造衛星能不能成功，用微積分，算了好幾天，結論說，可以。我們出獄後真的有了人造衛星。

他出獄後，在台中做了一個硫酸工廠，很多老同學去他那裏工作。他後來娶了老婆，也是判五年徒刑的老同學。他在上海有個女朋友，後來在北京大學當教授。那個女朋友退休以後，寫信來台灣託成大找他。成大很認真，找到他了。他還回大陸去見這個女朋友。

王任後來死在井岡山。台灣的老同學組團去老區，他是團長，拿花圈上祭時心臟病發作，就倒在階梯上死掉了。年紀大了，太過勞累，心情又激動，就這樣死了。

牢裏抽香煙

我開始抽香煙是在農學院，因為研究煙草的金兵教授回國前，留給我很多很好的外國香煙。被捕後，保密局不可以抽，在軍法處可以，因為誰會死刑都不清楚，很多人用西裝跟看守或外役換香煙，反正要死了，要西裝幹什麼。我在軍法處第一次抽時，因為好久沒有抽了，第一口，就吐出來了，嗆了。

到了新店軍人監獄，人是不會死了，香煙還是要抽，抽香煙，心情會好點，可以緩解苦悶和緊張，緊張之後一放鬆就想抽。監獄規定是不能抽的，家屬也不能送。但我們可以跟外役換，用什麼換呢？新店監獄每人每年配給兩雙布鞋，我們一天只有放風散步十五分鐘，鞋子穿不壞，剩下很多，用來換香煙。一雙鞋子，只能換一包香煙。我們把一支香煙拆開，重新卷成好幾支小的，抽煙的人一人一支。

有了煙，還需要打火機。有些鴉片販子，會將棉花捻成條狀，然後在地板上用木板摩擦棉花來點火。我們政治犯沒有這個技術，那個技術不簡單。後來想到用瓶蓋，把瓶蓋打平，挖兩個洞，繩子穿進去，利用繩子的扭力，一拉就會轉。然後一個人拿石頭，一個人拉線，下面放著棉花，這樣摩擦就點著了。後來又進步，從外役那兒弄來火石，牙刷上挖一個洞，把火石埋進去，用鐵片刮，摩擦出火來點棉花。

抽煙時，怕看守來看到，就拿鏡子輪流把風。把風的，有的比較差勁，笨，看守來到跟前了才喊：「來了！來了！」手上的鏡子就被沒收了。監獄統一換新棉襖，舊的要收回去的時候，我的棉襖一隻胳膊都沒棉花了，看守問：「這怎麼回事？」我說：「拿到的時候就這樣了。」——其實都點香煙了嘛。

免去小琉球

我在獄裏的「成績」不好，運氣也就不好。母親來看我的時候，我不是在關禁閉，就是在上腳鐐。來了兩次，都不讓接見，以後就不來了。三姑媽的女兒在空軍總醫院做護士，她來見我，結果被調查，工作也丟了。姑媽的丈夫是上校醫官，受到牽連，少將也升不了了。還有個岡山農校的同事來看我，也是被查，嚇壞了。後來，就沒人敢來見我了。

十年裏，見到家人的次數很少。頭兩年關在綠島，我爸爸當時在台東，就去綠島看我。沒想到剛好碰到那次被羅織「暴動」，送回台北。他到綠島，沒見著，還聽說我組織暴動。後來我聽妹妹說，他回家後躲在被子裏哭，說：「坐牢了，還暴動！這是什麼兒子呢？」他從來也搞不清這個兒子到底怎麼回事。

刑期快滿的時候，所有人都調回綠島，我因為刑期屆滿所以留下來。我一直關在最壞的房間，一般來說，成績壞的人，期滿了也不給出獄，要送到小琉球繼續勞動。我們這樣的人一定會被送到小琉球的。有個難友叫陳天助的，先被送去小琉球，他看到那裏勞動很厲害，就說陳明忠有肺結核，來了肯定會死。所以他跟一個要釋放回家的流氓講，請他帶話給張倚融（同牢的難友）的家人，利用接見時告訴張，要他想辦法不要讓陳明忠被送去小琉球。（陳天助，坐牢八年。後來去了巴西。互助會開會的時候當著我的面，問：「陳明忠在哪裏？」我說：「我是啊。」我以前很瘦，現在胖了，所以他認不出來。他在巴西被台灣同鄉會選為委員，卻被一些外省人拒絕，說如果他進去，他們就要退出同鄉會。後來不知怎麼知道他坐過牢，問他：「你反國民黨啊？」他說：「沒錯，我是共產黨。」那些人大吃一驚，後來對他很好。）

他們幾個人商量這事，其中有個王子熗，哥哥是台中的大生意人，和國民黨台中黨部的主任很熟，這主任又是新店監獄政戰部主任的同學。通過這樣的關係，他們幫我去打點。這些我一點都不知道，沒有人告訴我，大概是怕我反對。總之有一天，我被政戰部主任叫去訓話，他指著我的「成績冊」說：「這裏是新店軍人監獄，成績七十分以上才能釋放出去，你自己看看，四十七分！人家對你的報告這麼多，怎麼能讓你出去。」他就數落我被打的小報告(例如，對著報紙上的蔣公照片小便之類)，總之很差。我不回答，隨便你講。後來他就說，如果回去，要改過自新，如何如何……。聽他的口氣，好像要我回去啊！

回到押房，大家問我怎麼樣，我說奇怪。他們才告訴我，是陳天助讓他們找人，怕我死在小琉球，他們通過王子煃偷偷運作。王子煃坐牢十年，因為刑求手殘廢了，出獄以後不再碰政治了。

出獄後，我進「中國新藥」，是王子煃介紹的。我升得很快，他一直都是股長，沒有升。後來我到「乖乖」做副廠長兼技術部主任，就把王子煃調過去，當科長。我第二次坐牢，他也被叫去問，審訊的人說：「你們一起坐牢，出來都在『中國新藥』，也一起去了『乖乖』。以前你們都住三重，又都搬到和平東路二段七十六巷十七弄，你住二之五號，陳明忠住五之二號。你們能沒有關係嗎？」

其實我的政治活動他都不知道。我知道他不再碰政治了，所以什麼都沒有跟他講。但二〇〇五年的時候，因為我勸連戰去大陸，他怪我幫國民黨，就不和我講話(不過後來瞭解真相後，又開始往來了)。

09

我的一九六〇年代

出獄

一九六〇年我出獄了。到新店監獄辦理戶口，要在旅館住一晚上。當晚睡在榻榻米上，手腳可以隨意張開了，不像在監獄中要縮著身體睡覺，但很奇怪，竟然睡不著，只覺得身體怪怪的，不能適應。

爸爸和大姑媽領我回去，到岡山時候，看到一個女孩子迎面對我笑。我心想，這個女孩怎麼三八兮兮，不認識對我笑什麼。原來是我小妹麗玉，被捕的時候她剛考進台南女中，坐牢十年，現在都不認得了。

那時我們家已經從五甲尾搬到岡山了。一九五〇年代開始實施「三七五減租」和「耕者有其田」的土地改革，地主家每戶雖然可以保留兩甲土地，但我家沒人會耕作，只好把土地賤賣掉，媽媽帶著弟弟和兩個妹妹搬到岡山鎮上住(爸爸早就搬出去和小老婆住)。

出獄時我三十一歲，因為長期肺病，在監獄中完全沒有受到照顧，從原來的六十五公斤變成四十三公斤，連老朋友都認不出來了。有一次在聚會上，一個很熟的朋友拉著我問：「陳明忠在哪兒？」我說：「就是我啊。」他好半天都不相信。

在旗山農校

政治犯出獄，找工作很難，社會上的人都避之唯恐不及。岡山是空軍訓練司令部所

1960年7月第一次被捕出獄後，攝於家中頂樓。因在牢中得了肺結核，當時體重只剩下43公斤。

在地，蔣介石常去視察，每次他要來的前一天晚上，就會有情治人員半夜來我家敲門，搜查我房間。我想我恐怕得離開岡山了。

這時林淵源來了。他那時已經在高雄的旗山農校當校長，知道我出獄的消息，就跑來找我，知道我找事難，就讓我去他學校教書。按說坐牢出來的人是不允許教書的。他跟情報機關的人說：「我有這麼一個朋友，想請他來，可以嗎？」情報機關的人知道林淵源是蔣經國要栽培的人，將來準備讓他當高雄縣長，就回答說：「你就假裝不知道陳明忠坐過牢。」這樣，我就到了旗山農校，在農產加工科教書。

當年在台中農學院讀書時，林淵源是我的學弟，我們都是高雄縣人，來往密切。有一次他生病開刀，我和另外一個朋友約好照顧他。那個朋友選擇白天看他，我就晚上看他，晚上當然比白天辛苦，我沒有講話。後來那個朋友連白天也出去玩，我白天、晚上都看他。林淵源覺得我很夠朋友，一直對我很好。所以這一次出獄，他完全不考慮自己的政治前途，讓我到他的學校教書。後來我第二次被捕，出獄後，他還是來看我，一點也不避諱。我們到現在一直有來往。（林淵源是高雄白派的領袖，王金平是他提拔的。後來他擁護宋楚瑜，始終不變心，是個極講義氣的人。）

我在旗山農校上課時候，情報機關的人會來聽。林淵源跟他們做保證，他們才來得少了些。（李娜按，我訪問了林淵源，林淵源說：「情治機關的人常來找陳明忠，我就跟他們說：『陳明忠是政治犯，那是過去的事。他也要生活啊，他在我這裏教書，保證與政治無涉，我負這個責任。』」）

學校的同事原來並不知道我坐過牢，那時候每週一要開週會，老師要輪流講話。林淵源私下交待教務主任，不用讓我講話了。教務主任覺得奇怪，就悄悄問我。我就告訴他，我坐過牢，是政治犯。這樣同宿舍的幾個老師也知道了，恍然大悟說：「怪不得，我們早就覺得你很奇怪。」

雖然有林淵源保證，情治機關也沒放鬆監視。我教書受學生歡迎，常有學生課餘來宿舍，找我聊天。有天，有個特務來，故意說：「學生們跟你很要好啊。」我一聽，這個地方不能再待下去了。煽動學生，傳播反動思想，那是大罪名，搞不好要連累很多人，我不能害了林淵源。

正在這個時候，有個坐牢的朋友來找我。他的親戚在台北開了一家藥廠，讓我當化驗員，當時對藥廠按規定要實施品管，需要搞化學的人。我讀的是農業化學，我就決定走了。在旗山農校不到一年，不得不離開。

在中國新藥廠

這個藥廠的來歷是這樣的：董事長原來是做進口藥生意的，公司叫吉原行，生意很好。我記得當時治拉肚子的氯黴素針劑，一瓶二、三十塊，但後來兩、三塊也可以賣，可見利潤很厚。董事長賺了錢，就在日本開東菱製藥廠，在台灣也投資了很多企業。中國新藥廠就是其中之一，打算在台灣本地生產藥品，這樣成本更低。他把這個草創的藥廠交給他的弟弟來做總經理，他是張克輝的同學。廠長是總經理的表弟，也是我農學院的學弟，是他叫我來的，但我是一個

第一次出獄後工作的「中國新藥」藥廠。

坐牢的同學王子煃推薦給他的。

當時台灣賣進口抗生素很貴，如果在本地做，成本很低，所以許多本地藥廠興起了。美國就要管控，要台灣政府衛生署執行品質管制，上面有個美援會的工礦小組負責這件事。因此，藥廠需要專業的化驗員，我就是這樣被請來的。

這個廠是家族企業，總經理和廠長找的都是自己的親戚朋友。那些人雖然是農學院畢業的，但學的是畜牧、森林等科系，其實是外行。他需要學化學的，王子煃推薦了我，他就去查農學院的檔案，一查我是農化系，光復後第二期第一名畢業——但思想有問題。他就說：「我們對國民黨也不滿意啊，但我們是做生意的，以後不要過問政治，只要你保證不再搞政治，我們就請你。」我當然答應。

總經理跟我講話的時候，副總經理在旁邊看。他會看相，之後對我朋友王子煃說：「他個性很強啊，會不會發生問題？」王子煃說：「不會啦，工作嘛，他會認真的。」於是我就開始到藥廠做化驗員了。藥廠草創，很簡陋，在一個破舊的小三合院。我就睡在走廊上，擺張行軍床。

我進去才發現，如今化學已經大大進步了。以前化驗用化學天平，重量法，容量法，都是用滴管，由手工來做，現在都是用機器分析了。工廠從美國買了機器，一台

Spectrophotometer 機器十幾萬，是我一百個月的薪水。我不知道怎樣用，怕弄壞了。雖然有說明書，但我看不懂。何況，我不知道原料用得對不對？實驗方法是怎樣的呢？也都不知道。沒辦法，重新開始學，從原理開始。

進到藥廠不久，就派我去培訓，這是實行藥品管制的規定，廠裏的化驗員不培訓，就不能開藥廠。培訓地點是在台大醫學院。傷腦筋的是，好多英語都聽不懂。比如膠囊capsule，我讀的是「カプセル」(kapuseru)。我在農學院學的英語，都是用日本方法讀的，現在講課的老師是留美的，發音全不一樣了。那時參加培訓的人很多是光復後才進大學的，而我是日據時代學的英文，幾乎完全聽不懂，不得不努力追趕，拼命地學。這樣受訓三個月，結訓考試，我是第二名。前三名要派到美國去繼續受訓，但我不能去，有政治犯履歷。廠裏派的其他受訓的人，根本沒考上名次。

我們廠的目標是成為甲級藥廠，但我們的設備是丙級的。總之，對我和工廠來說，都是從零開始。頭兩三年，我早上六點就起來，常常看書看到十二點才睡。連體力活我也幹，如搬藥瓶、送藥等等。

那幾年，真是非常用功，很累。放鬆的方式，就是每隔兩三個月，去台北看電影。從樹林坐火車去台北，進戲院前，我買了麵包進去，連著看三場。當時日本的電影還可以進來了。我喜歡看打仗的，談戀愛的就沒有興趣，覺得囉哩叭嗦。打仗的速度就很快，反正是給腦子休息一下。那一陣子我其實過得很苦，但要吃飯，就要做事。如果在藥廠不能站穩，就麻煩了。

有一次，我們賣抗生素軟膏給軍隊，衛生署試驗所檢驗不合格。這是我自己化驗的，我知道沒有錯，就到衛生試驗所去溝通。我了解化驗的方法大家都一樣，問題在於，金黴素要抽出來化驗，是要用乙醚抽出來的。乙醚用的是小瓶還是大桶？結果就不一樣了。如果是用大桶，氧化之後，會影響分析結果。我問他們，他們是用大桶，那一定會有問題。我要衛生署試驗所那個化驗員重做，他不肯。他做這個工作也好幾年了，有自信，但我也有自信啊，兩人就吵了起來。科長出來了，息事寧人，讓他按照我說的試一次。結果出來後，果然我說得對。試驗員沒有話講了，以後對我的事他就不大敢找麻煩。

大概是我進廠的第三年，美援會工礦小組到各廠臨時抽查，隨便拿一份我們的藥品，要查品管資料，我都做得很好，每一種藥品我都可以提供相關資料。抽查結果我們做得最好，新聞對中國新藥廠做了特別報導。

衛生署試驗所是台灣最高的藥品檢查機關，美援會工礦小組是外國權威，兩邊都肯定我，幾年的辛苦終於有了成效，我在藥廠的信譽也就建立起來了。我在旗山農校教書時，月薪是九百元；進工廠時當化驗員，月薪一千二百；一九六五年升品質管制科長，二千八百元。到了這個時候，我才敢結婚。

結婚後，生活比較穩定，我還不斷向外學習，又有了新的想法：做品質管制，是要用錢的，不是賺錢的。對公司來講品質管理成熟了，內外都肯定了，就要做研製開發新藥。新藥品質不好，會被退回。我因此就先研究為什麼會品質不好，把原因找出來，加以改良。這樣就更往上升遷，先調製造科長，再調副廠長，監管品質管理和製造。

當了中國新藥廠的廠長

因為我的工作成績，總經理要我當廠長，我不想接。這是個家族企業啊，我和他們的人沒有關係，人事上沒法管。老闆的哥哥也來工作，什麼都不懂，只好讓他管倉庫。有次我們做的口服液，成品有一千個，後來只剩下九百多個，因為老闆的哥哥管倉庫，他覺得是營養品，就偷吃了，別人跟著偷吃。這個我怎麼管！我跟總經理講：「你給他錢就好了，不要讓他來上班，我不好管啊。」

董事長是大老闆，有很多企業，包括建築材料、摩托車工廠，最重要的還有東菱電子，中國新藥廠只是其中之一，而總經理就是他弟弟。這種家族經營潛在弊端很多，慢慢會拖垮企業。（後來東菱電子倒閉，負債二十多億。）

我有時候跟總經理抗議，日本人看了很奇怪，因為日本的企業下級是不敢向上級抗議的。總經理有一次對我說：「我用過的人有兩三千個，沒有一個像你爬得這麼快！」我回答說：「也沒有人像我這麼認真做！」總之這種家族企業，一個外人當廠長是很難的。我又坐過牢，是政治犯，一定會被人攻擊。那時就有嫉妒的人偷偷打報告，說我在廠裏散播反動思想。

總經理一定要我做廠長，我就講條件。第一，不能因為女工結婚，就把她裁掉。當時的女工，是按日計酬，剛進廠時一天八塊，結婚就被解雇。所以許多人為了工作，不敢結婚。我說這個沒有道理，要改。總經理說：「她們到結婚時，一天工資已經漲到二、三十塊，是剛進來的兩、三倍，成本太高了。」我說：「她們是有經驗的工人，可以教導別人，發揮作用，不能因為結婚就裁掉。」

第二，如果女工做久了，成績不錯，有能力，就把她升做助理員（等於是士官長），也變成月薪勞動者，這樣請假也有工資。這兩個條件，總經理答應了。我就接了廠長。

我替女工爭取權利，工廠營運很好，賺了不少錢，但我這個廠長還是做得很痛苦。當時台灣所謂經濟起飛，靠的是嚴重剝削工人，勞動沒有保障。法律是有的，民國初期定的勞動法是很先進的，是第一次國共合作時期制定的，但台灣處於戒嚴時期，不執行，有什麼用！我是廠長，不是老闆，不是資本家。但我不能幫助工人。我覺得待不下去了，打算辭職，總經理不同意，我就兩三個月不上班，他呢？還是每個月親自送薪水到我家。

為什麼呢？我當廠長是有功效的。女工支持我，因為幫她們爭取了權益，股長和科員也擁護我，因為我教他們技術，工廠運營良好。只有總務科長對我不滿意，他也是老闆家族的，家族公司嘛。

後來有人密告，說我宣傳共產主義。正好這時，藥廠有個推銷員，日據時代中學畢業的，業績很好，董事長要他出去另建東大藥廠，做總經理，後來也做食品，就是有名的「乖乖」。東大藥廠的廠長拉我過去，做技術部主任，不用做廠長，不用管人事，那就輕鬆了。而且以前的資歷都算在內，工資還再增加一點。中國新藥的總經理當然不高興，但我不管了，就走了。很久以後，我講這段經歷給別人聽，別人說：「你怎麼一點都不想自己發展企業，這樣可以賺大錢。」老實講，我一點也沒想過。我一直想的，還是想搞政治，只要我生活穩定下來，我不會放棄年輕時代的理想。

結婚

我是一九六五年還在中國新藥的時候結婚的。我太太馮守娥，因為蘭陽工委案，跟我差不多同時被捕，坐牢十年。她的哥哥馮錦煇是同案被槍斃的。前面已說過，我和他同關一個牢房，他要出去槍斃前，跟每個難友都握手，我握著他的手時，他的手還是熱的。

坐牢出來的人，有點像親人，結婚就互發喜帖，大家都來參加。那時守娥也在台北，在一家日本「山之內」藥廠的台灣分公司做會計。在難友的婚宴上，幾次碰面，就認識了。其實在綠島的新生訓導處，我就認得她。有人指給我看，這是馮錦煇的妹妹，我就記得了。有陣子我和別人負責挑水去女牢，也常看到她。

出獄後的幾年忙於謀生，沒考慮過婚姻。但媽媽一直在催，一定要結婚啊，要有後代。那時也有人幫我們撮合，三重的一個老同學，大陸人，先生是台大的，判十年，她判感訓。她帶著守娥和幾個人，來我藥廠參觀，就這樣給我們介紹。

有人告訴守娥，陳明忠身體不好，有肺結核，要她多考慮。但也有人說：「陳明忠自己有肺結核，還替別人考慮，在牢裏把家裏寄的食物分給沒有家人的人，還號召大家把錢放在一起用，幫助沒錢的人——這樣的人品，可靠。」她很多女同學也都推薦我。

交往的時候，我跟她講了我認識她哥哥的事，她也逐漸瞭解了我的事情，比較安心。守娥會選擇我，我不知道跟我認識她哥哥有沒有關係；對我來講，我選擇她，跟她哥哥絕對有關係。

我岳母生了十四個孩子，活下來九個。長子馮錦煇，被槍斃。長女就是我太太，她因為只承認加入讀書會，沒有承認加入組織，所以判十年。當初是她先受老師影響，加入地下黨的，女孩子不好活動，她又介紹哥哥加入。後來馮錦煇成了羅東區委，大陸準備攻台，地下黨要做配合，郭琇琮拿手槍給他時，他就有覺悟，知道被捕後一定會死刑。有鄰居嘲笑我岳父說：「你就會生共產黨孩子。」他非常生氣。

岳父後來又再婚了，生了五個女孩。他很多財產是用我的名字登記，因為他相信我。他的長子死了，他就把我當成是馮錦煇一樣，又信任我人格。

那時結婚的客觀條件是，我升了品管科科長，月薪有兩千八百塊了，才有錢結婚。守娥當時做事也很好——她會計是出牢才學的，考進公司時，是一百個人只錄取了她一個——結婚後也留用。她的日語也好，又心細，後來做翻譯謀生，她翻譯的稿子，出版社說都不用改。孩子出生後她也繼續工作，只是孩子讀小學時，因為只念半天，另半天沒人管，才把工作辭掉了。

我們很快就結婚，這還有一個原因。有個朋友，在台大念書時以「知情不報」坐過牢，出獄後，因為家裏是地主，有資本給他開公司。有次我去他那裏，有個女孩子在，他問我：「這個女孩怎麼樣？」我說：「很漂亮啊。」原來她是我們中國新藥的董事長的侄女，他們想撮合。這個朋友以為我很樂意，說：「如果你娶了她，你在公司裏的地位就定了。」我很生氣，雖然沒說出來，他不知道，這對我是一種侮辱。後來董事長的太太就來工廠看我，問我的意思。這個女孩子什麼思想我也不清楚，我還想搞革命啊。董事長夫人一逼我，我就說：「我有未婚妻了。」因此，我就趕緊跟我太太結婚。坐過牢的，願意找坐過牢的，有共同信念，互相能理解。

結婚時我們不請客，因為大家都沒有錢，辦婚事要包「紅色炸彈」啊。就找了少數幾個人，一個人出三十塊，一起吃個飯，就是婚禮了。

小牢與大牢

結婚後，在南京東路租房子住。警備總部對政治犯是要監視的，在住的地方的派出所都有檔案。有一天負責這個地區的警察來找我，要我每月付錢給他。事情是這樣的：附近有個賭場，是一群流氓搞的，這個警察有投資。沒想到賭場的老闆跑了，警察為了彌補損失，要他管轄下的八個政治犯，每個人每個月攤一千塊給他。我拒絕了，我那時工資是二千八百塊，給他一千塊我怎麼生活。但他就每天晚上十二點來敲門，一直打擾我。怎麼辦呢？我就對他說：「你很可能是共產黨喔，你老是找老百姓麻煩，讓他們反對政府，所以你可能是共產黨。」他就不敢來了。這叫以其人之道還治其身。

1971年陳明忠和小孩參加公司旅遊。長女（左）幼稚園大班，次女（右）幼稚園中班。

我們坐牢出來，找工作困難，生活也困難，還要被監視，被敲詐，不想點辦法不行。我太太說，她剛出來，只要找到工作，特務就去找老闆，讓老闆知道她是政治犯。老闆害怕，馬上請她走路。幾次以後，她很生氣，跑到派出所大罵，還說要住在派出所，讓他們養，以後他們才不敢這樣做。

所以對政治犯來說，在綠島是坐小牢，回到社會是坐大牢。

重新開始

出獄頭幾年，要在藥廠站穩腳跟，不敢參與政治。一九六五年結婚後，生活也開始穩定了。我開始找資料，找書讀。以前曾偷偷聽大陸廣播和BBC的中文廣播，以便瞭解大陸的情況。坐牢出來的人，不敢公開活動，但我慢慢的開始偷偷活動，想辦法找地下管道買書。我發現了一家日文小書店，常常去買書，跟那老闆聊天，慢慢給他灌輸社會主義和對祖國的認識。這樣講了一兩年，他終於被我說服了，敢幫我買書。台灣老一輩都讀日文，所以情治單位對日文書店看得很緊，他幫我買書，是冒風險的。當然，書也賣得很貴。我讓他幫我買一些日本左派的書，還有日本《朝日新聞》、《世界月刊》之類的新聞、雜誌。《世界月刊》，即使是在台灣的日本人，照規定也不能買，只有日本大使館可以買。書店老闆透過地下管道買進來《朝日新聞》，很貴。那時《聯合報》一個月七十五塊，《朝日新聞》一個月要一千塊。我為了找資料，花了很多錢，根本沒有想到應該把自己的生活弄得更好。

在東大藥廠的時候，我的月薪已經達到幾萬塊，大部分都用來買書了。幾個老同學又合買了影印機，偷印這些資料，通過秘密讀書會和私人交往散發出去。這台影印機立功不小——當時影印興起，大大便利了資料、資訊的傳播。那時，很多人，學界、政界的名人、政要都從不同管道間接的看過我們這些影印的資料。後來有一次開會，台大教授鄭欽仁跟我打招呼，他是有名的「台獨」，大家覺得奇怪。其實是因為，他以前也看過我印的書。(他是新竹鄭家的，很有聲望，是中過進士的家族。)

那時候很多人開始關心政治，關心台灣的前途，因為尼克森訪問大陸，接著，中華人民共和國取得了聯合國的中國席位，中華民國被迫退出，然後，日本和中華人民共和國建交，很多人感覺到了形勢的變化，不得不到處尋找資料，以便了解真相。雖然國民黨一直在喊「處變不驚，莊敬自強」，而且加強社會控制，但很多人還是在偷偷設法瞭解大陸的情況。也在這個時候，我和黨外的人，包括黃順興、康寧祥、郭雨新等人開始交往。

從這裏就進入了七〇年代，台灣開始有了政治熱情，黨外勢力聲勢越來越大。整個七〇年代，國民黨都想控制局面，但沒有辦法。他們製造了幾個案件，包括余登發案。我的案（第二次被捕）是因為我們不斷散播資料而引起的，案情以後再説。不過，當我被審判時，雖然我什麼都沒講，但警總還是透過其他管道，知道了太多人看過日文的大陸資料，其中還包括內政部長林金生（曾經擔任過雲林縣和嘉義縣的縣長，是林懷民的爸爸）。由於牽涉太多人，我的案子拖了很久，海外才有時間搶救，我才能從死刑逃脫出來，也真是幸運。

10 第二次被捕

一九七四年，公司(東大製藥廠「乖乖」部門)派我去日本買機器。以前都是老闆自己去買，但他不懂機器，總被日本人騙，買回來的都不能用，還要加以改造，所以這一次讓我去買。因為我有政治犯記錄，不准出境，公司給警備總部管出入境的人塞了五萬塊紅包，我才可以出境。

到了日本，因為是買機器，日本公司對我也招待得很好。一般出差到日本，每天給二十元美金的費用，但我們公司卻給我一天五十元美金。我住到新橋旅館後，董事長恰好在東京，他把我的旅館費用也都付了，五十元美金我可以隨自己的意思花用，我拿這個錢搞自己的活動。

透過陳玉璽認識陳映真

陳映真出獄後，我是透過一位陳玉璽先生的關係，才認識陳映真的。陳玉璽後來在美國的《中報》擔任總編輯，還出過一本書叫《台灣的依附型發展》（人間出版社，一九九五年）。

陳玉璽在台大經濟系畢業後，前往夏威夷大學唸書，後來參與反越戰行動，陳玉璽參加遊行的事出現在電視的報導上，被台灣的總領事看到。他們吊銷陳玉璽的護照，還勒令他回台，但陳玉璽沒有回來，因為他知道一回到台灣一定會坐牢。陳玉璽後來偷渡到日本，大概事前已經都有聯繫，所以日本社會黨的議員也力保他抵達日本，當時他是住在一名女作家川田泰代家裏。

因為那個年代日本的生活比台灣好，因此很多人都偷渡去日本。日本政府將偷渡客抓起來後，關到一個地方，然後再將他們遣送回台灣，但是台灣不接受，所以累積的人數越來越多，讓日本政府很傷腦筋。後來，蔣經國擔任國防部副部長時，曾去日本和日本內政部人員溝通，秘密協議的結果就是：日本政府同意將一個政治異議分子遣送回台灣，就可以同時將十位偷渡客送回。所以陳玉璽去換新的出入管理入境證件時（台灣人在日本大概半年或一年，必須拿著護照到局「更新」）就被遣送回台灣後直接進入獄中，但日本政府那邊也不是很清楚其中的狀況。

這位女作家在陳玉璽去更新出入境證件卻沒有返回家中後，便去出入境管理局詢問，結果竟得到陳玉璽已返回台灣的答案。這讓女作家覺得很不舒服，覺得自己照顧陳玉璽這麼久，結果卻連一句話都沒留就離開，覺得陳玉璽實在太沒禮貌了。一個禮拜後，這位女作家收到一封從台灣寄來的信，是陳玉璽的爸爸寄給陳玉璽的，女作家閱讀那封信後，覺得非常奇怪，因為信中提及之前陳玉璽跟家人表明想跟一位日本女孩結婚，陳爸爸同意了。但為什麼現在陳玉璽的女朋友在日本，而陳玉璽自己卻跑回台灣呢？為了搞清楚狀況，女作家打電話給陳玉璽的父親，才知道陳家根本不知道陳玉璽已回台一事。日本表示已經將陳玉璽送回台灣，但陳玉璽卻沒有回家，這下才發現台灣和日本的秘密協議，以一名政治犯換十名偷渡客的事件就被鬧大。後來陳玉璽判得很輕，大概是七年。

一九七四年（在我一九七六年第二次被捕前）我去日本幫公司買機器前，陳玉璽把當時還在獄中的政治犯名單交給我，要我到日本轉交給「國際特赦組織」（Amnesty International）的成員川田泰代。由於當時台灣官方一直對外表示台灣沒有政治犯，但陳玉璽就是要表示還有，因為他和獄中出來的人有聯繫，所以他要我將這個名單轉到Amnesty International，他要我去的那個地方，就是那個女作家的家。我雖然跟日本的Amnesty International有聯繫，但我不認識那位女作家，於是打電話與她聯繫，電話中我說是陳玉璽介紹的，她一聽就約我在明治神宮見面。當時我根本不知道明治神宮在哪裏，我就從旅館叫計程車載我過去，但計程車的跳表計費把我給嚇壞了，因為實在是太貴了。那位女作家當天穿著紅色大衣，我到明治神宮時，她已經等在那裏。後來我們一起到她家，我把名單交給她，她則把陳玉璽被捕的經過都告訴了我，陳玉璽的一些事情我到那時候才知道。

陳玉璽出獄以後，我是在黃順興的家裏跟他見到面的。因為陳玉璽出獄後去找黃順興，陳玉璽是彰化人，他爸爸住在三重，陳玉璽去找彰化老家的立法委員黃順興，而我剛好在黃家，就這樣互相認識並開始聊起話。所以我和日本國際特赦組織的關係之一就是陳玉璽牽的線，因為他要我把政治犯的名單交給特赦組織。

一九七四年我從日本回來，陳映真一九七五年出獄，陳映真和陳玉璽大概因為坐牢互相都有認識，所以陳映真出獄後，陳玉璽就將陳映真介紹給我。因為我出獄後還是一直被監視，不方便約在外面，所以陳玉璽就約在晚上（晚上情治人員也要休息，沒那麼認真）我台北的家中，介紹陳映真跟我認識，之後還有蘇慶黎，我是這樣和他們認識的。

陳逸松投奔大陸

通過國際特赦組織，我還見到了著名經濟學者劉進慶。劉進慶告訴我策反陳逸松的經過。那時日本一些左翼親中國大陸的人士，說服陳逸松轉向大陸，陳就託劉進慶跟大陸通氣。陳逸松年輕時曾經是左派。一九七〇年代的一系列事件，特別是尼克森訪問大陸，以及中日建交，對台灣刺激很大。像他這種日據時代的老一輩，對形勢的變化非常敏感。他們看過太平洋戰爭，看過中美對抗，認為中國正在強大起來，因此想要向左轉。這種左，是反對帝國主義的左，日據時代的老一輩是有這種心情的。

據說，陳逸松去大陸前偷偷的對余登發講，我們應該向左轉了。陳逸松有一陣子偏向台獨，雖然他現在想去大陸，大陸卻不讓他去。陳逸松寫了一個聲明，託劉進慶帶過去，宣告從此放棄台獨立場，為社會主義祖國獻身。另外還寫了一個報告，說明台灣黨外的狀況如何，並指出有哪些人是統派（如黃順興、許乃昌、彭德等人）。陳逸松把聲明和報告交給劉進慶，託劉進慶轉給大陸。後來大陸就同意陳逸松過去，這件事在台灣非常轟動。

當時的內政部長林金生，是國民黨重用的台灣人。國民黨曾經派他去日本，讓他策反台獨派的邱永漢。邱永漢二二八後逃到日本，寫小說，在日本有名氣。他搞台獨的資金，來自林獻堂。在日本的第一代台獨派，很多是皇民化的台灣人，例如廖文毅。在美國佔領日本期間，他們靠走私糖和香蕉作為台獨經費，美國故意不管。後來美國結束佔領，不能再走私了，日本的台獨派沒有經費來源，開始沒落，廖文毅才回台灣投降。王育德是第二代台獨的代表，由於是地主身份，對台灣土地改革的怨恨才變成台獨的。邱永漢和王育德是帝大同學。但邱永漢寫了部小說，把王育德的情況和一些台獨內部問題都寫出來了。兩人就反目，幹起來了。後來邱永漢也回台灣了，林金生算是立了功。（非常有趣的是，一九七〇年代我和一些出獄的老同學影印日本左翼的書到處散發，看書的人中，就有林金生）。

陳逸松本來也是國民黨派去日本策反台獨派的，結果利用這個機會跑到大陸去了。

策反黃順興

我和劉進慶就這麼談了兩三天，很愉快，我們思想見解都很一致。他突然衝口而出，說：「嘿！現在來策反黃順興吧。」這樣，我就踏入了第二次被捕的鬼門關。

黃順興曾經當過台東縣長，是黨外第一個當選的縣長。最不可想像的是，他居然能在國民黨完全掌控鐵票的原住民地區選上縣長，在當時真夠轟動。他在台東的民間基礎打得很好。他沒有連任成功，被國民黨刻意破壞掉。選舉期間，他只有一部可以活動的車子，選舉活動的第一天早上，發現司機不見了，被抓走了。選舉當天，國民黨把他選區的原住民請去喝酒，第二天這些人來跟他說：「對不起，不好意思呀，昨天喝醉了，投給別人了。」

他知道我，還是因為我爸爸，那時我還在牢裏。他做台東縣長，我爸爸在台東縣政府農林局。我弟弟結婚時，他來參加喜宴。他問我爸爸：「這個兒子是大的還是小的？」我爸爸說：「是小的。」黃順興問：「大的呢？」我爸爸回答：「給政府養啦。」黃順興聽我爸爸說了我坐牢的情況，就大感興趣。後來我出獄了，他就來找我。

在台北我們常一起聚談。他會打電話給我說：我這裏有好酒，可是沒有菜，叫我買鴨翅膀，過去喝酒聊天。他選舉時，我們好多老同學捐錢給他。他跟我說：「你的朋友拿錢來，這個說是陳明忠的朋友，那個也這麼說，哦，你有好多朋友啊。」

當時整個形勢鬆動，民心思變，黨外運動興盛起來，台獨派在美國支持下勢力越來越大，但左派的意識也重新復活。左派本來被白色恐怖清洗掉了，由於海外保釣的影響，年輕一代開始左傾，想要重新認識社會主義和中國大陸，五〇年代的老政治犯也和年輕一代的左派通過各種方式接上了頭。在這一點上，我跟陳映真的認識是最關鍵的，這件事有點巧合，值得講一下。

我和太太結婚後，有次跟她去她娘家宜蘭的羅東鎮，遇到日據時代老台共王萬得的太太。她在市場裏擺攤子，旁邊放個收音機，聲音開得大大的，一聽就知道是大陸廣播，文革剛開始時期的廣播，很高昂的，還唱歌。我嚇了一跳，我也聽，可是我是偷聽的。我就問：「妳怎麼敢這樣？」她說：「我們一家都家破人亡了，要殺要剮隨便他了。」

原來二二八時，王萬得叫造紙廠的人組織起來，保衛工廠不被破壞，他說，工廠是人民的。後來他被通緝，跑到大陸去了。一九五二年，國民黨捏造王萬得弄了一個共產黨組織，在羅東抓了五十多個人，許多是王萬得太太娘家的人。後來槍斃七個，裏面就有三個是她娘家的人。她無法跟娘家交代啊！已經這樣了，她死都無所謂，什麼都不怕了。我說：「勇敢是勇敢，但還是會惹麻煩啊。」她說：「隨便他啦。」

她有一個孩子，還有一個養子。養子的親生父母也是老台共，跑到美國去了。這個養子後來也被抓，據說是台獨。王萬得太太很生氣，罵他是混蛋，爸爸媽媽都是共產黨，他竟然是台獨分子。她不理他，他寫信來也不回。我覺得有點奇怪，回來一查，發現不是台獨案，是陳映真案，是左的。我就讓太太想辦法告訴她，王萬得太太說：「不是騙我啊？」她就非常高興。（王萬得後來死在大陸。他和謝雪紅是對立的，彼此之間矛盾很深。）因為這樣，我知道了陳映真案，也知道陳映真這個人。

陳映真一九六八年坐牢，一九七五年出來，在牢裏，他認識了林書揚等老政治犯，非常尊敬他們，〈趙南棟〉這篇小說寫的就是這些人。我後來也知道了陳映真案，開始讀他的小說。一看就覺得很不一樣，他的小說有思想。後來我們認識了，很談得來。我讓蘇慶黎從陳菊那裏拿到資料，讓他寫了一篇關於郭雨新選舉、國民黨如何作弊的文章，偷偷送到香港《七十年代》發表。他和蘇慶黎他們想辦雜誌《夏潮》，來找我商議，《夏潮》聚集的知識分子基本是左翼的，也有黨外的。

所以，當時的形勢讓我們過於樂觀，覺得策反黃順興的計畫看起來會很順利。我們太單純了，沒有想到，黃順興另有打算。他沒有讓我們知道，就讓女兒黃妮娜通過日本，到大陸去。他寫了封信帶給周恩來，寫什麼我們不知道。

黃妮娜到了大陸，先由全國台聯會長林麗蘊接待。林是毛澤東和周恩來的日文翻譯，田中首相去中國，就是她做翻譯的。接著又安排黃妮娜去見楊斯德（大陸前總政治部聯絡部部長）。白天陪她參觀的人，晚上會打電話給楊報告。我的案子判決後，台灣報紙報導說，黃妮娜說林麗蘊讓她回來搞革命。林麗蘊爸爸的好朋友就責備林，跟小孩子說這個。林說：「我只是請她吃頓飯，並沒有講讓她搞革命。」

黃妮娜的媽媽講，黃妮娜從大陸回來，變化很大，原來是個很愛漂亮的小姐，現在什麼都不講究了。黃妮娜回來，也找過我，說，楊斯德問她，誰影響了她，黃妮娜說，陳明忠。楊斯德就說：「你回台灣以後，把大陸的情況告訴陳明忠。」

我一聽到黃妮娜這樣講，就知道會有危險。如果她被捕，一定會把我講出來，我必需趕緊做準備。黃順興是當時黨外大頭，國民黨對他不敢怎麼樣，絕對不敢抓他，但我就危險了。我趕緊把那台發揮很大作用的影印機拆掉，偷偷丟到淡水河裏。那些「非法書」，我找我在中國新藥廠時提拔的一個女工，藏到她家裏。

果然黃妮娜從日本到大陸時，就被台灣的情治單位盯上了。回來沒多久，就被捕了。她七月一日被捕，她家人沒有立刻通知我。二日晚上，他們才通過朋友告訴我，我想馬上買機票去日本，但算了一算，知道來不及了。她這麼一個女孩子，刑求絕對熬不過三天。果然，七月四日我就被捕了。

我參加黨外運動，國民黨那邊本來完全不知道，但黃妮娜都講了出來。根據黃妮娜的口供，國民黨發現陳明忠大有問題，長期以來偷偷和黨外有來往，還想策反黃順興，這還得了。竟然搞了那麼多年，而我們一點都不知道，這個人一定要給他死刑。

後來我才知道，這裏面還另有因緣。原來蔣經國最信任的部下賈亦斌在國共內戰快結束時，就是被楊斯德策反的。黃妮娜的口供送到蔣經國處，蔣經國一看楊斯德的名字，當然認為我的案子極為嚴重，非常重視，我的死刑無論如何是逃不掉的。

我被捕了

一九七六年七月四日早上六點，警備總部的六部汽車包圍我在和平東路的住家，來人拿出來一張條子，寫的是「約談」。隨後我被帶到博愛路的保安處，包括一個中將、兩個少將在內的十幾個軍官在等我。那個房間，後來才知道，叫一號問案室，很大，有五十多坪，有廁所，接下來我的審訊、刑求和睡覺，都在這裏了。

後來我探聽知道，那個中將是警總副司令阮成章，以後當了調查局局長。他只說了兩句話。第一句是：「上面有命令，不管用什麼手段，一定要口供。」第二句是：「就算人進了棺材，口供也要留下來！」說完他們就走了。一個問案人員（他們自稱「參謀」），要我在手銬、現金的保管條上簽名。因為第一次坐牢的經驗，我很瞭解軍法的「行情」，所以，看到那保管條上的編號「民國六十五年度特字〇〇一號」，我心想，糟了。第二天問案的人又說：「你房子的名義所有人是你兩個女兒，你是不是買房子時就已經準備好再坐牢了？」我想，我才剛被捕，警總就已經調查了我的財產。依當時為政治犯定罪的《懲治叛亂條例》第二條第一項的規定，「意圖以非法之方法顛覆政府而著手執行者」的唯一刑期是「死刑」，而且還要沒收財產。很明顯，他們是無論如何都要置我於死地了。換句話說，他們是決定判我死刑之後才來抓我的了。

問案人員說：「像你這樣有『叛亂家庭』背景的人，和黃順興、康寧祥、郭雨新這些黨外人士來往，一定有陰謀。」我和同為政治犯的馮守娥結婚，我就成了「叛亂家庭」的家長。我們是「新生分子」（政治犯在綠島的監獄叫「新生訓導處」），總有叛亂嫌疑。

一九七〇年代初國際形勢變化，國民政府失去在國際上代表「中國」的合法地位，在島內，黨外又在選舉中興起，國民黨更加害怕。但它又有美國的壓力，美國暗中支持台獨，檯面上要蔣經國實現台灣民主改革，開放民主黨派。所以蔣經國不能直接對黨外下手，只能設法證明，黨外人士後面是共產黨。美國痛恨共產黨，只要牽涉到共產黨，就不管什麼民主人權了，殺台獨分子不可以，殺共產黨他就不管。本來我和黨外的來往，國民黨並沒有掌握什麼情況。黃順興的女兒黃妮娜被抓，變成「污點證人」，說她去大陸是受了我的影響，說我鼓動他父親黃順興去大陸。這個孩子啊，也不能怪她。她沒有經驗。所以，抓到

11 刑求逼供

第一階段的逼供

「人進了棺材，口供也要留下來。」這是警總副司令交代的。當然，他們要的是他們想要的口供，這種口供我不會給，所以接下來的就是一連串的刑求，生不如死。

第一階段六天五夜。他們四個小時換一組人，不斷的疲勞式審問，他們換人，我卻不能休息，連續審問了六天五夜。他們要我承認這個，承認那個，我什麼都否認。他們罵，「黃妮娜都講了，你還不承認！」他們不斷的罵，這樣我就知道黃妮娜到底講了些什麼。問案的人越急，就越露出了他們的底牌。這樣一輪審問下來，我差不多就瞭解了他們掌握了什麼。

我已經有過一次被審和坐牢的經驗，知道如何對付他們。這種疲勞轟炸式的審問，電燈一直照著眼睛，不給睡覺，普通人三天三夜就完蛋了。我體質好，能忍耐，問案的人還問我：「你練了什麼武功？」還有一點很重要，你的回答不能前後矛盾，只要被抓到，他們就死扣住不放，所以腦筋要非常清楚。我那時四十七歲，身體還可以，撐得住。

他們還鬧了一個笑話。我五〇年代第一次入獄時，並沒有承認加入共產黨。我只承認加入「社會革命黨」，事實上這是我被刑求時胡亂捏造的，根本沒這個黨。保安司令部怎查都查不到這個黨，最後糊里糊塗的定罪，歸入叛亂雜案，說我參加的「台灣民主聯軍」（即二七部隊）就是叛亂組織。這是二二八事件的事，國民黨已經表示既往不究，怎麼能說是叛亂組織！所以問案人員一查我的資料，也覺得莫名其妙，還問我一九五〇年為什麼被抓？我說：「你們抓的啊！」他們說：「不是我們，那是保安司令部抓的。」這是睜眼說瞎話！保安司令部根本就是警備總部的前身，怎麼會沒關係。

他們問案的一個重點，是香港的《七十年代》雜誌上當年刊出的一篇文章〈台灣政壇老兵郭雨新〉，署名戴乃民。六十八歲的郭雨新競選立委，竟然落選了。這篇文章把國民黨作票的很多細節都寫了出來，包括許多村子開票時國民黨怎麼破壞，怎麼弄出廢票，最後廢票竟然有八萬張！天下哪有這種事！這就是台灣「民主政治的真相」。這篇文章後面還有一篇，是講顏明聖的。在同一次選舉中，顏明聖在高雄地區競選立法委員，選舉結束後他被抓了，判了十二年。

這兩篇文章，尤其是講郭雨新的那一篇在《七十年代》上發表後非常轟動。因為他有憑有據的戳穿了國民黨的民主假象，影響很大。這一期雜誌回流台灣後，黨外的士氣跟著高漲起來，國民黨很緊張，很生氣。警總懷疑文章是陳映真寫的，拿這個問我。

我說我不認識陳映真。我被捕前已經把電話簿撕成一片一片，用抽水馬桶沖掉，但我留下一本舊的，裏面沒有陳映真的名字，所以我可以說我根本不認識陳映真。後來「美麗島事件」中王拓被捕，刑求時也被問這個事情。王拓根本不知道啊！這件事只有我和陳映真知道。資料是蘇慶黎從當時擔任郭雨新秘書的陳菊那兒拿到的，我讓陳映真寫出來，交給朋友帶到香港在《七十年代》刊登。這應該是陳映真第一篇報告文學，比〈當紅星在七古林山區沉沒〉還早。這件事到現在都沒有公開出來。陳映真在這篇文章中故意改變了文章的風格，不過警總還是懷疑到他。

後來我聽說，在我被捕後的當天早上，陳映真聽到消息了，穿著睡衣在街上亂走，半個小時後才冷靜下來。因為除了文章之外，還有一件更重要的事。那時候，《台灣政論》開始排斥左派，不刊登我們的文章（不過，他們出到第五期後也被停刊了），我們就想自己來辦雜誌。當時蘇慶黎的前夫鄭泰安——一個精神科醫師，辦了一個《夏潮》雜誌，出了三期，不想辦了，我們決定把它買下來。

當時還是戒嚴時代，申請辦雜誌很困難，買別人的雜誌比較快。陳映真和蘇慶黎找我商量，人和文章都聚起來了，但沒有錢，需要六十萬準備金。我說好，我來想辦法。我沒錢，但朋友有，我就找出獄的老同學籌錢。七月三日晚上十一點左右，我把第一筆錢交給陳映真，七月四日我就被捕了。《夏潮》的人很緊張，陳映真都準備著被捕了。關鍵是我的舊電話簿裏沒有陳映真，我不承認認識陳映真，我挺住了，他們沒法查下去，這樣，陳映真和蘇慶黎都沒有被牽連進來。

有一天來了一個人，對我說：第三組的人不是你的對手，我可不一樣（後來電視上說，保安處第三組張偉英「用科學的方法破了陳明忠案」，成了國軍英雄，簡直胡說八道）。他說：「你那本電話簿是舊的，應該還有本新的。」我說：「沒有新的，就只有這一本。」

《九十年代》雜誌紀念號收錄了《七十年代》所刊載的〈台灣政壇老兵郭雨新〉原文。

他說：「你有一個朋友叫陳玉璽，你有他的地址，但卻是舊的，你應該還有一本新的電話簿，記了他的新地址。」我回答說：「他以前住在三重，後來搬到民生社區，我知道，但你們經常跟蹤他，他覺得麻煩，所以新的電話、地址都沒有給我，說有事情他會來找我，不要我找他。」我的回答合情合理，他也無可奈何。

我一邊應付他，一邊想，這個人到底是誰啊？確實厲害。我突然想到一個人，平常大家提到警備總部的這個人，都說他是專門負責對付高級知識分子的，常請他們「喝咖啡」，我想可能是他。他對付不了我，要走了，我就問：「你是不是陳盡忠先生？」他吃了一驚，連說：「不是不是」，就趕緊跑掉了。

當天晚上，他帶了三瓶酒和菜來押房，說：「沒錯，我就是陳盡忠啦，你怎麼知道我？」我說：「你大名鼎鼎啊！」他跟我喝酒，想要把我灌醉，想讓我酒後吐真話。我被捕前在東大做副廠長兼技術部主任，常常應酬（東大食品公司，生產「乖乖」，是相當有名的大公司。現在的「旺旺」，那時是很小的小朋友）。老闆糖尿病，不能喝酒，我就替他喝，我酒量好，台灣人叫「酒桶」那種。日本人喜歡去酒家，所以台北那些大酒家，我差不多都帶去過。三瓶酒喝完了，我一點問題沒有。他想灌我，哪有那麼簡單。

我和黨外來往，警總的人也找不到任何證據。我和黃順興、康寧祥等人來往，知道他們出門時，警總的人會跟蹤，所以約好了餐廳，我都是提前一個小時在裏面等，聚完餐後，他們都走了很久，我才離開，所以警總的人根本找不到我跟他們來往的任何痕跡。

以上所說的這些，他們抓不到證據，問不出口供，就想盡辦法刑求，那真是痛苦無比啊！

三輪刑求

第二階段，五天五夜的刑求。他們一邊問，一邊刑求，不讓睡覺，給吃東西。但我吃不下，開水喝得比較多。也給香煙。醫官在旁邊，看看差不多就量血壓，不行就告訴刑求的人休息一下。我就能睡一會。

八個人刑求我一個，有時候幾種刑一起來。有的按手，用小棒夾手指、腳趾後加力，同時兩個人用長棍子在兩條腿上加力；有的通電，再一個人拿著汽油，等電通了，嘴巴張開了，就倒汽油下去……

坐老虎凳，弄得我整條腿都完蛋了。磚頭再壓下去，眼前會發黑昏倒，兩三個星期不能走路，也不能爬。上廁所，只好用背靠地走路，用手向後划，關節痛得不得了。現在我的膝蓋這樣差，就是當年坐老虎凳的結果。

運來兩塊大冰塊，讓我光著身子躺在上邊，旁邊吹著電風扇，這麼審問。刑求的人說：「一個冰塊八十元，兩個花了一百六十元，你看我們對你多好。」皮膚、肌肉冰一段時間就會麻痺失去知覺，倒不覺得痛苦了，但同時夾手指，把牙籤插入指甲和指甲肉中間時，痛得小便都失禁。這樣冰了九個小時，按理說會凍傷，但因為夾手指太痛，身體一直亂動，反而沒有凍傷。

灌辣椒水，辣椒水通過喉嚨後，也就不怎麼覺得嗆了，只是會流眼淚。但灌汽油就太難受了，我儘量吐出來，但還是會吞下一部分，兩三個月內都還會感覺到體內的汽油惡臭味。而且很奇怪，會放屁，白天能控制，晚上睡覺的時候，砰一聲，自己也被嚇醒，同房有人跳起來，說：「什麼聲音啊？」

把電線綁在腳趾上，然後通電。鋼絲捆成一捆，打背和腿，太痛了，比棍子不知道痛多少倍。打過後一個禮拜，身體都不能動，動一下，全身都會痛。背上、腿全都黑了。醫官想要擦藥，因為面積太大了，沒辦法擦。

我的脊椎給打到錯位，所以後來神經會麻木，走路跨台階時會摔倒，拿杯子會掉下來。或者拿東西以為拿到了，其實沒拿到，神經指揮和肌肉活動之間有落差。我早就知道會麻木，只是現在越來越嚴重了。

按照第一次坐牢的經驗，我知道有些罪狀只要一承認就免不了一死。當然不承認也還是百分之九十九會死，但還有百分之一的機會可以活。因此無論如何都得挺下去，更何況挺不下去就會牽連很多人。在最痛苦的時候，我也想：算了，太痛苦了。想要我承認什麼就承認什麼吧！剛好這個時候，碰到刑求的一個空檔，前一批問案的人要輪換，他們先走了，而後一批人還沒來，我一下就睡著了。我做了一個夢，夢見我和一個劍道高手對決，他如果一劍劈下來，我根本躲不及，我忽然就想通了，我不躲，就直接朝他身上刺下去，同歸於盡不就好了。我想到一首日本和歌(短歌)「身を捨ててこそ浮ぶ瀬もあれ」，翻譯成中文，大約就是置之死地而後生的意思。痛到極致也就是死了，最多就是死，很簡單，但是很重要，我終於想開了。

我終於體認到，被刑求的時候，精神力的支持是最重要的，只要精神沒有崩潰，肉體上的痛苦是可以忍受得住的。而且，只要認為「我不過是生錯了時代，才會遭遇到這樣的痛苦，但我並沒有走錯路。」精神就不會崩潰了。做了這個夢以後，我的精神堅定了，以後的刑求，痛還是痛，但不會動搖了。這樣又經歷了第三階段五天五夜，第四階段五天五夜的另兩輪刑求。肉體上儘管痛苦不堪，但因為精神得到「解脫」，反而忍受得了。有時候刑求結束，我還唱歌，他們還以為我瘋掉了。

刑求的最後一晚，從早上八點到晚上九點，心臟超過負荷，每分鐘的跳動超過兩百次，跳跳跳，我連話都講不出來。恍惚中好像知道，醫生把一個人叫出去，跟他講，不能再用刑了，他會死掉。醫生是個四十多歲的外省人，大刑求的時候就會來，比如老虎凳、夾手指的時候。隔一天再來查，醫官說，心跳沒好，還是不行(不能刑求)。他叫我不能動，我躺著稍微活動一下胳膊，他再來看心跳，就說：「你怎麼又動了！」

有一次在刑求的時候，我說，我認識一個國際特赦組織的人。他們問我是誰，我說了名字，是日本大阪大學經濟系主任川久保公夫教授，國際特赦組織日本分會的副理事長，一九七六年六月來過台灣，也見過我。他們一查，這個人果然來過台灣。我猜測，如果把我刑求致死，國際特赦組織追究起來有點麻煩，他們就停止了刑求。那個中將說的「就算人進了棺材，口供也要留下來」，我終於沒進棺材。後來那個中將還來看我一次，他走進來，後面跟著一個校官(就是所謂「用科學的方法破了陳明忠案」而後來成為國軍英雄的張偉英上校)，幫他拿著茶杯，蠻威風的，我看著他，我什麼話都沒講。

這樣刑求整整三個月，後來我的照片被貼在國父紀念館展覽，大概是破獲匪諜案之類的展覽。那照片，聽說看起來真像土匪一樣，三個月都沒有洗臉刮鬍子洗澡。這是我出獄

我覺得這些人就只知道用刑，完全不會動腦筋，如果他們都像陳盡忠那麼仔細，也許就會抓到我講話的前後矛盾之處。不過，我到底還是犯了一次錯，讓他們抓到把柄，但沒想到這一次錯誤反而救了我一命。

警總逼不出我和共產黨及黨外「勾結」的口供，他們沒有其他的線索，只能從我家裏搜出來的「禁書」和錄音帶下手。最後定案時，也只有這些東西成了「證據」。

有一本日文書，他們問：「哪裏來的？」我說：「一個從日本來的人給的，叫戶部某某，給我的。」「他住在什麼地方？」我說：「國賓飯店。」他們去查，沒有這個人住宿的紀錄，回來質問我，我就說：「他跟我說他叫某某，我又不能問他說的是不是真名啊。」

還有一本書，美國幾個有名的華裔學者去大陸訪問，寫出感想，香港《七十年代》雜誌出版社出版的。台中郭明哲、蔡伯堯兩個坐過牢的朋友影印了上百本後，給好多人看，看書的人被警總查到，調去問，都說書是我給他們看的。審訊時就問我，書從哪裏印的，我說在師大門口哪個地方印的，四塊錢一張。當他們要帶我去找那家影印店時，我就說是我亂講的，你們刑求，我只好亂說。

他們又問，那書到底哪裏來的？我就說，師大一個叫Goodman的留學生幫我去印的。一查，師大確有這個人，但回美國去了。其實我也知道他已經回去了，才說是他。他是師大的留學生，我住和平東路，公車上常常遇到，開始談話，後來我去過他住的地方，發現他關心中南美的問題，知道他是左派，我曾經拜託他在香港買《七十年代》。我這樣呼攏過去，他們終究查不出來。他們說：「怎麼你講來講去都是外國人？」對我無可奈何。（出獄後，蔡伯堯的太太和孩子來我家，謝謝我沒有講出他爸爸。）

從我家裏還搜出來一卷錄音帶，是顏明聖在高雄的演講。他們問：「你怎麼會有這個？你跟黨外有什麼關係？」我如果說「撿到的」就好了。我自作聰明，編了一套話，說：「我媽媽病了，從台北回岡山看她，媽媽好了，我坐火車回台北，到高雄轉車，因晚上才有臥鋪（台北到高雄，那時要八個小時），還有時間，我就到火車站前面的廣場聽演講，順手就錄起來了。」沒想到過不了幾天，他們從高雄找來兩三箱資料，裏面有這個演講的錄音帶。他們問我：「錄音帶是不是一樣？」我說：「一樣。」他們就說：「你說是在火車站前錄的，明明是在什麼什麼廟前講的！」這下子被抓到了，整個審訊過程，我就犯了這個錯。

12 死裏逃生

陳金火與書報案

因為顏明聖的錄音帶我被抓到把柄了，不得不講出陳金火。我說，錄音帶是他給我的，陳金火就被抓進來了。

陳金火比我大五六歲，也是一九五〇年坐牢的政治犯，他是「全省學生委員會台南分部」這個案子被抓的，判了十年。出獄後，他在高雄一家藥品公司做藥品推銷員。我出獄時家裏已經搬到岡山，他有次推銷藥品，在岡山碰到我，我們才開始聯繫。有個坐過牢的四川人袁乃匡，他的老闆也是坐牢的人，我請袁乃匡去陳金火那裏拿演講的錄音帶，還有選舉的宣傳單。我讓袁乃匡坐飛機去，坐火車回，因為坐飛機會檢查。

從陳金火家裏，他們又搜出一些「禁書」，他是透過三省堂買的。三省堂是當時台灣最大的日文書店，保密局需要的日文書都從這裏進口，包括日本左派的書，寫文革的書。李霈霖開三省堂，進日文書來賣，他幫保密局買日文書時，就多買幾本，偷偷賣給陳金火，其實他也有意要散播。李霈霖日據時代就因為反日坐過牢，二二八事件時，台北的群眾到廣播電台廣播，就是李霈霖他們衝進去幹的。他哥哥參加了地下黨，聽說是他們那一群人裏面的理論家，後來「自新」了，再後來就當了和尚——因為背叛了自己的理想，乾脆去做和尚。陳金火供出從三省堂買書，李霈霖也就被捕了。

陳金火賣藥，認識好多醫生，高雄醫學院的教授他都認識。他把書給這些人看，他們也喜歡看。他知道我被捕後，已經把大部分書分散掉了。但一刑求吃不消，就招出很多看過書的人，他一口氣講五、六十個人，除了高醫的醫生，還有很多教授、名人，甚至把內政部長林金生（林懷民的爸爸）都講出來了，這下就不好抓了。後來陳金火跟我說，事情弄大了才比較有救。

陳金火還承認，陳明忠說過，選舉時候人們會激動起來，可以利用這個機會，把事情搞大，消息傳出去，大陸就知道了。他還承認有個組織，準備暴動，這就牽扯了幾個人，都是五〇年代坐過牢的政治犯。他的房子也是登記在太太名下，問他買房子的錢哪裏來的？他說，陳明忠給的。陳明忠的錢哪裏來的？他說，大陸來的。他因為刑求太痛苦，就隨便講了。所以我們就成了叛亂團體，就這樣被起訴了。

國民黨本來想利用這個機會再抓人。其實坐牢出來，再犯叛亂罪的人很少，因此安全局的意見就開始有了分歧，一邊是要擴大，一邊是反對擴大。有個叫曾永賢的，日本大學畢業，參加地下黨，是重建的省工委組織裏的一個領導，被捕後投降，被國民黨安排做大陸研究，後來在政治大學的國際關係研究中心做教授。聽說他就主張不能擴大。後來曾永賢很受李登輝重用，有一次演講的時候，他提到這個案子沒有擴大，他是有功勞的。

查了五、六十個人，查了一個多月，時間拖下來，這個時候外國的人權組織也鬧起來了。我的案子本來要速戰速決的，就這樣一拖，好幾個因素加起來，本來要判我槍斃的，現在也不好判了。真沒想到，我犯了這個錯（顏明聖的錄音帶沒交待好，供出陳金火），反而撿了一條命。

各方營救與最後判決

身上刑求的痕跡大多消失後，我被移送到景美軍法處看守所。十月二十九日，我被依《懲治叛亂條例》第二條第一項罪名起訴。

依當時法律規定，被告收到起訴書後，法官才能開「調查庭」，讓被告對起訴內容反駁或說明。因此收到起訴書後，被告理應可以把起訴書寄回家，家屬不僅可申請會面，也可委託律師於後續「辯論庭」中為被告辯護，家屬並可以旁聽或提出反證。但我受的卻是完全不同的「待遇」。

首先，我還沒收到起訴書時，法院已開「調查庭」，所以我對當場提出的莫須有的指控無法有周延的反駁；開庭後回到押房，我才收到起訴書，以及一份一星期後開庭辯論的通知書——擺明讓我來不及請律師，他們準備進行「秘密審判」，我和太太的通信也被阻斷了。我成了戒嚴時期被秘密審判的最後一人。

在此期間，因為一直不能會面，太太預感到事態嚴重，只好自己去請教律師。沒想到不久後，我太太就被警總無端扣押，警總還把我家裏的戶籍謄本、戶口名簿以及身份證等能夠證明夫妻關係的所有證件卑鄙地「偷走」，這樣，我的弟、妹也無法代替我太太請律師了。開過辯論庭後，當局覺得請律師也無法為我辯護了，才把太太釋放。她回家後立即把我遭到秘密審判的情況，告知她在美國的妹妹與親友，由此一連串的救援行動開始了——旅居明尼蘇達州的我太太馮守娥的妹妹馮昭卿與她丈夫李界木在華盛頓召開記者會，指出：「我姐姐在姐夫被捕後不久就被拘押起來（七月六日到九日）；在拘押時她被迫簽署宣誓書，宣誓不把被逮捕的事情告訴任何人。秘密警察（警備總部特務）搜索了姐姐家裏的每件東西……，我姐姐在十一月六日到二十日再度被拘押。在我姐姐被拘押期間軍法處法庭於十一月十日左右判處我姐夫死刑……十一月二十日姐姐首次打電話給我，知道現在沒有外界的幫助，姐夫的性命是救不回來了。因此向我證實了特赦組織的消息（陳明忠判死刑）是正確的。」

美國副總統韓福瑞寫信給當時的行政院長蔣經國，要求立即釋放陳明忠；總部設在英國倫敦的國際特赦組織要求政府提出我的叛亂證據，政府提不出證據，該組織於是認定我是「良心犯」。

鄭鴻生在〈解嚴之前的海外台灣左派初探〉（《人間思想》第一期，二〇一二年夏季號，人間出版社）一文中說：「由於當時台灣仍處戒嚴狀態，多數的支援活動必須以隱蔽的方式進行。唯必要時，仍然有適當的公開方式，最明顯的例子為一九七六年的營救政治犯陳明忠的公開活動。……政治犯陳明忠於一九五〇年代在綠島及新店軍人監獄被關了十年。出獄後在一九七六年再度被捕，被判死刑，這消息經由在台灣（其實是日本）活動的美國人權工作者Lynn Miles（中文名：梅心怡）帶出，登在美國的華文報紙上，引起保釣學生的關切並發動救援。由於案情嚴重，時間緊迫，芝加哥的林孝信這批人，還有不少香港同學在短短幾天內做了大規模的動員，包括在全美留學生界發動募捐，集資在《紐約時報》刊登全頁抗議廣告（一九七六年十一月二十七日），以及相應的一兩百位國際關心人權人士的連署、募款、示威遊行等等。這公開活動規模之大堪稱一九七一年保釣四〇一大遊行以來所僅見，最終促使台灣當局改判陳明忠十五年……。」

《台灣雜誌》是隨著台灣民主運動的興起，海外台灣左派第一份面對一般留學生的有關台灣的刊物，起源於一九七六年底，葉芸芸／陳文典夫婦、黃于燕夫婦以及陳其南夫婦等

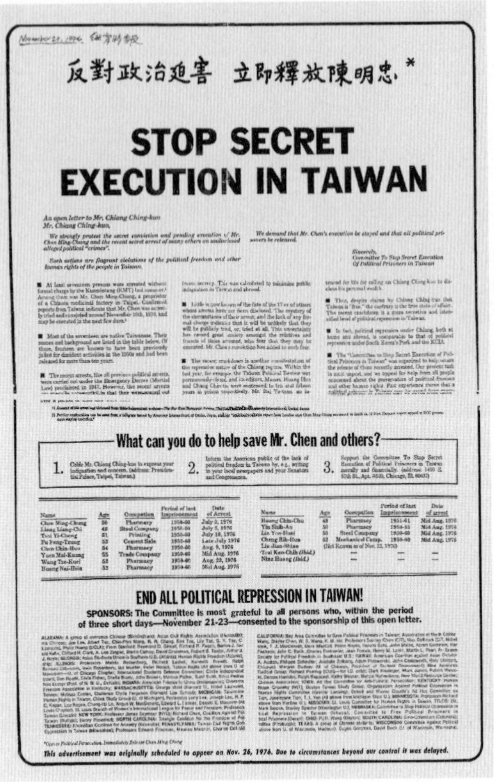

反對政治迫害　立即釋放陳明忠*

STOP SECRET EXECUTION IN TAIWAN

An open letter to Mr. Chiang Ching-kuo
Mr. Chiang Ching-kuo,

We strongly protest the secret conviction and pending execution of Mr. Chen Ming-Chung and the recent secret arrest of many others on undisclosed alleged political "crimes".

Such actions are flagrant violations of the political freedom and other human rights of the people in Taiwan.

We demand that Mr. Chen's execution be stayed and that all political prisoners be released.

Sincerely,
Committee To Stop Secret Execution Of Political Prisoners in Taiwan

■ At least seventeen persons were arrested without formal charge by the Kuomintang (KMT) last summer. Among them was Mr. Chen Ming-Chung, a proprietor of a Chinese medicinal factory in Taipei. Confirmed reports from Taiwan indicate that Mr. Chen was secretly tried and convicted around November 10th, 1976, and may be executed in the next few days.

■ Most of the seventeen are native Taiwanese. Their names and background are listed in the table below. Of them, fourteen are known to have been previously jailed for dissident activities in the 1950s and had been released for more than ten years.

What can you do to help save Mr. Chen and others?

1. Cable Mr. Chiang Ching-kuo to express your indignation and concern. (address: Presidential Palace, Taipei, Taiwan.)
2. Inform the American public of the lack of political freedom in Taiwan by, e.g., writing to your local newspapers and your Senators and Congressmen.
3. Support the Committee To Stop Secret Execution of Political Prisoners in Taiwan morally and financially. (address: 1400 E. 57th St., Apt. 303, Chicago, Ill. 60637)

Name	Age	Occupation	Period of last Imprisonment	Date of Arrest
Chen Ming-Chung	50	Pharmacy	1950-60	July 3, 1976
Liang Liang-Chi	48	Steel Company	1950-60	July 5, 1976
Tsai Yi-Cheng	51	Printing	1950-60	July 18, 1976
Pu Fang-Tsung	53	Cement Sale	1950-60	Late July 1976
Chen Chin-Huo	54	Pharmacy	1950-60	Aug. 9, 1976
Yuen Mai-Kuang	55	Trade Company	1950-60	Mid Aug. 1976
Wang Tze-Kuei	52	Pharmacy	1950-60	Aug. 23, 1976
Huang Nai-Hsia	52	Pharmacy	1950-60	Mid Aug. 1976

Name	Age	Occupation	Period of last Imprisonment	Date of arrest
Huang Chin-Chu	48	Pharmacy	1951-61	Mid Aug. 1976
Yin Shih-An	50	Pharmacy	1950-55	Mid Aug. 1976
Lin Yen-Huei	50	Steel Company	1950-60	Mid Aug. 1976
Cheng Rih-Hua	52	Mechanical Comp.	1950-60	Mid Aug. 1976
Liu Jian-Shiao	(Not Known as of Nov. 23, 1976)			
Tsai Kao-Chih (Ibid.)	—		—	—
Nina Huang (Ibid.)	—		—	—

END ALL POLITICAL REPRESSION IN TAIWAN!

SPONSORS: The Committee is most grateful to all persons who, within the period of three short days—November 21-23—consented to the sponsorship of this open letter.

This advertisement was originally scheduled to appear on Nov. 26, 1976. Due to circumstances beyond our control it was delayed.

1976年11月美國保釣人士集資買下《紐約時報》全頁廣告，展開營救活動。(倪慧如提供)

三家人是當時在耶魯大學的台灣同學，為救援台灣的政治犯陳明忠而印製的一份手刻鋼版的專刊叫《動盪的台灣》，成為全美留學生界救援陳明忠的重要力量。這份專刊還有陳明忠的綠島難友——當時寓居耶魯的台灣老左派台南人胡鑫麟醫生（小提琴家胡乃元之父）——執筆數篇。胡鑫麟是台大眼科醫生，一九五〇年與許強同案被捕，在綠島關了十年。

救援陳明忠一事，可說是在保釣統運的文章與中國熱潮中轉而面向台灣的一個重大旗號。

在日本的救援運動，據我所知，社會黨的田英夫參議員（殖民地時期第一個文人總督田健次郎之孫）、大阪大學經濟系主任也是日本特赦組織重要幹部的川久保公夫，以及以林伯耀、林伯輝（外號豬八戒）兄弟、服部良一、徐桂國（外號墨面）、杉原達教授等從事勞工運動的「雜草社」成員為主的人們都盡了很大努力。

後來他們給我看了一些資料，最關鍵的是《紐約時報》第一版的廣告，花了一萬六千塊美金。本來台灣是要判死刑的，大約知道要登這個廣告的消息後，連夜修改判決書（廣告是美國東區時間十一月二十七日，宣判是台灣時間十一月二十七日，按照時差是宣判在前，廣告在後。有可能是得知有這份廣告，連夜修改判決。）後來我還聽說，法院的打字員小姐，連夜打了一個晚上，打到手瘦、發炎，第二天去醫務室打針。

黃妮娜的案子，不能公開，秘密處理，判她感訓三年。我另起一案，成了案頭。

陳明忠案，是「意圖叛亂並著手實施」。我被判處有期徒刑十五年，褫奪公權十五年，並沒收財產。陳金火也十五年。看書的人呢，以前都會判感訓，現在因為牽涉的人太多，又很多是官員、醫生，還包括內政部長林金生，以及他的弟弟（高雄醫學院的教授），就不好這麼判了，何況還有外國干涉；所以最後是，單純看反動書的，就寫悔過書；自己看又給別人看，就是「為匪宣傳」了，就要判刑。蔡意誠（日據時代抗日領袖蔡惠如的孫子，他五〇年代做過牢。這次被捕時已經是一個小企業的老闆）和王乃信被判十年；還有兩個給人看書的，也叫為匪宣傳，判了七年。

陳金火在牢裏就精神崩潰了，他在蔣經國死後才減刑出獄，出獄不久就死了。三省堂老闆李霈霖被判了八年——因為連續八年「為匪宣傳」，三省堂就完了。我出來後才認識他，跟他說我們是同案，其實案子發生時我們並不認識。我的書是從一個小書店老闆那裏來的。我花了兩年的時間說服那個小老闆贊同統一，幫我買書。

我被審訊時，凡是被查到的日本的書，都供說是劉進慶讓別人交給我的。我以為他在日本，反正不會回來了，所以都推給他。判決書就寫了，我受共匪在日本的統戰幹部劉進慶指使，回台密謀叛亂，書都是他託人帶給我的。劉進慶在日本看了判決書，覺得我根本就受到冤枉，完全沒這個事，決定回台灣替我澄清。他真是天真，不知道台灣判罪是怎麼回事。他回來台灣後，一下飛機就被警備總部直接帶去問，他把事實講出來，說我在日本見過他，討論對大陸的看法，但沒有給我書。他是日本籍，又是大學教授，警總不能隨便逮捕他。警總聽了他的話，都說，我們被陳明忠騙了。

我和太太秘密通信時，知道劉進慶回來了，心想糟糕了。按照以前的情況，我會被調回去，重新審問、槍斃。那時我在綠島，一想到可能被調回去重審，只要想到那些刑求還要再來一次，就沒法睡著，只好吃鎮靜劑。那時候林書揚還關在綠島，就一直笑我。後來竟然沒有重新調回去審問，可能是因為我的案子已經鬧得夠大了，考慮到國際影響，也就不了了之了。

劉進慶最後一次回來台灣時，跟我發牢騷，說當時日本那邊的朋友不讓他回來，回來會害了陳明忠，一直罵他。我就安慰他。我說：「我坐的牢實在是應該你要坐的；我們在日本聊天，是你建議策反黃順興的，後來是我幫你執行，所以按照道理，是該你去坐牢啊。」他聽了很高興，當晚跑去台大找一個教授喝酒。劉進慶教授一直心向祖國，人品好，沒想到死得那麼早，真是遺憾。我常常想念他。

判決當晚，蔣經國在電視上發表講話，說：「陳明忠意圖從東南亞偷運武器發動暴動……」政治犯的判決一般都登在報紙上，蔣經國（當時任行政院長）親自在電視上發表是特例（從來沒有行政院長在電視上為叛亂犯發表講話的例子，為何如此，包括我在內，都覺得很奇怪。）

未判決前，軍法處的一個組長對我說，他可以幫我越獄，但條件是帶他走。我當然不會上這個當。我已經判決了，警總仍不甘心。押房裏新來了一個三十多歲的年輕人，自稱是台南人，經營電器行，他的閩南話甚至比我還流利，起初我沒有絲毫懷疑。但過幾天閒談時，我發現他對電氣完全外行，責問他，他最後承認自己其實是湖南人，是警總松山區的負責人，奉命來查探我是否還有隱情未供出來。

當時在軍法處看守所，所有被判過刑的人都調到洗衣場工作。當「外役」總比拘禁在押房自由些，我像其他人一樣提出申請，但幾次都遭拒絕，理由是「奉命不准」。這些讓我懷疑，雖然逃過死刑，當局是否還會有什麼陰謀。

13

第二次十年牢獄

押房中的心情

在景美看守所的押房裏，有一名中醫與我同房，他在報上看到大陸試爆原子彈成功，一次和病人聊天就談起，結果被密告了。審判時他向法官抗議，說自己是在報紙上讀到這個消息的，法官說：「報紙是給你看的，不是讓你講的。」他以「為匪宣傳」判刑七年。另外牢中有三名老先生，其中兩個年輕時參加「三民主義青年團」，第一屆立委、國代選舉時和國民黨同台競選，在黨政機關中當過中級幹部。後來他們的後台老闆一死，隨即被捕，刑求熬不過，都承認參加共產黨，判十二年徒刑。他們整天在牢裏發牢騷。另一位老先生曾經是所謂「敵後工作人員」的組長，他的部下從香港潛入大陸後被捕，他因此被控參加共產黨、出賣同志，判刑十五年。

面對這樣的難友，我想起第一次坐牢時，在像現在一般大小的押房裏，關了三十多個是政治犯，擠得滿滿的。他們和我都沒判死刑，剛才從鬼門關走了一遭回來。那時我們都充滿理想抱負的年輕人，在獄中，我們互談身世，天南地北的談論、爭辯，由此激蕩出的思想火花，讓苦難的獄中生活充滿了想像力，以及對未來的希望。在那個恐怖的年代裏，處在極端惡劣的環境下，沒有萬丈豪情根本度不過那樣地獄般的生活。而今，同房的人都是被冤枉的，只能聽他們發牢騷，我一個人必須孤獨地面對黑暗的將來，要如何度過這十五年？

日本有一首很有名的俳句「元日や冥途の旅の一里塚」（元旦是到冥府之旅的里程碑）。在一九七七年「新年」這個「到冥府之旅的里程碑」日子裏，我不斷地思考。一九六〇年我走出「小牢」（監獄）到「大牢」（社會），十六年的大牢生活，雖然也不自由（情治人員、警察不斷找麻煩），但總比「小牢」的日子好得多。現在人到中年，重新過「小牢」生活，更為漫長的十五年，能夠挨得過嗎？還好，妻子每次會客時帶來親自做的許多小菜，送來許多衣服、藥品，看到這些東西，我覺得為了妻子，孩子，無論如何我都得振作，活下去。

地獄般的刑求後，我體悟的是，只要精神不崩潰，肉體上的痛苦是可以忍受的。我想起張伯哲面對死亡時的從容，想起他所說的：「朝聞道夕死可矣」。我也有我的理想，我們為兩個女兒取名「志民」、「志平」——志在為人民、志在為民主；志在為和平、志在為平等。這是我們夫妻的共同理想。參加二二八事件抗爭，是我自己選擇拿槍。七十年代台灣民主運動剛萌芽，我雖然知道坐過牢的人參加這類活動相當危險，但我認為應當為台灣的民主盡力；同時也不願意台灣繼續做美國的附庸，希望中國統一，希望中國富強，希望中國人擁有自尊，不再被人歧視；並且希望在這基礎上實現人人平等的社會主義，永遠不要再出現人欺負人、人歧視人的不正常現象。總而言之，這都是我自己選擇的路，這條路就是要提著腦袋走的，坐牢和犧牲都不能埋怨。假如人生再來一次，我還是會選擇同樣的路。亂世的人本來就不如太平時代的狗，我不過是生錯了時代，並沒有走錯了路。

這就是我在押房中一再想到的，每次想到這些，我就心平氣和，不再感到前途是一片黑暗。

第一次坐牢時，我還沒有結婚，父母健在，家境尚好，並沒有「後顧之憂」。這次不一樣了。我結了婚，大女兒讀小學時，為了照顧孩子，妻子辭去了公司會計的工作。現在我再度被捕，判刑十五年，我不知道她以後怎樣養活自己和孩子們？會客時，她一直要我不要擔心，但我怎麼放得下心？我問家裏的情況，她一直輕描淡寫，不正面回答我的疑問，使我更加擔憂。

被捕前，我每月工資幾萬塊，有公開的，和不公開的，台灣的民間企業一直有這個習慣。我剛被捕時，老闆還經常送公開的薪水給我家。後來報紙上把我的案子寫成一篇小說登出來，陳明忠叛亂如何如何，連公司的名字都公開說出來。老闆嚇壞了，拿出一筆錢作為退休金交給我太太，不敢再按月送錢了。他的好心腸，我到現在一直記得。

這時爸爸已經去世。弟弟因我被捕後到過我家，被警總跟蹤、失去工作；妹妹已經嫁人，她的公公婆婆也害怕被牽連，因此弟、妹都無法常來看我。這些我都了解，一點也不會怪他們。在那種恐怖時期，誰敢同情政治犯？誰不想保護自己？

後來妻子對人說，丈夫的再度入獄，帶給她的傷害和精神的陰影是不能想像的。每每在撐不下去的時候，她就經常唱一首叫做〈渡過最冷峻的冬天〉的歌來安慰自己。這首歌的歌詞是這樣的：

渡過最冷的冬天，春天就要到人間；
不要為枯樹失望，春花就要開放。
渡過最冷的冬天，春天就要到人間；
不要有一點猜疑，春天是我們的！

再上綠島

判決後四個月，我被送到綠島去。我還沒到，我第一次坐牢時判無期徒刑的難友們，就傳開了：陳明忠要回來了。因為判決那天晚上，蔣經國在電視裏講話，説陳明忠要從東南亞偷渡武器來暴動，他們都看到了。我去的時候，酒和香煙都準備好了來迎接我。坐飛機去綠島，走進監獄時，許多不認識的人在等著看：陳明忠是哪個？

一九五〇年我和林書揚差不多同時被捕，他無期，我十年。在綠島時候，他五隊，我六隊，那時我知道有這個人，但沒有什麼來往，因為不同隊。我出獄十六年，再進去，林書揚還在等我。那時他已經關了二十五、六年。現在綠島比較「進步」的是，可以在放風散步的時候講話了。後來和林書揚最後一起出獄的李金木，都是一共坐了三十四年七個月的牢，放風的時候我們常在一起。李金木是工人，不會寫文章；林書揚寫文章，比較有名（林書揚去年〔按，二〇一二年〕十月去世，至今快滿一週年了）。

《夏潮》出刊時，在《中央日報》上做廣告。監獄裏只能看兩種報紙，《中央日報》和《青年戰士報》。頭一次放風，我去找林書揚，他問我：「最近有本雜誌有點奇怪啊，看題目，好像有左的東西，可以聞到左的味道。」我説：「什麼雜誌？」他説：「《夏潮》。」

我「啊」了一聲，說：「那是我們辦的。」他很高興（後來才知道，《夏潮》的同仁是有意在《中央日報》登廣告的，以便讓綠島的左派政治犯知道）。我們想辦法，讓老兵去台東休假時，偷偷買來一本。記得裏面有篇〈自由主義最後的堡壘——《大學雜誌》〉，署名南方朔，我覺得文章的程度很高，就想是誰啊？那時候不知道南方朔就是王杏慶。《夏潮》籌備時我有參與，知道其中有王杏慶。王杏慶本來要去美國，因為美國把釣魚台交給日本，他就不去了，所以我有印象，但不知道南方朔原來就是他的筆名。

無法改造的頑固分子

一九七八年《中央日報》副刊登了一篇文章〈南海血書〉，說是一個台灣人出海捕魚撈到、翻譯出來的。

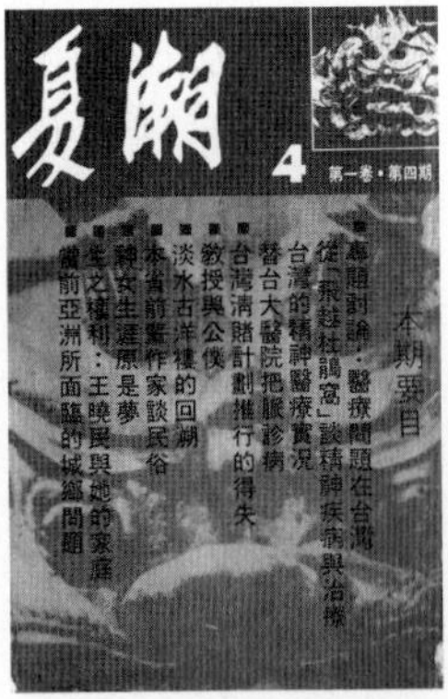

陳明忠在籌辦《夏潮》期間二次入獄，為此《夏潮》出刊時，特地在《中央日報》上刊登廣告，以便告知綠島的左派政治犯。（夏潮聯合會提供）

說是一個越南難民阮天仇，在一個島上餓死前，咬破手指用螺尖沾著自己的血寫的，寫他怎樣家破人亡，控訴越共統治。後來還編到小學課本裏，拍成電影，是想拿越南來警示台灣的意思。聽說那時的學生都會背：「今日不做反共鬥士，明天就做海上難民。」獄方給我看文章，讓我寫感想。我說，假的。第一，我們用毛筆寫字，因為毛筆含水，可以寫。螺尖不含水，寫一劃兩劃可以，寫幾千字不可能啊。第二，切了動脈，不可能流那麼多血還活著。〔〈南海血書〉作者（當時說是譯者）朱桂於二〇〇三年承認「阮天仇」為虛構的人物。後來又證實，這一件事是當時國民黨政戰部主任王昇策劃的。〕

政治學習，要寫感想，我寫台灣選舉亂七八糟，開票的時候燈會滅。政戰老師罵我，我說，我講的都是實話，郭雨新廢票八萬票，怎麼可能！

警備總部派了三個上校來跟我談話。辯論了兩三個月，我不耐煩了。我不會騙我自己，假的就是假的，我不能胡說八道。這兩三個人圍攻我，要我承認我錯了。我心臟經過刑求已經不好了，跟他們講到激動時，心跳過快，暈了過去。他們還以為我心臟病發作死掉了。

後來《鄉土文學論戰》這部書出來，我想瞭解，我申請買書，書是買了，但卻不准我看。錢拿去了，書不給我，憑什麼？我就開始絕食。當時監獄裏對付絕食，就是五六個人

1978年春節攝於綠島，第二次坐牢。

按著，往嘴裏灌。我不給灌。我把幾雙筷子綁在手上，誰要來按我的手就戳誰眼睛。我對他們說，我這麼做，頂多再多判幾年刑，我無所謂了，反正這個年齡，能不能活著出去都不知道，你們眼睛給我戳下來，一輩子痛苦。他們誰也不敢過來。

刑求後身體越來越壞。很多病症。痔瘡流血，量血壓，高七十，低五十。體重平均下來每天減少一台斤。紅血球，普通人五百萬以上，我只剩下二百五十萬，血紅素普通人是十四以上，而我卻只有七，隨時會休克死亡。因此監方後來把書交給我看了。為了《鄉土文學論戰》這本書，我十三天沒有吃飯。本來不該這麼做，但那時心情太壞。

和第一次坐牢不一樣，那時一起坐牢的人有得談，每天論戰。現在牢裏什麼人都有，台獨很多，要寫心得，我隨便寫，不寫他們出的題目，反正我有交作業。

後來看到有關大陸文革的報導，《中央日報》副刊也登大陸的傷痕文學作品，我以為是假的，但又好像是真的。還沒坐牢時就看過陳若曦的〈尹縣長〉，沒當一回事，把她當成反共小說。現在大陸傷痕文學的東西出來，讓我非常痛苦。以前我偷聽大陸廣播的時候，不是這樣啊。大陸廣播說：「文革是觸及人們靈魂的大革命，是意識革命——包括思想、文化、風俗習慣以及政治、法律、藝術等等意識形態的整體革命，是使人能成為社會主義社會的『人』的革命。」但是傷痕文學裏所看到的卻是孩子控告父母、夫妻互相控告、朋友間互相指控、告密以至於人們不敢相信自己以外任何人的一個失去了人性的世界……。再說，幹地下反政府運動而被敵人刑求處死本來就是意料中的事。走這條路是自己選擇的，沒人強迫你……。但像文革那樣，被「自己人」扣帽子，甚至被虐待到死，才是死也無法瞑目的事。我急著想瞭解中國的革命怎麼會變成這個樣子？我願為之付出生命的革命，怎麼會變成這樣呢？想到這些，非常痛苦。那時甚至想，是不是死了算了。我不得不為自己犧牲一輩子所追求的道路尋求一個合理的解釋，否則我覺得自己是白活

在綠島獄中透過《中央日報》讀到大陸的傷痕文學，他不知道中國的革命為什麼會搞成這個樣子，痛苦到幾乎快活不下去。

了。這個困惑也成為後來我思考與寫作《中國走向社會主義的道路》這本書的動力。

有六年，我一個人住一個房間。因為說我會煽動。我會在大家的不滿快到高潮的時候，喊一聲，不要吃飯了！把行動推上去。獄方就研判說，我這個人用閩南話講就是「喊水水也會結凍」，很有影響力的意思，所以給我一個人一個房間，我也無所謂。沒人講話，我常常一個人躺著，躺了六年，脖子後面躺出了個硬塊。按監獄規定不可以抽香菸，我也抽。我那時，據他們講，就是拒不接受感訓，一般老看守都隨便我。監獄房間門上有兩個玻璃窗，讓看守觀隨時監視的。我拿肥皂擦在上面，玻璃就不透明了。這當然違反規定，但他們不管我了。他們覺得一個為了一本書能絕食十三天的人，誰都管不了他。

母親過世

我第二次坐牢中間，母親兩次中風。第一次中風，弟弟把她接到台北治療。第二次中風，她不想活下去了，不吃飯，妹妹的小女兒就跟她說：「外婆，你不是要等大舅回來嗎？」她聽了，就開始吃飯。

她在等我。但等不到，就過世了。媽媽死時，我非常痛苦。按規定，我可以戴手銬回去奔喪的。但獄方不讓我回。那時我從綠島去台北醫院，要坐那種小飛機，能坐八個人的。如果我要回去，不光要出自己的飛機票，還要出整架飛機的錢，我怎麼付得起。我無法回家奔喪。

媽媽是慈母，不是賢母。她很糊塗，土改後留下的土地，都被人家騙走。騙她的人抓到了，土地還是沒有要回來。有人借錢不還，媽媽去找他，發現他家生活很苦，結果債不要了，還又拿錢給他。

媽媽也不知道這個大兒子到底在做什麼，但她相信兒子。二二八時，她聽聞台中亂了，打仗了，又沒有我的消息，自己一個人從岡山走路到台中去找我。我結婚後，生活稍微安定了，想接她來台北，她不肯，後來還是騙她說我車禍，才來了。住了幾天就走了，說：「這裏和坐牢一樣。」

在獄裏聽到媽媽過世，又不能回去，心裏的痛苦……過了一個多月，還是緩和不過來。書也看不下去，才開始看金庸的小說。

記得金庸在某一本小說的後記說：「要掌握大權力，才能實現政治理想。要掌握權力，一，意願要很強；二，要忍，忍耐；三，要殘忍，朋友如果變成敵人，也要對他殘忍。」我想前兩條我可以，第三條做不到。

當時施明德也在坐牢，有次託人給我傳紙條，說我們坐牢的人，一定要弄出新聞，不然就會被忘掉。我沒有回信，因為他是搞政治的，我是搞革命的，我們兩人不是同一條路的。對我來說，革命是犧牲，自我犧牲，其他什麼都不用管。

在花蓮醫院

一九八五年，我身體狀況惡化。我太太把保外就醫的申請寫了將近三十封，都不准。監獄長說：第一，你病得不夠，如果癌症的話，可以。第二，你成績不好，如果你成績一級，可以，二級也還好，可以研究，可你坐了十幾年的牢，還是四級啊！

後來把我送去台北的三軍總醫院做檢查。一個飛機八人坐，我一個，其他七個憲兵看著我。醫院一棟樓的十一層，整個清場，空下來，就住我一個。別人看了還以為什麼級別的將軍，才有這個排場。後來，四、五個月後，因為國防部要交錢給醫院，負擔太大，就把我送到花蓮的軍醫院。在花蓮兩年多，住的病房有鐵欄杆。有天我聽到後面有女孩子的聲音，爬上去看，有個女人，問我：「哎，你看我漂亮不漂亮？」嚇了我一跳。後來才知是精神科。這裏還用來關押刑事犯、流氓。我去了以後，把流氓集中到最後一個房間，把我放最前面。

有次流氓放風出去時，路過我監牢，問我做了什麼，坐了幾年。我說，合起來二十年了，他們嚇一跳。監獄裏排資論輩：強姦犯最低，殺人放火高一點。問到我什麼罪？政治犯，叛亂。他們說：「啊，這個最大，這個是換國旗的！」很尊重我，見面就給我香煙。

在花蓮，包括看守，都很佩服我太太。那兩年，每個禮拜，她一定帶孩子來見面。原來在綠島，交通太遠，又是車又是船，費用也很大，只能每半年寒暑假帶孩子去一次。現在在花蓮，近了些。她差不多每個禮拜都帶孩子來。那些看守說：「沒見過這樣的……你們夫妻感情一定很好！」去年（按，二〇一一年二月二十四日）在馬英九家吃飯時，他太太問我太太：「你都怎麼去的？」我太太說：「坐夜車去，這樣省下旅館費。」

她一個人把孩子養大，小孩子教育得很好。

保外就醫

我的保外就醫申請一直不被接受，後來，日本的「台灣民主思考會」也發動了向蔣經國請願、呼籲的活動。最後是靠馬英九幫忙。王曉波和馬英九因保釣認識，有來往。就拿了我的資料去找馬英九。那時馬是蔣經國的秘書，很受信任。去年（按，二〇一一年二月二十四日）我們去馬英九家吃飯，馬太太說，在紐約留學時就看到過「營救陳明忠」的廣告。

所以，一九八七年三月八日太太來接見，還一點消息都沒有，三月九日就讓我保外就醫了。那天讓我上專機，我還不清楚怎麼回事。還以為是送醫院，但怎麼不戴手銬？很奇怪。後來才知道，給我保外就醫了。通知我太太辦手續，恰好家裏電話改了一個字，開始還聯繫不上。後來聯繫上了，找兩個證人，就帶我回家了。在此之前，有個美國回來的教授陳文成

第二次坐牢11年，保外就醫回來，攝於1987年3月9日。

被刑求致死的案件，輿論反應很激烈。所以送到家裏，叫鄰長來，咔嚓照片一拍，證明押送歸來。這照片我還留著，你看，剛從獄裏出來，褲上沒有皮帶的。（皮帶，可以當武器，可以自殺。所以在獄裏是不許繫的。）

那天，我小女兒聽說爸爸要回來，趕緊去告訴姐姐。大女兒在台大讀牙醫。小女兒騎車去找姐姐，太興奮，結果在台大校園裏摔倒了。

第二天報紙登出來：「陳明忠保外就醫」，於是《夏潮》的朋友紛紛來找我。女兒說：「原來爸爸有這麼多朋友。而且很多是報上電視上常看到的。爸爸沒回來時，不知道爸爸有朋友。」

我還在牢裏時，太太不讓人家來，怕連累人；人家也不敢來，或者不願意來。家裏沒有人來，也沒有錢，很寂寞。黃春明曾經給我太太送來一筆錢。不少朋友要給錢，太太都不要。她說：「欠太多人情，明忠出來還不起。」家裏就靠她教日語維持。幸好兩個孩子爭氣，成績都不錯，上公立學校，學費很低，否則真不知道怎麼生活。

過幾天，《夏潮》的人一起吃飯，算慶祝我回來，記得楊祖珺還唱〈坐牢算什麼〉那首歌。（李娜按：來自一九四〇年代舒模作曲的〈跌倒算什麼〉。一九四七年五月二十五日，上海交通大學的四十多位學生在國民黨的牢房裏，集體重新填詞，改名為〈坐牢算什麼〉。

歌詞是：「坐牢算什麼，我們是革命者，屠刀下不變色。坐要站著坐；死也站著死，站著死。坐牢算什麼，我們是革命者。仇和恨，燃烈火；反內戰，要和平。」一九六四年編入音樂舞蹈史詩《東方紅》演出。）那時，我連自己怎麼出來的都不知道，別的事也搞不清楚。脫離了社會十一年啊。

14 第二次出獄之後（一九八七年至今）

一九八七年三月，我以保外就醫的方式回到台灣。

那時正在解嚴前後，社會氣氛特別活躍，朋友們常來找我，許多事情要討論、推動，但牢裏待了十一年，情況一點都不瞭解，沒法判斷，心裏很急。

夏潮聯合會

我和夏潮的關係，在我第二次坐牢之前、《夏潮》雜誌籌辦的時候，就結下了。那時候，因為我們左派的文章，漸漸被康寧祥的《台灣政論》排斥，就想自己來辦雜誌。《夏潮》本來是蘇慶黎的前夫，一個精神科醫師辦的，他辦了三期，主要是文摘。

蘇慶黎從第四期開始接手編輯《夏潮》，打出「社會的、鄉土的、文藝的」宗旨，以陳映真、陳鼓應、王曉波、蘇慶黎、王拓等人為核心，大量介紹台灣歷史與日據時期的進步作家和文學，用這個來暗中接續台灣反帝的、左派的傳統；還用政治經濟學的視野批判帝國主義、分析台灣社會矛盾，可以說啟迪了台灣一代知識青年的社會主義和民族主義思想。《夏潮》對國民黨文化政策、對現代主義文學的批判，引發「鄉土文學論戰」。論戰的很多文章在《夏潮》上發表，後來有人把論戰的文章收集起來，出版了《鄉土文學論集》，為了看到這本書，我在獄中絕食了十三天。

後來鄉土文學二十周年座談會時，陳鼓應發言說：「《夏潮》第一期出版的時候大家很緊張，因為陳明忠被捕了。」這麼說以後，他忽然想到，問我：「哎，這可不可以講？」我說：「可不可以講？你不是都講了嘛。」當時陳映真找我拿錢，錢的問題很敏感，不能公開，我被捕時候如果講出來，就沒有《夏潮》了。

因為這樣緣故，陳映真非常信任我。我出獄時，他正在辦《人間》攝影報導雜誌。《夏潮》一九七九年因為刊登寫「江南案」的文章，被勒令停刊，後來他們又辦過《鼓聲》、《春風》、《生活與環境》、《大地生活》、《夏潮論壇》、《前方》、《海峽》和《五月評論》等雜誌，但戒嚴時代在當局的壓迫下，都辦不了幾期。不過，《夏潮》已經凝聚了知識分子和社會運動的能量，完成了歷史任務。

我出獄後不久，夏潮聯誼會在濟南路的台大校友會館地下室開成立大會，主持人介紹我們夫婦，但成員大都是我不認識的年輕的人。整體上，夏潮聯誼會就是以《夏潮》雜誌的編輯、作家和讀者為基礎，結合日據時代的老台共（周合源、許月里、李南鋒等），還有我們這些白色恐怖時期的老政治犯（我、林書揚等），一起成立的。開始叫「夏潮聯誼會」，一九九〇年向內政部登記為人民團體時，改稱「夏潮聯合會」。夏潮聯誼會是統左派成立的第一個團體。後來的勞動黨、中國統一聯盟，都是從《夏潮》發展出來的。

所以，出獄後我重要的活動，就是通過夏潮聯誼會（還有後來成立的政治受難人互助會），把老政治犯和統左派力量連接起來。林書揚早我三年出來，但他三十幾年一直在坐牢，完全斷了社會關係，很難和大家連接上。

老同學與互助會

正式的「台灣地區白色恐怖政治受難人互助會」成立前，就有一個政治犯的聯誼會，比較中性，台獨、統派都參加，一個月一次，反正一起坐牢，就一起吃飯聊天，一般不講統獨，只是感情的聯絡。

後來，有個加入民進黨的台獨派，叫蔡有全的，對這種情況很不爽，想要把這個政治犯的聯誼會吃掉，變成純粹台獨的組織。他於是就發起一個聯誼總會，綱領寫「台灣應獨立」，把外省人和統派排除，獨獨留下了我。因為他搞不清楚我的背景：我二二八有參加，黨外運動也參加，和黃順興、郭雨新又有來往。

這樣的聯誼總會成立，我們統派就很不滿意。被排除的七、八個老同學到我家來，說，我們也來成立一個會，我們人比他們多。於是開始組織我們統派的會。從我們幾個人擴大，找更多的人商量。從二十多個，再擴大到五六十個，最後全島成立一個「台灣地區政治受難人互助會」。總會

1995年4月2日參加五〇年代政治案件殉難者春季追悼大會。

在台北，各縣都有分會，如桃竹苗分會、台中分會、嘉南分會、高屏分會等。

那時我剛回來，還是保外就醫，參與政治活動就可能被送回監獄，就推薦林書揚當創會會長，大家都贊成。林書揚坐牢最久，個性溫和，人品很好，馬克思主義的理論水準很高。在牢裏就已經教育坐牢的可靠年輕人，寫東西給他們看，很多年輕人受到他的影響。後來有人說，我推薦林書揚是大陸的意思，我說：「我現在是保外就醫，說這些話，是要讓我再進去嗎？」

林書揚要結婚了，對象是新竹一個政治犯的妻子，那個政治犯過世，別人介紹她和林書揚結婚。（前夫得了癌症，老政治犯輪流照顧他，這位女性很感動。前夫過世後，經人撮合，她和林書揚結婚。）

婚禮時，全省有五、六百人來，報紙上說，這些人的刑期合起來有一萬年，當然是誇張了。但來參加婚禮的確實大都是老政治犯。那天也有情治單位的人來，守在門口咔嚓咔嚓照相，看都是什麼人來參加。雖然解嚴了，氣氛仍然緊張。坐牢的人幾萬個都有，參加政治受難者互助會的不過五、六百，最多也不過七、八百人。

有個老政治犯生病，大家去看他，他很高興，但他太太說：「請你們以後不要來了。」這樣的社會氛圍，對我們發展的影響很大，貼上紅帽子，仍然是恐怖的事情。不過，對台灣統派的發展，互助會等於是個母體。和「夏潮」連接後，勞動黨、中國統一聯盟，都是從這裏出來的。組織互助會是我們非常重要的工作。

後來對白色恐怖進行補償時，因為我們互助會沒有在內政部登記，不願意和政府打交道，就另外成立一個會，「台灣地區戒嚴時期政治事件處理協會」，算是我們的白手套，兩個招牌一班人馬。不過處理協會是為了辦理補償，就增加了很多人，大多都是受難者家屬，領完補償後，很多人就不來了。

處理補償時，有很多故事。有個老太太來辦理補償，說她的先生實在是非常好的人，全村的人，你問問看，沒有一個人不說他好的，他完全被冤枉了，他怎麼會是「共匪」呢。我們一查，她先生不但是共產黨，還是幹部，還有槍。那時很多人都是這樣，加入地下黨，家裏人都不知道，都以為是二二八坐牢。賴幸媛曾說她大伯是二二八受難者，王曉波說：「你大伯不是因為二二八，是因為共產黨，你想要瞭解的話，找陳明忠去。」賴幸媛說：「哦，陳明忠不就是陳志平的爸爸嗎？」她認識我當記者的女兒。後來在楊渡女兒的喜宴上，她找我問她大伯的事情。

最痛心的事：工黨分裂

一九八七年七月台灣宣佈解嚴，開放黨禁、報禁。夏潮想要組建一個工人階級的政黨。王義雄是高雄立委，贊成北歐社會民主主義，是民進黨中難得的人（中間偏左），他退出民進黨，想要組黨。夏潮系統和王義雄合作，組建工黨，如果成功，會成為台灣的第三勢力。

那時候組織工黨，確實有相當好的條件可以進行。《夏潮》和《人間》，集結了主張社會公平和統一的人。我坐牢出來，看到好多人家裏都有《人間》，《人間》銷路有上萬份，社會影響很大。這樣的基礎下，組織工黨是受歡迎的。工黨對我們來講是很大的希望，但情治單位和極左派，毀掉了這個契機。

工黨籌備的時候，夏潮系統的人和王義雄合作，美國保釣的左派也有人回來參加。蘇慶黎平常就睡在辦公室，不回家，起草工黨的綱領，非常用心。但她工作作風不好，她認為王是拿來當人頭的，並不尊重他。內部選舉主席的時候——流程是先選執行委員，由執委選主席，夏潮系統就輸掉了。他們根本不知道怎麼搞選舉。

一九八七年十一月工黨成立，是解嚴後第四個登記的在野黨。王義雄做了主席，羅美文副主席，蘇慶黎做秘書長。王義雄不想讓蘇慶黎做秘書長。我知道，我們和王義雄思想有不合地方，但這個時候要一起做事。我就對王義雄說：「工黨籌備時，綱領都是蘇慶黎做的，她個性不好，沒有錯，但她有功勞。現在成立，你要把她開除掉，這是殺功臣啊。」王義雄接受了我的意見，讓蘇慶黎做秘書長。但三個月後，他忍受不了了，又來找我，說：「按照章程，秘書長應該是我提議的，現在的秘書長是你塞給我的。我要自己找一個秘書長，如果他做不好，我辭掉主席。」

我也覺得蘇慶黎不對。在工黨辦公室，有她的桌子，沒有主席王義雄的。王來找她談事，他站著，蘇坐著。王的電話她隨便摔。我想來想去，就叫蘇辭掉秘書長，回美國念書，在美國做工黨的代表處好了。民進黨裏有「新潮流系」，我們也可以在工黨裏做一個「夏潮系」啊。她答應了，但和一些人一談，又不同意了，他們堅持秘書長職務重要，不能讓，要掌權。鄭村棋在報紙上寫了三篇文章，把很多爭執的內情報導出來，對工黨打擊非常大。我問蔡建仁：「這是幹嘛？」他叫鄭村棋來道歉，鄭說：「小蔡是我的頭腦，我是小蔡的手腳，他讓我寫的，現在他卻讓我來道歉！」鄭也不滿。加上報紙上情治單位的人一直攻擊夏潮，這些年輕人的意氣用事和情治單位在媒體上隨意散布的言論，是工黨分裂的關鍵。一九八八年工黨就分裂了，羅美文的人、夏潮的人，都退出了工黨。

極左派的問題是：只有自己是對的。合作就要尊重人家啊，他們做得太不像話了，只會批判人，說王義雄走資什麼的。從美國回來的某一個人曾經拿美國左派雜誌給我看，我看到那裏面對台灣左派的分析亂七八糟，根本不瞭解台灣的現實，以為台灣社會主義力量很強大。

所以在台灣，是要反右，但也要反左，反極左。工黨的分裂，我覺得太可惜了。本來，聲勢很好，輿論對工黨非常支持，民進黨也不敢反對。王義雄是最高票當選高雄市立委的，他原本是聲望很好的律師，信奉的是社會改良主義。雖然我們立場不完全

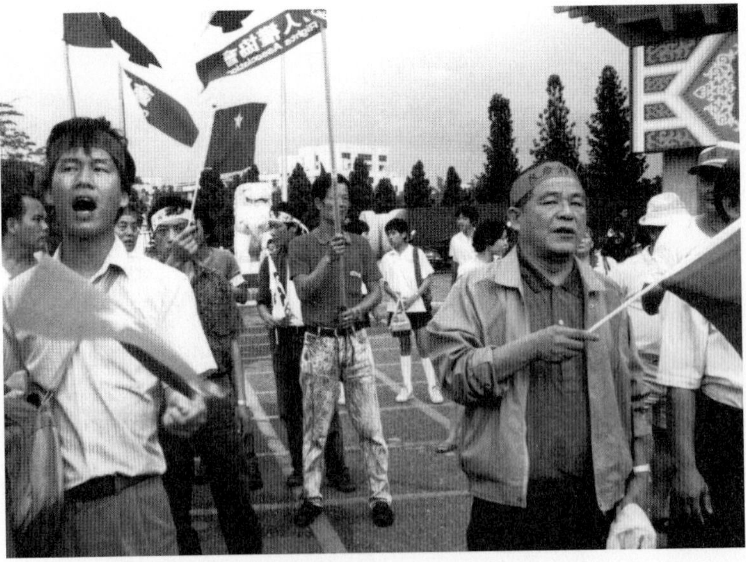

陳明忠保外就醫後，參加五一勞動節遊行。

相合，但可以合作，有合作的基礎。當時工黨有很多人參加，如果弄好了，會成為第三大黨，會成為統左派工作的一個有力點。我痛心的是，這個時勢沒掌握好，時機一過，就再也沒有機會了。

勞動黨、統聯的成立

工黨分裂後，我們本來打算做勞動人權協會。羅美文說不行，要建黨。黨的規模大，開銷也比較大，要用錢。我和林書揚跟羅美文談了很多次，互相退了一步，先成立勞動人權協會，三個月後再成立勞動黨。一九八九年三月二十九日，勞動黨正式成立。勞動黨的黨綱中，也有統一綱領。

解嚴前後，運動多，罷工多，我們抓住的是中小企業勞工的工會，勞動黨的幹部主要從這裏來。

勞動黨組黨後，蘇慶黎來找我，說：「世界上的左翼政黨都是知識分子領導的。」她要換下羅美文，自己當主席，後來只好讓她離開勞動黨。

羅美文在勞動階層裏的聲望很高。除了罷工的事，他在做工會幹部時，幫工人爭取很多權益。國民黨想收買他，準備給他一千萬，還去說服他父親。他對他父親說：「如果我拿了這個錢，我就沒有臉做人了。」

一九八八年，人民團體組織法通過，夏潮正式登記，把聯誼會改成聯合會。接著我們就成立中國統一聯盟，由陳映真任第一任主席，這是在勞動黨成立之前的事。一九八九年發生了六四事件，陳映真帶著中國統一聯盟代表團去訪問大陸，這個舉動當時在台灣壓力很大。統一聯盟是對統一的時間和方式都不講，只要贊成統一的就可以加入，等於是統一戰線，知識分子比較多，比較受大陸重視。

原住民部落工作隊

原住民部落工作隊是張俊傑帶起來的。他本來是統聯和夏潮的秘書長，一九九九年九二一地震時，他帶著一隊人去原住民山區賑災，接著就成立了原住民部落工作隊。他們是統左派的「別動隊」。原住民要的是自治，但做起來的事情都是有利於統一的。

二〇〇二年開始，部落工作隊去東京的靖國神社抗議，要求「還我祖靈」，要求把神社中的原住民牌位拿出來。起因是前一年即二〇〇一年在東京開有關中國統一的會，有個日

上：2009年8月11日9時53分，高金素梅率台灣原住民於靖國神社討回祖靈。
下：控告日本小泉首相參拜靖國神社違憲，並要求「還我祖靈」。

本朋友來找我，說反靖國神社，沖繩、韓國都有參加，沒有台灣，台灣應該參加。我覺得靖國神社的事不好弄，也搞不清楚靖國神社裏有沒有台灣人，我們都沒有認識的遺族（也不知往哪裏找遺族）。所以只答應合作，回台灣再找找遺族。後來有個日本的朋友服部良一，我第二次被捕時曾經營救我的人們之一，拿來加藤邦彥的一本書《一視同仁の果て：台湾人元軍属の境遇》（東京：勁草書房，一九七九年），講到幾個原住民自己去過靖國神社，要求把祖先的靈魂拿回來，是新竹縣尖石鄉的。我問張俊傑，他說，有這回事，雲力思（張的太太）的兩個叔叔就是被日本人調去打仗死掉的。所以我們就請他們夫婦幫忙找出原住民的遺族，瞭解他們的困境並帶他們去參加「還我祖靈」運動。

以前工作隊在山地鄉展覽日據時代的照片，包括日本軍隊對原住民執行三光政策（殺光，燒光，搶光）的照片，讓原住民有自己的歷史意識，然後再發展原住民運動，衝擊靖國神社其實也是這個工作的一部分。

二〇〇二年第一次去靖國神社，在日本就很轟動，大陸的媒體也都報導了。日本的左派用的是法庭鬥爭，我們是要搞行動的。但雙方的合作終於使大阪高等法院在二〇〇五年九月做成「小泉首相參拜靖國神社是違憲」的判決。這是日本史上的頭一次。因為反靖國神社，高金素梅成了民族英雄。整個行動的組織者是張俊傑，他特別有行動能力。

在台灣，作為統派

大陸對台灣內部情勢瞭解得不多，一般人只知道台灣有藍、綠。有個大陸人來，問我是藍還是綠，我說，我不是藍不是綠，是紅的，他嚇了一跳。

在台灣，整個發展對統派是不利的。中華民國是主權國家，一直這麼說，一般人也都這麼接受的。台灣媒體對大陸的正面報導很少。「維持現狀」是台灣多數民意的選擇，而當蘇聯、東歐「既存」社會主義國家崩潰，「社會主義」被污名化時，台灣的「統左派」實在難於擴大其影響。

統聯很難壯大，是有現實因素的。參加統派的團體沒有錢，沒有辦法生活，人們也要考慮自己將來的出路。勞動黨有人，有群眾，但問題是只屬於地區性的，沒有建立起全島性的組織。做得好的只是新竹地區，羅美文、黃秋香夫婦長期打下很好的基礎，所以高偉凱才可以選上縣議員。高偉凱對勞工的服務做得非常好，否則也不可能當選。現在台灣社會的「階級矛盾」雖然占著基本矛盾的地位，但主要矛盾卻是統獨矛盾，所以講階級鬥爭，勞工也沒有多大興趣。

台灣統派要發展，思想要統一，大家要有共識，再培養幹部。如果我們本身沒有一個健全組織的話，就難於發展了。

我們對台灣兩黨的態度，是兩個爛的裏面選一個，至少國民黨不破壞兩岸關係，所以只能選它。

二〇〇五年連戰想訪問大陸，鄭麗文來找我，要我去國民黨中央黨部演講，順便推連戰一把，讓他去訪問大陸，即後來所謂的「破冰之旅」。

我曾經在〈日本投降前後的日子的一些回憶〉一文中說：「九月我收到了改名為『省立台中農業專科學校』的入學通知單。到了台中以後，最讓我吃驚的是，街上十字路口旁常有二十～三十個年輕人，圍著圈彈風琴一起學『國歌』（三民主義，吾黨所宗），到處也都有自發性教人國語的小型團體，這讓我感到十分震撼，也深深感覺在思想上我真的比那些人落後太多。」

兩年後二二八事件發生，我在「二二八最後一役」之地的埔里看到了當年教唱國歌、教學國語的那些人圍在謝雪紅旁邊，聽謝雪紅指揮的情形。

三年後五十年代白色恐怖肅殺全面展開，我更在保安司令部軍法處看守所裏，看到了那些人從容就義的最後一幕，這也就是，由於二二八事件而拋棄「白色祖國」，走向「紅色祖國」的那批愛祖國、愛人民的熱血青年的下場。

一九五〇年我被捕、判決後被送到綠島新生訓導處，大約兩年後，又被送到新店軍人監獄，一直到一九六〇年釋放。在這期間所遇到的所謂「台獨案」的人們只有黃紀男等數人而已。這裏我之所以用「所謂」兩字的意思是說，他們本來並沒有承認自己是「台獨案」而是說屬於「託管派」。其他白色恐怖早期的犧牲者和受難者，不論本省人或外省人，絕對多數都被戴上「紅帽子」。

在白色恐怖時期真正屬於「台獨案者」，是在一九六〇年後才逐漸增加。我本身所遇到的第一批台獨案是一九六〇年將要出獄時搬進同房的幾個海軍士兵（就是一九五八年以許昭榮為首的所謂「海軍台獨案」）。這就是說，一九六〇年前後，台獨案增加的時間點，正符合海外台獨運動的開始時間——王育德在日本成立「台灣青年社」的時間為一九六〇年，而「台獨聯盟」是一九七〇年才在美國成立的。因此我一直懷疑台獨的「二二八起源論」，而研究台灣歷史的戴國煇教授也說：「台獨運動的形成是以中華人民共和國的成立為契機，是國民黨退到台灣來以後的事情，與二二八事件無關。」

一九八七年，我獲「保外就醫」，一九八八年蔣經國去世後獲減刑，到一九九〇年才獲准出境。於是當年就去日本、美國，向營救我的那些人道謝，並順便在日本購買一些台獨人士所寫的書。稍微做了研究後發現：台獨運動領導人中，畢業於台南一中、嘉義中學的、位於台灣最大農地「嘉南平原」的人特別多，而北部、中部地區明星高中的畢業生卻不多。再經過一段時間的研究後，終於得知：台獨運動實際上是因國民黨政府土地改革而沒落、遠走美日等地的地主子弟所發起的反國民黨運動，他們進一步和台灣中小企業主結合而壯大，而這些中小企業主中許多人也是由地主轉型的（他們是在土地改革後獲得「四大公司」股票，經過經營發展起來的）。

我認為台獨的「土改起源論」，才能夠解釋日據時代台灣的抗日領袖之一的林獻堂為何遠走日本且援助「當時」主張台獨的邱永漢；以及台灣第一個「黨外」出身的市長（葉廷珪）產生於台灣最大地主集聚地「台南市」等事實。

二〇〇四年，立法委員選舉時，名導演侯孝賢主持的「民主學校」提名藍博洲（苗栗縣）、鄭麗文（高雄市）等人參選。選舉全盤挫敗後，侯導慰勞大家吃飯。在吃飯時我才頭一次見到鄭麗文。閒談中提到二二八事件時，我提出以「土改起源論」反駁台獨的「二二八起源論」。台獨的「土改起源論」從前沒人提過，鄭麗文似乎認同我的看法——鄭麗文和藍博洲在趙少康的「飛碟電台」上對談時，提到我的台獨「土改起源論」。因此二〇〇五年二月二十七日國民黨在中央黨部舉行紀念會時，鄭麗文要我去演講。由於我的經歷令國民黨內部一些人擔心我會講出對國民黨不利的話來，於是鄭麗文要我提出「發言稿」，同時告訴我：連戰本來想二〇〇四年當選總統後，就前去一趟大陸，卻由於兩顆子彈事件落選而去不成。所以她問我對連戰去大陸一事，是否可以推一下？對我來說，這當然是求之不得之事。

所以我以「二二八事件當事人、台灣最後一個政治死刑犯的」的身份所發表的〈二二八：被扭曲的歷史集體記憶〉講稿中提出兩個重點：

其一是：以台獨「土改起源論」否定「二二八起源論」，否定台獨的道德正當性。

其二是：我的家庭（包括我太太那邊）是因為二二八和白色恐怖而受苦最慘的當事者之一，但是我今天到國民黨中央黨部，並不是為了個人家庭的悲慘遭遇來討什麼公道的，我只希望同樣的苦難不要再發生在任何一位台灣人的身上。由於國共兩黨長期內戰，才會使得很多人民被牽扯進去，受到極大的犧牲。現在台灣的族群問題很嚴重，其根源就在國共內戰問題。因此台灣各政黨如果對二二八有真正的理解與徹底的反省，光是道歉或補償是不夠的，更重要的是能解決發生悲劇的歷史根源，結束兩岸的敵對狀態，締結兩岸和平協定。這也正是我在二二八紀念日的前夕來到國民黨中央黨部的原因。因為，這正是國民黨不能推卸的歷史責任和義務，也是連主席的責任和義務。我希望連主席能代表中國國民黨前往大陸，與共產黨的領導人進行歷史性的大和解，結束兩岸的內戰狀態，讓類似二二八

2005年2月27日應邀出席國民黨二二八紀念會時，授連戰「和解之鑰」，象徵國共和解。

的悲劇不再重演。然後將一把象徵兩岸和解的「和解之鑰」交給連戰，期許他勇敢負起結束國共內戰的責任。連戰緊接著也發表了題為「拋棄敵對，期待和解」的講話呼應，並當場指定副主席江丙坤率團登陸破冰。

據說，之前郁慕明曾多次勸說連戰出訪大陸；黨內人士如新任發言人鄭麗文，大陸事務部主任張榮恭等人也高度期待連戰出訪大陸。但連戰本人對《中國時報》表示，今年（按，二〇〇五年）二二八紀念日受難家屬建議他，國民黨應從兩岸和解著手，彌平傷痛，讓他有很大的啟示，於是他決定先派副主席江丙坤藉總理孫中山先生逝世八十周年紀念，黃花崗七十二烈士九十四週年紀念的機會，率團訪問大陸。

統派與左派

大陸改革開放後，台灣左派分裂了。之前，社會主義和統一是一體的，對大陸改革開放的看法的分歧，造成台灣統派和左派的分裂。台灣的毛派，認為大陸的改革開放是走資。當年美國保釣的那些人說，勞動黨的綱領裏有統一綱領，如果去掉，我們就可以參加。他們受文革的影響，到現在還是這樣，所以反對改革開放。左派裏的年輕人，受他們影響很多。

大陸社會的確有許多問題。社會主義令大家迷惑。以前說社會主義的特徵是計劃經濟，國有制。現在沒有標準了。大家各說各話。

有篇文章談到陳映真小說裏，那些政治犯出獄後，對大陸，對社會主義感到迷惑，以為革命墮落。我認為這個問題很複雜，需要好好理解。

前面我已說過，在第二次坐牢時，讀到一些傷痕文學的作品，了解了某些文革的事情，我感到很痛苦，不知道中國革命為什麼會搞成這個樣子，幾乎活不下去。我在獄

2010年於新生南路福華文教會館舉辦的「五〇年代白色恐怖政治受難人秋祭追思慰靈大會」。（台灣地區政治受難人互助會提供）

中，還有在出獄之後，一直努力想要理解中國革命的經歷為什麼會這麼曲折？我已經把我閱讀、思考的結果寫成了一本書，《中國走向社會主義的道路》（人間出版社，二〇一一）。我在那本書的序言〈尋找社會主義的心路歷程〉，已經比較詳盡的敘述了我的思考過程，並且簡要的說明了我的結論。現在就把要點節錄於下：

一九八七年保外就醫後回到台北，開始跟解嚴前的社運團體產生聯繫。我又不得不面對另一個冷酷的事實——「統」和「左」的分裂，即贊成統的人不一定是社會主義者；而贊成社會主義的——主要是年輕一輩的人——又對統一採取消極的態度。

贊成統的人不一定贊成社會主義，這一點比較易於瞭解——因為民族主義者即使是反共，但也可能贊成統一。

《中國走向社會主義的道路》書影。（人間出版社提供）

民族主義是兩面刃，在不同的歷史階段有不同的表現形式和內涵。先進資本主義國家的民族主義，如德國的納粹、日本的大和民族論等等，往往成為侵略的意識形態。但落後國家反殖民、反壓迫的民族主義，不應該一概以落後反動而加以反對。據我瞭解，馬克思、恩格斯並沒有把民族主義視為是國際主義的反命題，反而把它當作達到更高層次社會的自然墊腳石。列寧對民族主義的看法，簡單地說，在勞工運動、社會主義運動方面從頭到尾的反對民族主義；但對表現於少數民族、殖民地、次殖民地自主要求的民族主義則予以積極的評價並加以支持。

問題是，正當以美國為首的帝國主義陣營圍堵中國，積極準備推翻共產黨政權的狀況下，台灣的左派為何不能贊成統一呢？既然統一的問題，是起因於以美國為首的帝國主義為了其自身的目的才迫使兩岸處於分裂對峙的狀態，自認為左派的人站在反對帝國主義的基本原則上，不是應該贊成統一的嗎？為什麼還是有一批人對此感到遲疑？後來，經過廣泛的接觸我才了解，在台灣「統、左」之所以分裂，是起因於對中國的改革開放政策的評價不同。一部份左派認為那是「走資」，所以即使不至於反統，至少是採取消極態度。當然「改革開放」政策的是非對錯是應該討論的，但我們應該站在中國人的立場來討論。

為了解答在牢裏所想的各種問題，出獄後我至少閱讀了上百本的書籍，卻一直找不到思考的切入口。

一九九二年，朋友從北京帶回薄一波上下兩冊的《建國以來若干重要決策與文件的回顧》。在該書裏我看到了對列寧新經濟政策的評價。薄一波提到列寧一個重要的觀點：在經濟文化落後的國家裏，搞社會主義革命和社會主義建設，應該注意的一個帶有「普遍性」意義的重大問題，就是如何更加重視和利用資本主義已經創造的物質技術管理和文化條件的問題。薄一波又說，看來劉少奇同志的有些看法，是從列寧的這些論述中得到了啟發……隨著社會主義建設實踐的發展，特別是經歷了一些曲折之後，大家才愈來愈感受到列寧在新經濟政策時期的這些思想的重要性和深刻性。

列寧的新經濟政策給我很大的啟發，我終於找到了思考的切入口。

後來，在研究新經濟政策時，我注意到葉．普列奧布拉任斯基（E. Preobrajensky）在蘇聯的工業化論爭中，所提出的「社會主義原始積累」這一個概念。據我所知，馬克思所說的「原始積累」就是生產者和生產資料相分離的歷史過程，而資本主義生產方式便是以這樣一個歷史過程作為前提的。所以，將「原始積累」這一個概念使用在社會主義工業化的形成時期，令我產生一個疑問，那就是：一般認為蘇聯一九一七年的二月革命是布爾喬亞革命，而十月革命是社會主義革命，是否是一個正確的提法？十月革命成功之後，在社會主義工業化的形成時期使用「原始積累」這一個概念，是否證明十月革命並非社會主義革命，而是和中國的「新民主主義革命」一樣，是落後國家「以社會主義為目標的社會革命」？

如果是，那麼列寧「既然我們不能實現從小生產到社會主義的直接過渡，做為小生產和交換的自然產物的資本主義在一定範圍內是不可避免的。所以我們應該利用資本主義做為小生產和社會主義之間的中間環節，作為提高生產力的手段……」的提法，就可以理解為落後國家走向社會主義是與先進資本主義國家不同的另一條道路了。

於是，我開始形成了「從新經濟政策——新民主主義到後來的社會主義高級階段論」這一條「開發中國家社會主義道路」的想法了。

現在，我把二十年來讀書、思考的一些想法，用最清楚的方式簡述如下：

一、有別於馬克思在經典中所揭示的西歐資本主義一般發展規律，上個世紀誕生在蘇聯、中國以及其他「既存」社會主義國家的革命，不能叫做「社會主義革命」，而是以社會主義為目標的「社會革命」，這是落後國家為了實現進入社會主義社會所需要的物質基礎和文明條件，以建立工農政權和蘇維埃體制為基礎來展現「走向社會主義」的決心，這只是「社會主義革命的準備期」。

二、這些「以社會主義為目標的社會革命」都是在後進資本主義國家發生的，後進國只有以這種方式才能擺脫先進資本主義國家的政治、經濟壓迫與剝削。先進國勸告後進國說，只有學習他們，跟著他們亦步亦趨，才能進入資本主義社會，這完全是騙人的。後進國如果聽先進國的話，就會永遠成為先進國的附庸或奴隸。

三、後進國在「社會革命」成功後，首要任務就是要結合自己的實際國情，以符合自身發展的特殊規律集中全國力量發展生產力，實現所謂後進國家的「原始積累」。先進國是靠資產階級的力量、靠國家的暴力往外殖民、往外掠奪，發展生產力的；後進國必需要靠全國人民一心一德，一起吃苦耐勞，也就是必需自力更生，才能在短期間內大幅度提升生產力。

四、在後進國集中全國力量發展生產力時，必然面對先進資本主義國家的圍堵、分化和打擊，導致後進國家被迫實行「戰備體制」，隨時準備抵抗先進國的侵犯。生存下去就成為「既存」社會主義國家的首要任務。

五、由於建立「戰備體制」的迫切需要，「既存」社會主義國家被迫扭曲了社會生產基礎的積累構造，直接將農業剩餘轉移來建設重工業和軍需工業部門，以至於忽略了整體社會生產力水平的提升，挫折了人民群眾生產的積極性。

六、「戰備體制」另一個重大影響，就在於過早的宣布進入「社會主義時期」，從而忽略了列寧稱之為「特殊過渡階段」的國家資本主義時期。列寧認為，應該利用國家資本主義來作為小生產和社會主義之間的中間環節，在工農聯盟為基礎的無產階級專政下，強化、發展社會主義經濟成分，同時應慎重實施資本主義經濟成分、小商品生產經濟成分等非社會主義經濟成分的養成、利用、改造政策等。完成後，才是真正進入馬克思《哥達綱領批判》所說(進入社會主義的)「過渡期」，然後才是社會主義時期和共產主義社會。對此，列寧、劉少奇、鄧小平都有比較清醒的認識，而史達林、毛澤東卻直接宣布進入「社會主義時期」。他們忘記了，這個時期，「既存」社會主義國家的生產力還遠遠不如資本主義國家。

七、史達林、毛澤東以社會主義的「理想」來規範「既存」社會主義國政治、經濟現實，將計劃經濟和國有企業作為實現「社會主義社會」的指標，導致蘇聯和中國在生產力發展上的停滯。蘇聯政權沒有及時意識到這一點，改革太晚，所以蘇聯政權崩潰了。毛澤東死後，鄧小平及時改弦更張，不但挽救了中國，還使中國繼續往前發展。

八、中國共產黨把改革開放時期稱為「社會主義初級階段」，其實就等於列寧的「特殊過渡階段」，把改革開放稱之為「走資」，其實是固守毛澤東的觀點，完全無視於歷史的現實。所謂「特殊過渡階段」就是多種所有制並行發展的階段，不能不按照價值規律辦事，引進市場經濟以便迅速提高生產力。這一點，不但已經由中國改革開放的實踐經驗證明，現在不僅越南也推行Doi moi（創新），就連古巴也以中國的社會主義市場經濟和越南的Doi moi為參考而將要確立「古巴社會經濟模式」（簡稱MEC）——二〇一〇年十一月公布〈黨與革命的經濟、社會政策概要〉，以達到「二十一世紀型社會主義」為目標。

馬克思在〈政治經濟學批判序言〉中說：

無論哪一個社會形態，在它所能容納的全部生產力發揮出來以前，是決不會滅亡的；而新的更高的生產關係，在它的物質存在條件在舊社會的胎胞裏成熟以前，是決不會出現的。所以人類始終只提出自己能夠解決的任務，因為只要仔細考察就可以發現，任務本身，只有在解決它的物質條件已經存在或者至少是在生成過程中的時候，才會產生。

根據這段話，只有全人類的生產力發展到某一個階段，人類才有進入社會主義社會的可能。放眼現在的世界，像非洲、拉丁美洲、伊斯蘭世界，還有印度和東南亞國家，許多民眾的生活條件都還在水平線下，我們怎麼可能在短時間內、甚至在自己活著的這一生內，就達到社會主義的理想呢？社會主義是人類永遠要朝這個方向努力的目標，我們在自己的一生內努力盡到自己的責任，就可以感到心安；如果想要「及身」看到社會主義的實現，我覺得那是一種不著邊際的幻想。以這種幻想來要求某一個國家一定要如何如何，而對另外表現更惡劣的國家卻閉口不作批評，我不認為這是自命為「左派」的人應該有的態度。

我現在認為，極左派的特質是不理解歷史唯物主義，否定事物的辯證發展過程，想要一步登天，認為人類可以在「一夕之間」成為「新人」，並造就一個「全新的社會」。再沒有比這個想法更違背馬克思的歷史認識論的了。我認為，現在號

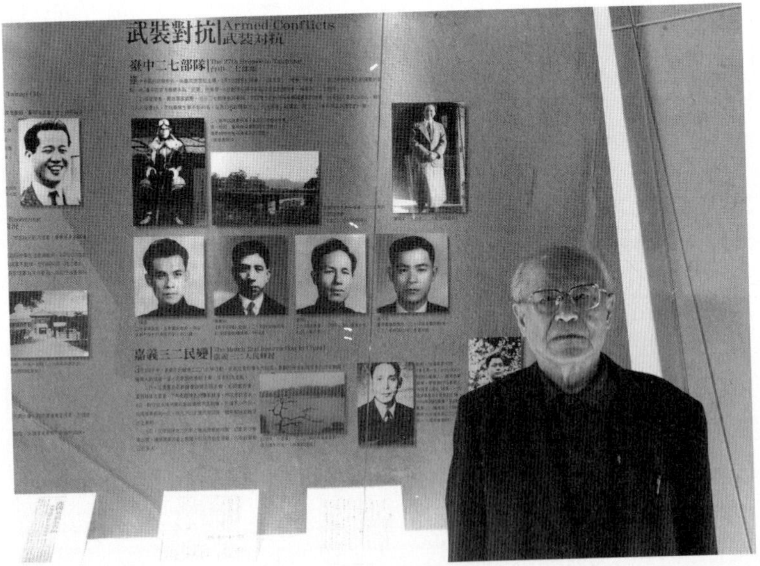

2009年陳明忠應馬英九之邀，出任二二八紀念基金會董事。此為陳明忠在二二八紀念館「台中二七部隊」展示區前的留影。

稱左派的很多台灣年輕人，常常犯了這種輕忽歷史的毛病，他們把人類社會的事情看得太簡單了。

人活著總希望可以多做一點事情，但時勢使然，人有時候可能白白活了一輩子。回顧我的一生，從大形勢來看，我對我這一輩子還是滿意的。——我開始反抗日本人的時候，中國還在艱苦的抗戰；我加入地下組織的時候，國共正在打內戰；我第二次出獄的時候，中國還處在改革開放的艱難時期，現在中國大陸不論在經濟實力上、還是在國際地位上，都節節上升，現在僅次於美國。而且美國的實力也愈來愈弱，而中國的實力還會繼續增強，中國人終於可以在世界上揚眉吐氣，我高中時所經歷的那種痛苦的民族屈辱可以大部分洗刷乾淨。

我有生之年能看到中國發展成這個樣子，我自己覺得是蠻滿意的。這就是說，我生錯了時代，但沒有做錯事，就這一點來說，我沒有遺憾。再說，我大概有生之年看不到兩岸統一了，更不可能看到終生嚮往的「自由人聯合體」的實現。這是小小的遺憾；不過沒有關係，大形勢是擋不住的，我已經知道，統一不成問題，而人類社會最終還是要朝著「自由人聯合體」的方向前進。

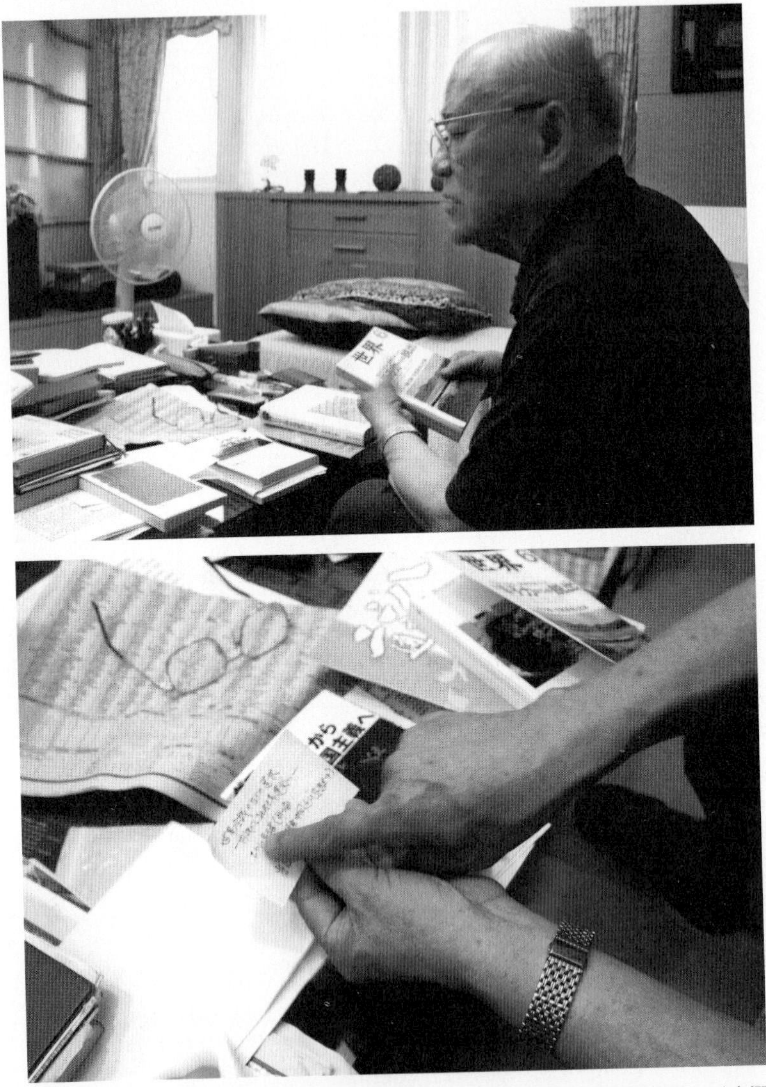

陳明忠在台北的家裡，「這本講大陸現在問題的書，聽說很有意思，我要找來看。」（李娜攝影）

一個台灣人的左統之路

陳宜中、呂正惠訪談

此一訪談於二〇〇八年一月十四日下午在呂正惠家進行，由陳宜中、呂正惠提問（大部份的提問只是引起話題，最後談到兩岸關係及大陸現狀，都是由陳宜中問），鄭明景錄音，陳福裕也在場。錄音由鄭明景、陳福裕兩人整理，再由呂正惠簡單修改文字，調整部份訪談的順序，並加上小標題，以醒眉目。最後，由陳宜中、陳明忠確認、修訂。

一、「台灣人的悲情」來自日本的統治

問　陳先生，您的經歷非常特殊，我們今天的訪談，事先沒有設定一個問題表，您想怎麼談就怎麼談，請從您最想說的談起。

陳　我想先談「台灣人的悲情」。民進黨說，二二八是台灣人的悲情。這根本不對。以我的經驗，台灣人民在日本的統治下，沒有任何尊嚴可言，這才是真正的「台灣人的悲情」。我因此知道自己是「清國奴」，是中國人，才開始起來反抗，我的一生從此就改變了。

如果要講悲情，就要從日據時代講起。日據時代，台灣人是二等國民，被欺負到什麼

程度？我的思想改變是從高雄中學開始，當時我們一班五十個人，只有十個台灣人，其他都是日本人。我經常被罵是「清國奴」，動不動就被打，我搞不清楚為什麼。後來，我才知道自己不是日本人。對我衝擊很大的事情是，有一次我和一個日本同學打架，事後來了十幾個日本人打我一個，最後跟我講一句話：「你可以和內地人（按：日本人）打架，但不可以打贏。」這對我衝擊非常大。不是說一視同仁嗎？我一直以為我是日本人，但台灣人和日本人打架卻不可以打贏，這是怎麼一回事？我的腦筋開始產生混淆，兩三年以後才知道原來我不是日本人，是中國人，思想才整個轉變過來。

我感覺到在日據時代作為台灣人，真是一點尊嚴都沒有。例如，當時村長在鄉下都是有聲望的人，是我們尊敬的人。但是，日本的警察叫村長跪下，村長就要跪下，這在我們看起來，實在是太瞧不起台灣人了。日本人跟台灣人的薪水也不一樣，同樣的學歷，日本人的薪水比台灣人高百分之六十，為什麼會這樣？再舉個例子，我認識一個人叫做林金助，是石油公司的工友，給大家燒開水泡茶的。可是林金助這個名字日本人也有。有一天上面有人來視察，從名冊上看到名字，以為他是日本人，馬上升他當雇員，因為日本人是不能當工友的。日本人可以當勞動者，就是不能當工友幫人服務，不能倒茶、掃地。你想，當時身為台灣人是什麼感覺？我們是二等公民，甚至是三等公民（因為還有琉球人），一點尊嚴都沒有。我家是大地主家庭，我每天有牛奶喝，但因為在日本人面前沒有尊嚴，才知道尊嚴最重要。我家的佃農在我面前也沒有尊嚴，就像我在日本人面前一樣，所以，我開始反抗日本人的統治，也開始轉向社會主義。所有的台灣人，在日本人面前都沒有尊嚴，那我們台灣人是什麼東西呢？難道這不是「台灣人的悲情」嗎？

二、二二八不是省籍衝突

問 那您怎麼看待二二八？

陳 二二八是反抗，是反抗國民黨的惡劣統治。「造反有理」，這是人民的哲學。二二八是反抗，不是悲情。

問 您反抗日本人，又反抗國民黨政府，這有什麼不同？

陳 當然不一樣。日本人是外國人，他們瞧不起所有中國人（包括台灣人）；國民黨是中國人的政府，它是一個不好的政府，我們是反抗一個我們自己的不好的政府。二二八時，我們反對的是一個惡劣的政府，而不是所有外省人。當時從大陸來的人，好壞都有。台中農學院的外省老師，包括院長（就是校長），學問好，思想開明，我就很尊敬。我不但不反對他們，還保護他們。二二八事件期間，我把他們集中起來，請我的學弟林淵源（他後來當高雄縣長）照顧他們。

問 照您這樣講，二二八就不是省籍衝突，至少主要不是省籍衝突？

陳 二二八本質上是一個反抗惡劣政府的行動，不是省籍衝突。當然有些本省人情緒激動，打了外省人，這是有的，但不是主要的。你們還要注意，當時的省黨部和陳儀是作對的，他們要把事情鬧大，好搞垮陳儀。蔣渭川是省黨部的人，他找了一批打手，專打外省人。他故意製造糾紛，就是要把事情鬧大。

我們在台中開大會鬥爭台中縣長劉存忠，因為他貪污。民眾要把他處死，謝雪紅說，他有罪，但罪不至死。民眾又喊要割他耳朵，謝雪紅又說，那太殘忍了。民眾說，那就打他，於是謝雪紅讓一些人上來打。這可以證明，反抗的人相當節制，知道自己要幹什麼。

但蔣渭川這個人你們要注意，他是省黨部李翼中的人。二二八之後，他當了台灣省民政廳長。我第一次坐牢之前，在一九五〇年一月九日的《中央日報》上（按，此時陳先生拿出複印的剪報資料），看到一則怪異的啟事，內容是「慶祝蔣渭川、彭德、李翼中、林日高等四人出任民政廳長、建設廳長、省府委員」。在賀詞的下面有二十一人署名同賀，名單中好多人竟然都是在二二八事件中，遇害或行蹤不明的台籍人士，像林茂生、王添灯、林連宗、宋斐如、王育德的哥哥王育霖、還有陳炘。我後來坐牢時，才聽說這則啟事是地下黨（即共產地下組織）的吳思漢刊登的。吳思漢為什麼要用這些人的名義來刊登？因為據說這些人之所以被害，都是蔣渭川告的密，所以吳思漢故意用他們的名字以示抗議。蔣渭川是ＣＣ派，他的老闆是台灣省黨部主委李翼中，也是ＣＣ派。那時候被打的外省人，很多都是蔣渭川的人打的；蔣渭川找了一批流氓，到處搗蛋，要把政學系的陳儀鬥倒。陳儀很氣，要抓蔣渭川，結果被蔣跑掉了，蔣被李翼中保護起來。蔣渭川的女兒，為了保護父親，擋在蔣渭川前面，結果被陳儀派去的人殺了。

李敖曾說，二二八分成三個階段：第一個階段是台灣人殺外省人，第二個階段是外省人殺台灣人，第三個階段是台灣人殺台灣人。李敖的說法太誇張了，很容易引起誤解。第一個階段，一些外省人被打，少數人被打死，蔣渭川的打手到處亂打人；第二個階段，外省軍隊從基隆登陸，一路開槍掃射，但因為大部分台灣人躲了起來，所以只有在街上的人，才會被流彈打中；第三個階段，國民黨捕殺了一些台灣知名人士和地方領袖，其中不少人可能是蔣渭川開名單密告的，所以李敖說台灣人殺台灣人。李敖講話是很生動，但太誇張，很容易讓人誤以為二二八是省籍衝突。

當時，我們根本不覺得二二八是省籍衝突。我們要反抗的不是外省人，而就是貪官污吏。但是，貪污的人都躲起來了，倒楣的卻是一般的外省人；有些外省人挨揍，還有些被打死了。不過，二二八的性質並不是省籍衝突，而是反抗國民黨暴政，是政權跟人民之間的衝突。

壞的人是那些貪官污吏，但我們學生對外省老師的印象就比較好。因為，那時候來台的外省老師很多都受過很好的教育，左派的也很多，比較進步，比較講民主，跟學生相處很像朋友。台籍老師受日本人影響，權威性較強，講話都是用命令的，所以學生對外省老師比較有好感。這不是我一個人的說法，黃春明也這麼講(他的外省老師因為是共產黨，後來也被槍斃了)。

關於二二八，我還可以說兩點。民進黨一直在製造一種印象，讓人覺得，二二八時國民黨在台灣進行大屠殺。依我的了解，二二八死的人，大約在一千上下。一九五〇年我被捕時，在獄中跟台灣各地的難友聊天，了解各地的狀況，據我當時估計，大概就是這個數目。後來，民進黨成立了二二八賠償委員會，列了一大筆經費，到現在錢都還沒領完。據我探聽，領的人不超過一千人，而且其中有一些還是白色恐怖受難者家屬領的。民進黨完全不公佈這個消息，還繼續炒作，實在很不應該。

還有，陳映真跟我講過，有一個外省老師，看到接收人員欺壓台灣人，非常不平，寫了幾篇小說加以揭露，發表在上海的文藝刊物上（按，這些作品已收入人間思想叢刊《鵜仔》，人間出版社，二○○○年九月），可見二二八主要是「官民矛盾」，不是「省籍矛盾」。

三、白色恐怖是國民黨鎮壓人民，不分省籍

問 您的說法跟民進黨的差很多。有些台獨派說，二二八是台獨運動的起源，您不同意吧？

陳 好多人（尤其是台獨派）說，二二八是台獨運動的起源。這個說法我不同意。二二八是民國三十六年（一九四七年）的事，但是一直要到我第一次坐牢出獄的那一年，一九六○年，才有人因為台獨案件進來坐牢。另外，台獨派在日本成立「台灣青年會」是

一九六〇年，台獨聯盟是一九七〇年在美國成立。怎麼看，時間上都差太多了。光復以後，台灣人熱情歡迎祖國軍隊的到來，可見他們對日本的統治有多反感。後來看到祖國的政府這麼糟，才開始想，要怎麼辦？然後大家才了解到，原來我們的祖國有兩個：一個是共產黨的紅色祖國；一個國民黨的白色祖國。既然壓迫我們的是國民黨，是白色祖國，於是年輕人就開始向左轉，向共產黨那邊靠攏。當然，當中有些人像我，在日據時代本來就已有社會主義思想；但是，也有些人是因為反對國民黨的暴政，才轉向共產黨的。所以，當時在共產黨裏面有這兩種成份，一種是日據時代就有社會主義思想的，還有一種是二二八以後對國民黨不滿才向左轉的。在第二種裏面，有些人日後因為反國民黨而變成台獨，李登輝就是一個典型；不過在當時，即使是第二種人，也是向左轉的，而不是主張台獨。根據後來警備總部的資料，二二八事件發生時，共產黨在台灣的地下黨員只有七十二個人；但到了五〇年代白色恐怖全部抓完之後，共產黨員總計有一千三百多人。從這個對比，你可以看出二二八以後年輕人向左轉的大趨勢。

問　您現在談到二二八以後台灣社會的變化，接著就是白色恐怖，您對白色恐怖有什麼看法？

陳 國共內戰國民黨失敗，撤退來台灣。當時我們認為，「解放台灣」是遲早的事，但沒想到一九五〇年（民國三十九年）韓戰爆發，美國第七艦隊竟然侵犯中國主權，開入台灣海峽。有了美國保護，國民黨像吃了一顆定心丸，就開始大量逮捕、屠殺反對他的人，特別是潛伏的共產黨地下黨員。

我要特別強調，白色恐怖，是國民黨對於人民的恐怖統治。凡是被認為有可能反對國民黨的人，不分省籍，也不管有沒有證據，就一律逮捕。我被捕以前，大概是一九五〇年的五、六月間，報紙登出地下黨領導人蔡孝乾投降的消息，他呼籲所有地下黨員出來自清。當時蔡孝乾所供出的共產黨員共有九百多個，主要是台灣省工作委員會系統（簡稱「省工委」），加上別的系統（包括搞情報工作的）。受難的共產黨員共約一千三百人左右。可是問題是，按照謝聰敏引用立法院的資料，整個白色恐怖時期因涉及匪諜案件被捕的人數就有十四～十五萬人，可見其中大多數人是被冤枉的。就共產黨員來說，他們是「求仁得仁」，是無怨無悔的；但是就大多數受冤枉的受難人和他們的家屬來說，白色恐怖當然是「悲情」。另外，根據台大社會系范雲的估計，在十四～十五萬受難人當中，約有百分之四十是外省人。當時外省人佔台灣總人口數也還不到百分之十五，由此可見，外省人受害比率非常高。所以說，白色恐怖不僅是本省人的悲情，更是外省人的悲情。所謂「台灣人的悲情來自於『外來政權』的統治」這種泛綠陣營的說法，並不符合事實。正確的說，白色恐怖應該是「白色統治階級對所有被統治階級的恐怖行為」，是國民黨對所有台灣人民（包括外省人）的恐怖統治，與族群矛盾沒有關係。

四、為什麼認同「新民主革命」？

問 陳先生，您願不願意談談，二二八以後您政治態度的改變？

陳 二二八前後，我對國民黨這個政權已經徹底失望。但當時我聽說，大陸還有一個共產黨，是主張革命的。後來，我就知道了毛澤東的「新民主主義」。毛澤東說，中國是處在半封建、半殖民的階段。一方面，我們受制於封建傳統，譬如，中國還有很多大地主，許許多多的佃農整年勞動，卻一直處在飢餓邊緣。另一方面，我們又受帝國主義侵略，備受外國人欺凌，毫無民族尊嚴，譬如，台灣的中國人就一直受到日本人的欺壓。毛澤東認為，既然中國的農人、工人、小資產階級知識分子、民族資本家這四種階級的人，佔了中國絕大部份人口，這些人應該聯合起來，一方面打倒封建的大地主階級，另一方面打倒受到外國收買的買辦階級，這樣中國才有前途。我突然了解，國民黨政權就是封建大地主和買辦階級的總代表；他們只佔中國人的極小部份，卻仗恃著美國帝國主義的支持，肆意的欺壓中國的絕大多數人（包括台灣人）。這樣，我就了解國民黨為什麼會以這種惡劣的手段接收台灣；同時也了解到二二八的反抗之所以失敗，就是因為不認識整個中國的狀況。這樣，我就轉向了「新民主革命」。

二二八之後，很多台灣青年都有這種覺悟。譬如，我高雄中學的學長鍾和鳴（後來改名鍾浩東，作家鍾理和的同父異母兄弟），畢業後考上台大，後來放棄不讀，和一群朋友偷渡到大陸，去參加國民黨的抗戰。光復後回到台灣，當基隆中學校長。二二八之後，他也是因為覺悟到，要救中國只有參加革命，所以他加入地下黨，不幸被捕。那時候還沒戒嚴，被判感化，但他不服感化，結果被國民黨槍斃。

又譬如，台北的郭琇琮，跟我一樣，也是大地主家庭出身。他念建國中學時，也跟我一樣，受到日本同學的欺負，起來反抗，被日本人關了起來。國民黨來接收的時候，還特別派人把他從監獄迎接出來。二二八之後（那時候，他已經是台大醫院的醫師），他也加入地下黨。白色恐怖時被抓了，國民黨要他投降，他寧可被槍斃，也不肯投降。跟郭琇琮同時槍斃的，還有許強和吳思漢。許強是台大內科主任醫師，在日本讀醫科時，日本人很佩服他的才智；他們說，如果諾貝爾獎有醫學獎，許強有可能得到。吳思漢原本在日本學醫，放棄了，偷渡到朝鮮，一路跑到重慶。在當時的《中央日報》上，他發表了〈尋找祖國三千里〉的文章，轟動一時；為了表示對祖國的情懷，他把自己的名字改為「思漢」。後來，他們思想都改變了，轉為支持共產黨，被捕後寧死不降。他們這些人都比我們沒被判死刑的人，優秀太多了。當時這樣又有才能、又勇敢的台灣青年很多，最傑出的都被處死了。

台獨派說，二二八把台灣的菁英殺了許多。這一點也不準確，因為二二八殺掉的知名人士並不多，而且，大半是年紀較大的。白色恐怖殺的青年人就不知多了多少倍，他們都是台灣未來的希望。應該說，台灣人才的斷層，關鍵在白色恐怖。當時還有很多島內的外省朋友，也跟我們一樣，一起合作，想要打倒國民黨。這樣，你們就能了解，為什麼國民黨有了美國保護之後，就開始逮捕、屠殺，而且牽連那麼多無辜的人。你想想看，地下黨聽說只有一千三百人，而白色恐怖的受害者卻多達十四～十五萬人（保守估計），你看這個政權有多殘酷！

五、台獨運動是地主階級後代搞出來的

問 照您所說，從二二八到白色恐怖，其實都是政權跟人民的矛盾；這個政權在壓迫人民的時候，是不分省籍的。但是，國民黨政權畢竟還有另外一個面向。當年老蔣幾乎完全用他帶過來的外省菁英統治台灣，所以還是種下了省籍衝突的禍因，以至於台獨派日後不斷炒作族群，甚至把二二八和白色恐怖都講成是「外省人殺台灣人」的族群殺戮。您能不能進一步對台獨運動做更細部的分析？

陳 剛剛說到，二二八一直被講成是台獨運動形成的原因。我認為時間不對。二二八是一九四七年的事情，開始有台獨政治犯卻是在一九六〇年左右；在那以前，只有廖文毅等幾個人是台獨政治犯，其他通通是紅帽子。王育德在日本成立台灣青年會是一九六〇年，美國台獨聯盟的成立是一九七〇年，和二二八相距太遠了。二二八事件之後，台灣的年輕人是向左轉，而不是轉向台獨。台獨的概念是從土地改革才開始。當然，土地改革是應該的，但是站在地主階級的立場，看法就不一樣。我自己家裏是地主，有好多親戚也都是地主；他們的感覺是：國民黨在大陸根本不做「耕者有其田」，來台灣才向台灣人下手，是要把台灣地主的勢力消滅掉。

同時，土地徵收的價錢也差很多。台灣是兩期稻作，中間種雜糧，但是徵收土地的計算方式是以兩年的稻米收成來計價，中間的雜作不算。國民黨一方面用戰爭末期的糧食價格作為計價標準，讓土地變得很便宜；另一方面又把市面上只值一、二元的四大公司（台泥、台灣農林、台礦、台肥）股票，高估為十元來作補償。這一來一去，原本二十元的東西變成一元，所以很多人不滿意。

地主不滿意，可是沒有辦法。因為白色恐怖，反對的話就會被抓起來，所以什麼都不敢講。但是因為他們家世好，早期到日本、美國的留學生都是他們的子弟。在海外台獨人士當中，台南一中和嘉義中學的校友比較多；一半以上的台獨幹部，都是這兩個學校的畢業生。因為最好的土地都在嘉南平原，嘉南地主的子弟就變成了海外台獨的主力。一個典型的案例是林獻堂。在日據時代，他領導台灣文化協會反抗殖民統治；他曾經因為去大陸訪問時說了一句：「我終於回到祖國」，回來後被日本流氓當眾打耳光羞辱。這麼堅定的愛國主義者，一旦階級利益受到傷害，便放棄了民族意識。土地改革後，林獻堂跑到日本去，還曾支持邱永漢搞台獨。這也是為什麼台灣有縣市長選舉以來，第一個黨外的縣長是台南市的葉廷珪，因為台南是地主窩。還有，地主階級一方面因為「耕者有其田」拿到四大公司的股票，又經營中小企業發達起來，於是漸漸形成勢力。台灣內部的中小企業家，和在美國的台獨組織，這兩股力量一合流，台獨就發展了起來。所以，台獨運動事實上是台灣土地改革的結果，是地主階級的運動。這是我個人長期研究所得出的結論，是我第一個講的。可惜我以前收集的資料都散失了，但這個題目可以好好研究。

六、皇民化意識的復活是國民黨的統治造成的

問 您這樣講台獨運動，跟現在的流行說法相差很大。剛剛講到日據時代，當日本人來台的時候，反日抗爭死掉了很多人，皇民化教育是後來的事情；所以鄭鴻生會寫到他爸爸跟他祖父兩個不同世代，對祖國的感情不太一樣。也許有人會說：陳明忠先生當初在雄中被欺負，產生了抗日意識和中國認同，這可以理解；不過，另外也有一些受皇民化教育的人，願意為日本人打仗；因此，陳先生的經驗或許有一些代表性，但是也有另一些人對悲情的理解是不一樣的。更進一步來講，可能也有些台獨派人士會說：陳先生剛剛講到的日本人對台灣人的欺壓，其實正是「台灣意識」或甚至「台獨意識」的種子，而不見得會導向中國認同。您怎麼回應這些說法？

陳

其實不用把皇民化看得那麼成功，根本不是那麼一回事。我舉個親眼看到的例子：光復前我住在鄉下，那時候日本快打輸了，要訓練台灣的兵員。年輕人上過日語小學的還可以，但要訓練三十多歲的壯年兵就有問題，因為大多數都聽不懂日語。班長訓練踏步走，用日語喊「左右、左右」，但台灣兵聽不懂，變成了同手同腳。為了讓台灣兵聽懂指令，班長只好用台灣話講「碗筷、碗筷」（碗代表左手，筷子代表右手）。你說，對這些人來說，皇民化能起什麼作用？連日語都聽不懂。再舉個例子：有一天，我的同學遲到，老師問他為什麼？他用日語回答說：「我家的豬媽媽發神經，叫豬的哥哥來打。」老師當然聽不懂。其實翻成台語，就是：「我家的豬母起哮（發春），叫豬哥（種豬）來打（交配）」。像這樣子，怎麼皇民化？所以說，台獨的皇民化論述事實上是台灣地主階級的論述，跟一般台灣民眾沒有關係。如果說皇民化的效果那麼大的話，就不能夠理解，為什麼日本投降的時候很多日本警察被打？譬如說，郭國基就把以前刑求他的日本人，帶到半屏山殺掉。如果皇民化那麼成功的話，為什麼光復的時候會有那麼多人去歡迎國軍？更沒辦法理解為什麼那麼多的青年在二二八事件後向左轉？皇民化成功的話，不會是這樣。近年來皇民化意識的重生，是因為國民黨統治失敗的關係。也就是說，「台灣意識」之所以會變質為「台獨意識」，其實也跟國民黨來

與祖國徹底決裂的「台獨意識」。台灣所謂「皇民化意識」的重新起來，其實是國民黨統治台灣的結果。

七、「外來政權」與「省籍情結」

問　您剛剛的談話，讓我印象最深的有幾個重點。您說，在日據時期，「台灣意識」不但沒有異化成「台獨意識」，而且跟「祖國意識」高度重疊。皇民化教育根本不成功，台灣人民熱切歡迎祖國軍隊的到來。可是不多久卻發現到，取代日本殖民統治的，竟然是一個我們自己的惡劣的政府；於是展開了反抗，二二八事件之後更進一步向左轉，最後遭到受美國保護的國民黨的恐怖鎮壓，株連無數。您說，二二八的起因是反抗貪官污吏，白色恐怖是國民黨統治者對所有台灣人民的迫害，不分省籍。您指出，台獨運動的形成和土地改革很有關係，不能回溯到二二八。您認為台獨派把二二八和白色恐怖講成省籍衝突，是指鹿為馬，是對歷史真相、對國民黨暴政性質的嚴重扭曲。現在我想進一步請問，您如何理解民進黨所謂的「外來政權」問題？以及所謂的「省籍情結」？台獨派不斷的操弄「外來」和「本土」之分，而且還非常成功。您怎麼解讀這個現象？

陳

「台灣意識」之所以變成想與祖國徹底決裂的「台獨意識」，除了地主階級鼓動台獨的關鍵因素外，另一個重要的背景，當然就是所謂的「外來政權」的問題，以及由此衍生的「省籍情結」。前面我一再說，不論是二二八還是白色恐怖，都不是省籍衝突，而是國民黨政權和台灣人民之間的矛盾。國民黨政權不但迫害本省人，也迫害外省人。這種迫害，完全不能從民進黨所說的「外來政權」去理解，因為外省人也同樣遭殃，甚至更慘。不過，蔣家政權用外省菁英統治台灣，這個省籍面向當然存在，這是不能否認的。台獨派之所以很成功的挑起「省籍情結」，然後把二二八和白色恐怖通通扭曲成是省籍衝突，跟這個當然很有關係。

蔣家政權來台的時候，帶了一百五十～二百萬的人來。他們並沒有講台灣人是二等公民，而且，並不是所有的外省人都是統治階級。事實上，除了少數的蔣家家臣外，大多數是軍、公、教的中下級成員，特別是老兵；他們不見得過得比本省人好，好多人的生活比本省人還糟糕。可是，那時候決定台灣命運的中央級民意代表，通通是外省人，連鄉下的派出所主任都是外省人。那些擔任蔣家家臣的「高級」外省人，在台灣的地位和處處表現出來的優越感，跟日據時期日本人的表現並沒什麼兩樣。在這種情況之下，很多台灣人會認為光復不過是「從大陸來的新統治階級替代日本統治階級」而已。同時，台灣人民會在心中把日本人的殖民統治拿來跟國民黨做比較。很多人覺得國民黨當然比較差，所以「皇民化意識」又重新來了。

當所謂「外來政權」的說法普遍在民間流傳，台灣人要「出頭天」、要「當家做主」的口號，就很容易打動民心。這為「台獨意識」提供了發展和擴大的空間。因此，「台灣意識」之所以異化為「台獨意識」，可以說是蔣家政權完全忽視台灣人民的心情所造成的。「台灣意識」不等於「台獨意識」；「台獨意識」是異化了的「台灣意識」。今天表現在政治上和中國為敵，意圖和中國徹底決裂的是「台獨意識」，而不是「台灣意識」。

台灣心懷不滿的地主階級台獨派，就是利用了台灣人的省籍情緒，才獲得成功的。當年靠外省菁英統治台灣的蔣家政權，當然要負很大的責任。

二二八事件以及使成千上萬人民受難的白色恐怖案件，令台灣人民陷入恐懼的深淵，所產生的仇恨到今天還飄蕩在台灣島的上空。你想想，如果高官都是外省菁英，這種仇恨是不是很容易被簡化成族群仇恨？是不是很容易被台獨派利用？

八、國民黨喪失民族立場引發了另一種悲情

陳　我想，還應該講一點，「台灣意識」異化成「台獨意識」，國民黨還要負另外一種責任。為了自己的生存，他們喪失了民族立場，對美國人不能保持民族尊嚴。一九五〇年六月二十五日韓戰爆發，二十七日，美國第七艦隊就進入台灣海峽。不但如此，還有第十三航空隊駐防，同時成立美軍顧問團入駐陽明山。最嚴重的是，台灣當局在美國的要求下，竟然同意美軍享有治外法權。也就是說，美軍在台犯了罪，台灣當局無權過問——這是晚清時期列強租界和治外法權的現代版，是國民黨政府撤退來台灣後，台灣人民所遭受到的最大恥辱和悲情。這樣，國民黨（包括他統治下的中國人民）對美國的關係，不是比台灣人在日本統治下的法律處境還糟嗎？美軍殺人沒有罪！典型的案例就是一九五七年的劉自然事件。他是革命實踐研究院的職員（當時的班主任是蔣經國），被一位名叫雷諾的美軍上士在陽明山的美軍眷區槍殺了。警方要逮捕雷諾的時候，被美軍藉口外交豁免權而強行阻攔。事後雷諾辯稱，他槍殺劉自然，是因為劉偷看他太太洗澡。但到底有沒有這回事？我們不知道，因為死無對證。五月二十三日美軍軍事法庭判決雷諾無罪，當天就用直升機送回美國。五月

二十四日，劉自然的遺孀到美國駐台大使館前面抗議，高舉「殺人者無罪」的牌子，引起群眾的圍觀；最後人群衝入美國大使館，把汽車燒掉了，連美國國旗都燒掉了。不但是這樣，連裏面的文件也燒掉了，還圍攻美國新聞處以及美國協防司令部。當時參與的群眾有幾萬人，還是高中生的陳映真也有參加。後來抓了一些人，群眾要求放人；警察又開槍打死了一個人，傷了三十多個人。然後，還派了三個師進來台北鎮壓；第一批先抓了四、五十個人，後來又抓了一百多個，其中四十多個人以「意圖製造事件的暴動者」的罪名，判了六個月到一年的有期徒刑。報導這個事件的《聯合報》記者，竟被判了無期徒刑，一直到一九七六年我第二次坐牢的時候，他還在關。為了這個事情，蔣介石把衛戍司令、憲兵司令、警察署署長通通撤換掉，俞鴻鈞內閣也被迫總辭。蔣介石還親自出面向美國大使道歉。這是國民黨政府來台後的第一次反美事件，這難道不是「台灣人的悲情」嗎？為什麼民進黨從來不講？難道他們的悲情意識是有選擇性的？

台灣人的悲情還表現在美國的《台灣關係法》上，這個民進黨也從來不敢講。一九七九年美國和中華人民共和國建交（也就是跟在台灣的中華民國斷交），為了取代遭排除的《中美共同防禦條約》，美國國會片面以國內法的形式制定了《台灣關係法》，試圖用美國國內法直接適用於台灣。這就意味著台灣是美國的屬地，是美國的一個地方。這就難怪邱義仁會說：「台灣不抱美國的大腿可以嗎？」這就是奴才，把台灣當成是美國的新殖民地，使台灣人民喪失了尊嚴，失去了作為台灣這塊土地上的主人的地位。所以，我覺得泛綠人士的悲情意識是選擇性的悲情意識。日據時代不願意講，治外法權不敢講，就連《台灣關係法》也不能講，就只會不斷的扭曲台灣人民的歷史記憶，將二二八和白色恐怖打造成台獨的歷史神話。

九、國民黨不殺台獨派

陳 我還要再講一點。《台灣關係法》是美國國內法，民進黨竟不以為恥；承認美國的治外法權，國民黨也不以為恥。他們都是一樣的，不必「龜笑鼈無尾」，一樣都是美國的奴才。台灣哪裏有光復？以前是日本的殖民地，現在是美國的殖民地。

你們知道嗎？台灣戒嚴時期的政治犯裏面，台獨政治犯是不判死刑的，因為美國不准國民黨把他們判死刑。最有名的是雲林縣的蘇東啟，他想要去軍援倉庫搶武器，先和高玉樹商量，但高玉樹知道不會成功，就去密告；所以蘇東啟一去搶就被抓起來，可是沒有槍斃，判了無期徒刑。台獨派只有一個被槍斃，但那是例外。被槍斃的那個人確實有台獨思想，可是沒有活動。調查局知道之後，派人偽裝成台獨分子去慫恿他發展組織，然後派他去日本跟台獨人士聯繫。在日本的國民黨情治人員也假裝自己是台獨，教他回台之後如何推動工作；等到組織發展到三十多個人之後，就把他抓起來。這個事情在法律上是不應該的，是入人於罪。他本來沒有發展組織的想法，是調查局設計他去做，然後再抓起來，這其實是殺人滅口。

但那是個例外，其他的台獨派都沒有被槍斃。當時還沒有外獨會，台獨派都是台灣人。如果像民進黨說的，外省人和台灣人的矛盾那麼嚴重的話，那台獨應該是會被殺的啊！國民黨為什麼不殺台獨？這不是很奧妙嗎？美國的敵人是中國共產黨，國民黨的敵人也是中國共產黨；台獨派不是美國的敵人，反而是美國暗中支持的。以前，國民黨常把台獨派和共產黨連在一起，這不是很荒唐嗎？因為只有這樣，才能置之死地。但也因為太笨了，沒有人相信，所以這樣炮製出來的政治案件，一次也沒成功。那個時候，台獨派都是台灣人，而國民黨不殺台獨派。如果國民黨政權的主要敵人是台灣人或本省人，怎麼會不殺呢？國民黨抓台灣的共產黨地下組織，從來沒手軟過，殺他們也毫不猶疑，這證明了什麼呢？難道這也叫省籍矛盾？再說一句，九〇年代台獨派勢力最大的時候，民進黨批起左統派（不論省籍）毫不留情，國民黨批左統派也是如此。在這裏，他們是內部矛盾，左統派是他們共同的敵人。因為，民進黨和國民黨都是美國的奴才，他們都沒有中國立場。台灣表面上光復了，但實際上是美國的殖民地；這是戰後台灣人最大的悲情，就像戰前台灣人最大的悲情，是被日本人統治一樣。我這一輩子在台灣，還沒有當過真正的中國人，這是我最大的悲哀。

十、藍營的問題：神化兩蔣、親美反中、堅持一中一台

問 您對台灣的現狀，還有什麼批評？

陳 我還想批評一下現在的藍營。首先，我對他們神化兩蔣感到非常不滿。蔣介石在大陸時期的功過可以暫時不提，但對兩蔣在台灣的功過，必須有一個合理的評價，不該把他們看得像「神」一樣。當然蔣經國是比他爸爸好一點，可是當時好多人的死還是跟他有關。所以很多二二八事件，或是五〇年代白色恐怖死難者的家屬，到現在都不能原諒兩蔣。泛藍把他們「神」化，我非常不滿意。我每次看到他們去參拜慈湖，感覺就跟看到日本首相去參拜靖國神社，沒什麼兩樣。

蔣家父子在台灣的統治至少有幾個爭議點，例如，他們引進美國勢力，將台灣置於美國的保護之下，造成兩岸長期對峙的局面。駐台美軍的外交豁免權，重演滿清晚年的「租界」和「治外法權」，終於引發了「劉自然事件」。另外，他們還接受屬於美國國內法的《台灣關係法》，讓它適用於台灣，使台灣淪為美國的附庸，甘願作美國的爪牙，牽制祖國的發展。

蔣介石統治台灣的另一個直接結果，就是產生「省籍情結」。由於蔣家政權的統治，才使得「省籍情結」發酵，使得「皇民化意識」復甦，使得「台灣意識」異化為「台獨意識」。也就是說，「台獨意識」的產生，台獨派的坐大，其實都是蔣家政權統治所帶來的惡果。泛藍陣營根本沒有考慮這點，根本沒有檢討。就像他們一味崇拜兩蔣一樣，他們絲毫不考慮台籍人士的心情。

我對泛藍陣營不滿的另一點是：他們堅持「一中一台」，主張中華民國是一個主權獨立的國家，不願意也不敢做中國人。這一點我非常不滿意。中華民國是主權獨立的國家，這講得通嗎？中華民國撤退來台灣之後，中國的主權當然應該由中華人民共和國來繼承。主權問題不是自己說了算，要世界都承認才行。台灣的蔣家政權，雖然擁有土地、人民和政府，但卻沒有主權，不能自稱是主權國家，只能說是一個「地方政權」

或「流亡政府」而已。但是泛藍人士一直認為台灣比大陸還進步，又由於「反共」意識形態的作祟，不想要兩岸統一，只想要永遠維持現狀。時代在變，「現狀」也在變，所謂的「現狀」是不可能永遠維持的。在台灣的中國人，不應該一直聽命於美國人。實際上，國際上只有一個中國，大陸和台灣都是中國的一部分。中國的「主權」應該由兩岸的人民來「共享」，台灣的「治權」才是由台灣人民來「獨享」，一國兩制就是這樣啊！在這種情況下，大陸保證不徵稅、不派官，連部隊都不會派來台灣，這有什麼不對呢？為什麼要拒絕？我認為，藍營的「一中一台」和綠營的台獨，區別實在是不大的。他們只不過是在爭奪台灣島內的政治權力而已，他們都沒有真正為台灣人民的前途和利益著想。

十一、一國兩制與兩岸關係

問　我覺得「主權共享、治權獨享」這個概念，其實有些台獨派是可能接受的。可是「主權」要如何「共享」？「治權」如何可能「獨享」？這中間好像還有些爭論空間。比方說，在一個中國的框架之下，如果是「主權共享、治權獨享」的話，那是不是某種比較鬆散的組合方式？獨享治權的台灣，政治的自由度會有多大？再舉個例子來說，蘇聯是聯合國安理會成員，烏克蘭和白俄羅斯也是聯合國會員；在一個蘇聯的框架下，前蘇聯在聯合國共有三個席位。當然，我並不是說前蘇聯模式是最佳選擇；我也不太相信台灣人民真的那麼想要進聯合國，或非進聯合國不可，那是台獨炒作出來的議題。不過，國際空間或地位問題之所以高度敏感，也正因為它同時涉及台灣在一中框架下的政治地位問題，也就是您提到的「治權獨享」問題。在這些方面，您願意再多說一些嗎？

陳 大陸的態度是，在一個中國的原則之下，兩岸什麼事都可以談。也就是說，國號、國旗等都可以談。問題是，現在藍、綠兩黨都不肯承認「一個中國原則」，所以，你提的想法根本就不能在談判桌前談。台灣方面如果不承認「一個中國原則」，你怎麼能夠讓大陸方面跟你談這些問題呢？還有，談判與實力是有關係的，台灣應該選擇對自己最有利的時機來談，講話才更有力量。你不覺得，台灣已經錯過最好的時機了嗎？

問 「一國兩制」在台灣一直被妖魔化。所以，統派在談「一國兩制」的時候，是不是應該多談「一國兩制」的「治權獨享」面向？以及，將可以為台灣帶來更多的國際空間等等？如此一來，台灣的一般讀者也才會知道，原來統派的主張是這樣，原來「一國兩制」是這樣子談的。現在兩岸的政治互動很糟，所以胡錦濤雖然說國際空間可以談，可是事實上連戰去了一趟大陸，這方面也沒什麼突破。連一個非主權國家可以加入的WHA，大陸都還是多所阻撓。這點在台灣就很敏感，很容易被炒作成是「中國打壓台灣」。所以我想要問，您怎麼看台灣的國際空間問題？

陳

很多國際組織，是規定只有主權國家才能加入，譬如聯合國。有些可以用地區名義加入，譬如奧運。如果台灣所說的國際空間是屬於前一類，那不是等於要大陸承認台灣是個主權國家嗎？這根本就違反了「一個中國原則」。如果兩岸以「一國兩制」的方式統一，那麼，在這種架構下，台灣的國際空間比香港還要大。老實講，台灣的兩黨就不甘心接受「一個中國原則」，所以故意在那邊打迷糊仗，蓄意欺騙台灣人民，想要達到混淆視聽的目的。他們不想讓台灣人民了解，在「一國兩制」架構下，台灣的國際空間很大，而且比現在要大很多。在台灣現在的經濟條件下，兩黨這樣莫名其妙的堅持下去，到底對台灣好，還是不好呢？

說到國際空間，我就想談一點歷史。一九四九年國民黨內戰失敗，撤守台灣，共產黨在大陸建立「中華人民共和國」。共產黨統治了中國絕大部份的土地和人民，而「中華民國」卻只能靠著美國的保護存活下來。在這情況下，美國還仗恃它在聯合國的強大影響，讓「中華民國」保有聯合國的中國席位，讓「中華人民共和國」完全沒有國際空間。從聯合國的角度來看，那時候「中華民國」是一個擁有中國主權的政府，而「中華人民共和國」卻只是一個不受國際承認的政府。這種情況，維持了二十一年！然後，「中華人民共和國」才取得聯合國的中國席位。說難聽一點，美國保護「中華民國」，跟日本保護「滿州國」有什麼不同？在這種狀況下，「中華人民共和國」還願意以對等的地位，「政府」跟「政府」談，還有比這更好的條件嗎？怎麼可能要求「中華人民共和國」承認「中華民國」是一個「主權國家」呢？當「中華民國」還佔據聯合國的中國席位時，它會承認「中華人民共和國」是個主權國家嗎？那不是製造中國分裂嗎？而蔣介石也就會成為中國的千古罪人。蔣介石不肯幹的事，鄧小平、江澤民、胡錦濤，不管將來誰當中國的領導人，誰都不會幹這種千古罵名的事。

問

兩岸關係要改善，大概首先需要有一個好的循環出現，然後才會慢慢上升到更進一步的層次。像現在，就不是一個很好的互動狀態。大陸其實有很多東西是可以給的，但它現在不願意給，怕你用來搞台獨；台灣這邊其實也知道自己可以要，但是假如要不到會很沒面子。而且，台灣現在是民選政府，一個政治上的失敗就要付出代價，所以會傾向於保守。面對兩岸之間的政治僵局，您認為要怎麼樣才能有所突破？

陳 我想主要還是心態問題。台灣一直認為大陸比台灣差，實際上大陸現在已經發展起來了，「中國崛起」的事實已經不容否認。雖然大陸內部還有不少問題，但哪一國沒有問題呢？美國就沒有問題嗎？現在美國的問題並不比中國少，現在也再沒有人講「中國崩潰論」了。現在和未來的兩岸關係，關鍵還是在於：台灣肯不肯承認「中國崛起」的客觀現實？李登輝、陳水扁都瞧不起大陸，但如果未來台灣還維持這種態度，不肯承認大陸的發展，不願意跟大陸和談、合作，那還會再吃虧的。

我想暫時回到光復初期，談談那個時候的兩岸差距，再回到目前的兩岸問題。台灣在清朝末年經過沈葆楨、丁日昌、劉銘傳等改革派官員搞洋務運動的影響下，早就已經進入商業資本主義的階段，糖、茶、樟腦還大規模的外銷到國外。日本人來了之後繼承了這個基礎，為了殖民統治的需要將經濟規模深化，所以到光復的時候，台灣已經進入了資本主義現代化的初期。相對的，大陸從鴉片戰爭以後，內亂外患搞得一塌糊塗，加上經過了八年對日抗戰，變成「一窮二白」。我認為，要窮人有志氣是很難的。

我在光復後看到來台接收的國軍和官員的種種作為，才理解八路軍為什麼要制定「三大紀律、八項注意」。大陸人來到台灣看到什麼就想要什麼，又搶又騙，什麼都要，這是當時大陸比台灣落後的證據。我認為，接收初期接收者與在地人的衝突，在地人對接收者的不滿等等，根本原因就在於海峽兩岸經濟發展階段的差距。二二八之後，台灣青年向左轉，就是因為了解到：只有搞革命，才能重建中國經濟，才能根本解決內部很多矛盾問題。國民黨的腐敗問題，其實就是中國整體落後的一種表現。

按我的理解，大陸經過革命，經過重重的困難，終於在二十世紀九〇年代以後全面發展起來。事實上，這等於實現了當年台灣左翼青年嚮往的目標。再說到當年來台接收的人，當年他們比台灣人還窮，貪污腐化，被台灣人瞧不起。後來台灣經濟因為受到美國的援助，發展得較快；於是，變得有錢的外省人就和變得有錢的台灣人一樣，都瞧不起大陸。其實大陸因為地方大，問題多，又被美國圍堵，才發展得比較慢。因為人家慢，比你窮，就瞧不起人家。現在人家發展起來，比你還有前途，你還不肯承認，還要「訂高價」（拿翹）。我認為，這才是目前兩岸關係的實質。台灣人（包括本省人和外省人），要好好自我反省，不要老是說人家打壓你。

十二、台灣的三種左派：新民主主義左派、文革左派、洋化左派

問 陳先生，聽您這樣說，我想請您特別從左派的角度，談一談大陸現況，以及您對中國革命的看法。還有，您覺得您自己的左派立場，跟台灣的其他左派有哪些不同？

陳 台灣一直認為大陸比台灣差，實際上大陸現在已經開始有點錢了。現在不是在講「和諧社會」這個概念嗎？這表示大陸已經有能力從內部來改變自己。例如以前講「一部份人先富起來」，現在強調「大家都要富起來」；以前只講「效率」，沒有講「公正」；以前談到經濟發展只看GDP，現在強調要「以人為本」。胡錦濤提出「和諧社會」和「科學發展觀」這些概念，就表示說大陸已經有能力改善過去因為引進資本主義成份所造成的那些毛病。

我覺得以前大家對「一國兩制」的詮釋是不對的。它把大陸看成是社會主義社會，而台灣是資本主義社會，所以統一以後可以各搞各的。其實，就我的看法，我認為大陸現在比較接近列寧所說的「特殊的過渡時期」，是要過渡到社會主義社會之前的「國家資本主義階段」。這是由共產黨所領導的、以國家的力量發展資本主義的生產方式，最後的目標是要達到社會主義，但現在還不是社會主義。很多的台灣左派朋友都搞不

陳　新民主革命的一代，親眼看到中國的慘況，而其中的台灣青年，更親身經歷了日本人的歧視與欺壓。對新民主主義革命者來講，革命一方面是希望中國富強起來，另一方面是希望中國的窮人能過好日子（那時候的中國農民真是慘）。我們的理想是從切身的痛苦出發的，我們了解這個革命過程可能很漫長、很痛苦，是要犧牲生命的。七〇年代因為保釣運動而左傾的一代，對中國現代史不了解，沒有切身的體驗，只在觀念上左傾；當時又是文革，他們受到極左思想的影響，很理想化，以為馬上要實現社會主義。所以，大陸改革開放以後，有些文革左派會認為大陸已經走資，因此不屑一顧。但難道，他們想要讓中國人一直過著一窮二白的生活嗎？如果中國經濟不發展起來，在蘇東集團倒了以後，中國怎麼能夠在美國獨霸之下存活下去呢？中國既要改善一般人的生活，還要有能力在美國的霸權之下獨立發展下去，不改革開放，行得通嗎？台灣還有一種更年輕的留洋左派，我是聽呂教授說的。他們同情古巴和拉丁美洲國家，反對美國霸權；但他們好像還是不太能夠了解，為什麼中國非走改革開放的道路不可。他們似乎不太考慮到，中國在改革開放之前，處境並沒有比古巴和拉丁美洲國家好多少。要不然，一九五〇年美國怎麼會毫無顧忌的侵犯中國主權，把第七艦隊開入台灣海峽，干涉中國的內戰，又在聯合國阻攔新中國取得中國席位達二十一年之會主義目標，就是鄧小平說的「有中國特色的社會主義」前進。沒有資本主義生產方式，沒有現代化，就不能讓中國人民富裕起來，也不能讓中國真正強大起來。那樣的話，什麼社會主義都不要講了。

毛澤東不是這樣想的。他馬上要進入社會主義，所以就搞起文化大革命。我到現在還不完全了解文化大革命是什麼樣子，因為沒有一本書講得清楚。但毛澤東以為立刻要進入社會主義，這我不能同意。窮國怎麼可能實行社會主義呢？我還認為，毛澤東一直想著美國包圍中國，隨時會打中國，所以，他要把中國搞得隨時可以應戰。但這應該叫做「備戰體制」，不叫社會主義。蘇東集團垮了，中國沒有垮，因為中國在文化大革命之後，認清了革命要分幾個階段。從一九四九年到一九七六年，可以說是中國革命的奠基階段；這一階段的目標在於：重建中國，原始積累，從事基本建設，建立初步國防（包括核子彈）。有了這些基礎，就可以改革開放，開始大步現代化。很遺憾，毛澤東不這樣想；才有一點基礎，就要進入社會主義，當然亂了套，多走了冤枉路。不過，中國終於走向正路，既沒有放棄社會主義的大目標，也沒有全盤倒向資本主義。蘇聯和東歐就不是這樣。他們以前走過頭，現在全部不要，另外走資本主義道路。從極左到極右，怎麼會不亂？他們沒有認識到，落後國家的現代化道路，不能跟西方一樣。他們太迷信自由經濟了。

落後國家的路很難走。中國革命後黨內的意見很多，也犯了幾次嚴重錯誤。我們也不能隨意責備他們，因為從來沒走過的道路，誰能一次就走對？西方資本主義初期，不把工人當人看，所以才會產生社會主義思想。但現在有誰還會記得，西方資本主義原始積累時期的殘酷與血腥？誰還會記得，資本主義帝國主義時期，西方人在殖民地所犯下的種種滔天罪行？毛澤東雖然走偏了，鄧小平卻在黨內的長期鬥爭中看到了正確的道路。文革結束初期，中國還有極左派，也有想要倒向資本主義的極右派。但鄧小平堅持走中間路線，緊抓「四個堅持」（其中最重要的是：堅持共產黨領導，堅持社會主義目標），同時引進資本主義生產方式，再隨時調整。以前講「讓一部份人先富起來」，現在講「和諧社會」，這就是「與時俱進」。要有彈性，不要教條主義。我認為，台灣七〇年代以後的左派，不懂歷史的現實，不懂歷史唯物論，缺乏發展的視野，都有教條主義的傾向。

十三、我對社會主義的看法

問 聽陳先生這樣講，我還想要繼續問您一些關於左派的問題。您說，社會主義要建立在資本主義高度發達的成就和文明的基礎上，這點我相當同意。如您所說，現在中國大陸是以國家的力量發展資本主義，想要靠著資本主義達成大國崛起的目標。可是，從某些左派的角度來看，可能會覺得大陸現在的發展路徑還是付出了很高的代價。雖然說是要建立「以人為本的和諧社會」，但是不夠和諧、不夠公平正義的地方還是很多，在這裏面許多弱勢者是要付出代價的。我猜想，中國人終究是想要超英趕美的。所以，當「強國」的目標跟追求當前現下的公平正義有所衝突的時候，通常「強國」還是比較優先。當年因為美蔣政權是一個白色政權，另外一邊是一個由下而上的革命政權，所以國族主義和社會主義可以得到統一。但是我會覺得，現在台灣的左統派、或者說是統左派，伴隨著中國大陸的崛起，好像也在調整「統」跟「左」的優先和比重。先強國，先超英趕美，以後再談社會主義，您的意思是這樣嗎？

陳 其實落後國家要進入社會主義，一定要經過資本主義階段，這個階段不能跳過去。西歐國家在發達資本主義之前，早就實現了民族國家的建立，或者說，民族國家既是資本主義世界市場的結果，也是資本主義發展的前提。因此，在先進資本主義國家發動社會主義革命，主要是解決階級問題，不存在民族解放的問題。落後國家由於受到帝國主義壓迫，一定會有民族意識，所以落後國家的社會革命一定是結合了社會主義和民族主義這兩種成分。同時，落後國家走向社會主義的道路，和馬克思以先進資本主義國家為對象所說的社會主義革命，一定是不同的。落後國家在帝國主義的包圍下，社會生產力相對落後，並不具備直接跳躍到社會主義社會的條件。從列寧的「新經濟政策」到中國的「新民主主義」，都是落後國家要進入社會主義的一個「特殊的過渡階段」；這個過程說不定要搞個一百年以上，實際上就是由共產黨來領導、實行資本主義生產的道路。在這過程中，一定有反對帝國主義的民族意識在裏面。這正是為什麼史達林的「一國社會主義」思想在中國很少有人反對的原因，因為裏面有民族主義成分。有民族主義的概念，才能反對帝國主義。當前台灣一部份從美國回來的左派，一直反對民族意識。他們不知道要進入社會主義有兩條道路，一個是先進國家走的社會主義革命，一個是落後國家的社會革命（以社會主義為目標的社會革命）。落後國家在進入社會主義之前，一定要先將資本主義所達成的物質生產力吸附進來，才能夠進入社會主義階段。同時很糟糕的是，西方很多左派對社會主義的看法，通常繼承恩格斯的

候，或停止生產的時候，人要靠什麼吃飯？資本主義最沒有辦法解決的，其實就是這個問題。像歐洲的失業率越來越高，要怎麼解決？荷蘭的Work Sharing方案，就是因為資本主義沒有辦法解決這個問題才出現的。這樣看，資本主義最後非得要走上社會主義這條道路。

關於這個問題，我在〈先進資本主義國家的社會主義化〉這篇文章中提到：要實現真正的「自由人的聯合體」，恐怕要從資訊社會誕生後才開始具備條件，在那之前是不可能的。也就是說，只有在知識勞動高度發達的「知識社會」中，「自由人的聯合體」才可能出現。一方面要將原本屬於生產的主觀條件的「知識」客體化，使「知識」成為生產手段，成為新的社會生產力發展的基礎；另一方面要將無法為私人所佔有的「知識」，發達成為具有支配性的、社會主義性質的生產力。只有在「知識」勞動者之間實現平等的、自主的「網絡共同作業」，才能兌現自我實現型的社會主義勞動。如此一來，新社會的生產力和生產關係才獲得了新的規定性（知識的生產手段化和社會共有化），才能實現真正的「自由人的聯合體」。

總的來說，我們一定要對社會主義重新考慮，要分清楚這兩條道路：一個是先進資本主義國家的社會主義論；一個是開發中國家的社會主義論。只有對這個問題有了認識，我們才能夠對中國發展的現狀做出科學的評價，也才能解決島內左派在理論和現實上的各種分歧。

十四、要堅持走中國道路

問 我想要再問您一個問題。大陸近年來爆發了很多的維權運動，不見得直接挑戰政權，而是在抗議資本主義發展過程中某些嚴重的不公不義。但是，中國政府為了要維持和平穩定的發展，主要好像還是以鎮壓的方式來處理這些抗議。對大陸內部的弱勢者維權運動，統派是選擇不發言呢？還是有不同的看法？

陳 實際上，我必須承認，台灣的統派實在對大陸情況不太了解。這主要是因為資訊不足。如果像鳳凰電視台能夠進來，也許還可以了解一些，但現在不能進來。另外，在書籍方面，我一向不太願意看大陸的書，因為大部分是在為政策辯護，不是學術上的東西。現在大概有改變了，但以前我不太願意看，我比較習慣看日本書；日本的左派從第三者的角度分析中國，對我來說很有用。所以坦白說，不是我們不願意談，而是不了解，資料太少了沒辦法談。例如六四，剛開始我完全不了解，後來看到天安門廣場上的口號是「打倒李鵬」而不是「打倒趙紫陽」（趙才是官倒的來源），才開始覺得事情不簡單，但也不能了解大陸內部的問題。直到看了《讀書》前主編汪暉的文章，才稍微了解當時大陸社會的總總矛盾。我們只能在摸索中看問題，但不會看到西方或台灣媒體罵什麼，我們就跟著罵。我們很關心大陸，但有我們的關心方式。我們知道大陸還有很多問題。這些問題該怎麼解決，就像剛剛說的，我們還不夠了解，只能關心。但是，絕不能按西方或台灣所要求的方式來解決。大陸經濟的發展，就不是西方模式。蘇聯按西方模式，蘇聯就垮了。經濟這樣，政治也是這樣。大陸的政治體制，當然要隨經濟的改變來調整，但是要按大陸的步子來調整，而不是按西方的要求來調整。最近的十七大，據說已開始實行「黨內民主」，可見大陸也不是沒有注意到政改問題。但我們確實不知道，他們的長期規劃是什麼。大陸的體制不可能不改，我們都關心，但我們沒有必要和西方媒體「同一口徑」。

十五、講「轉型正義」民進黨沒政治智慧

問 陳先生，我突然又想起一個問題。這兩年，台灣的綠營人士一直在談「轉型正義」。您

經歷過二二八和白色恐怖，被國民黨關過那麼久，獄中還備受刑求，好不容易撿回一命。您認為找出當年刑求你的、迫害你的第一線「加害者」，要求他們吐露「真相」，是好的做法嗎？對於「轉型正義」，您有什麼看法？

陳 什麼轉型正義！就是要算舊帳，要清算嘛！我覺得，民進黨真是沒政治智慧。呂教授曾經講過一個故事給我聽。劉邦、項羽爭天下，他們都是現在的蘇北人，很多黨羽彼此認識。項羽自殺、劉邦統一天下以後，劉邦準備算舊帳，想殺當年他的黨羽、但卻投降項羽的人，結果議論紛紛，人心不安。劉邦請教張良，張良教劉邦找一個他最痛恨的人，不但封他侯爵，還跟他同車出入。其他人一看，都說：連那個人都沒事，我們還擔心什麼！劉邦就用這種方法，平息人心的不安。民進黨現在要算舊帳，所有外省人都不安，他們又怎麼會跟民進黨同心協力搞台獨呢？台獨是搞假的嗎？我認為他們只會操弄族群，很沒出息。

就講我好了，我被國民黨關了二十一年，我太太十年，我的大舅子被槍斃（他槍斃前跟我同房，臨走時一一跟我們握手，我發現他的手還是熱的，真是了不起。當時我根本沒有想到，出獄後會跟他妹妹結婚）。論仇恨，可以算「苦大仇深」了吧！幾年前的二二八紀念日，國民黨邀我到中央黨部講話。我去了。我跟他們說，我今天不是來跟國民黨算舊帳的。當年國共內戰，我們心向共產黨，被國民黨搞得家破人亡。應該說，內戰讓很多人受苦。但現在時代不一樣了，你們兩黨應該和解，不要再因為兩黨不和，讓無辜的百姓受牽連。如果你們能這樣做，我們的苦就沒白吃。我向連戰強調，兩岸分裂是國際冷戰與國共內戰造成的歷史悲劇！而今幾十年都過去了，再深的仇恨都可以化解，何況是為了中國如何現代化的路線不同而產生的國共內爭！俗話說，解鈴還需繫鈴人，因此，作為國民黨黨主席，你有責任與義務前去大陸與共產黨和解。連戰聽了很感動，原來就想去大陸參訪卻猶豫不決的他，於是當場決定到大陸去，以黨主席的身份和共產黨談。共產黨對他也非常禮遇，以國家領導人的規格接待。

我去國民黨黨部，我的一個難友非常不諒解，從此以後不跟我講話。當年我第一次坐牢，刑期已滿，國民黨還不讓我走，要把我送到小琉球。那時候我身體很差，長期得肺病，很瘦。我那位難友認為，我會死在小琉球，所以他透過別人通知他父母，由他父母賄賂相關人員(他們有管道)，我就被釋放了。他對我有救命之恩，他不跟我講話，我很難過。但我認為，我沒做錯。我是為所有的台灣人(包括外省人)著想。

「轉型正義」——那麼，民進黨就自以為掌握「正義」了?這如果不是無知，就是無恥。他們難道不知道，是美國保護了國民黨這個不得民心的政權，讓它在島內亂抓而且，我前面也講過，原來在日據時代，台灣人的皇民思想並不深。國民黨來了以後，台灣人拿日本殖民政府來跟國民黨比較，才又懷念日本統治，皇民思想才又重生。有些外省人不能了解這種狀況，所以老是指責台灣人。我當然很厭惡那些老皇民，像李登輝。但我們（特別是外省朋友）要了解其中曲折的情感轉折，不要動不動就指責台灣人。

我認為，藍、綠惡鬥的根本關鍵，就是，雙方都不承認自己是中國人。如果大家都是中國人，而且，大家都為中國的崛起歡欣鼓舞，大家都充滿了希望，怎麼還會互鬥呢？如果藍、綠兩邊都承認自己是中國人，大家當然會互相親近，彼此有矛盾，也不過是人民內部的矛盾。就像我跟呂教授，我們是台灣人，你（按：指陳宜中）、錢永祥是外省人，我們的某些看法可能不一樣，但不會成為互相對立、不能妥協的雙方。現在藍和綠，都把對方看作「異類」，是完全不同的人，彼此互相排斥，甚至互相敵視。如果他們都認為大家都是中國人，就不會這樣子。所以我認為，「一個中國的原則」，不但可以解決兩岸矛盾，還可以舒緩台灣內部的省籍矛盾。

記住過去的歷史，是要得到教訓，不要重犯錯誤。現在民進黨所以講歷史，卻是要算舊帳，而且這個「帳」還是他自以為的「帳」，這只能加深裂痕，於事無補。應該說，台灣幾十年來的歷史，是許多因素造成的（這不能不讓人想到日本的侵略、中國的內戰、美國蓄意製造的冷戰）。我們必需放眼看這樣的大歷史，不能夾纏在台灣的內部。看看現在的世界，美國、日本的經濟不可能有起色，中國的經濟欣欣向榮。我們應該往前看，為台灣找到最好的前途。如果台灣還閉眼不看，就會搞得進不能退不得，只好繼續在窩裏鬥。如果大家放寬胸懷，重新復歸中國人的認同，那路子寬得很，還有什麼好鬥呢？總而言之，台灣的兩大族群，再這樣彼此不諒解，不往前看，繼續惡鬥下去，台灣一定沒前途。這種局面，我們統派實在不忍心看下去了。

原載於《思想》第九期《中國哲學：危機與出路》，二〇〇八年五月。

統一是大形勢，誰也擋不住

呂正惠採訪

問 陳先生，回顧您這一輩子，有沒有哪一件事對您產生很大的衝擊，改變了您的思想，而且影響了您後來整個人生的方向？有沒有這樣的事。

陳 當然有啦，那就是我在讀高雄中學時，學校中的日本人對我的蠻橫的欺負與歧視。這些日本人常常莫名其妙的打我，後來我只好打回去，沒想到我打贏時，他們就一群人圍著我打，還說，你可以跟日本人打架，但不可以打贏。他們罵我「清國奴」，從此我才知道我是中國人，不是日本人。我這一輩子最不能忍受的是人對人的歧視，從此以後，只要一有機會我就開始反抗日本人。

問 這樣看，您感受到的是民族歧視，您會成為民族主義者一點也不奇怪，但您為什麼會成為一個社會主義者呢？

陳 在學校裏，我是反抗日本人的，但也有一些台灣人，也就是所謂的皇民化台灣人，見到日本人就卑躬屈膝，真令人厭惡，毫無尊嚴可言。可見，強者對弱者的歧視也會造成弱者的人格扭曲。我是地主的兒子，當我回到家時，我們家的佃農看到我也是卑躬屈膝的，我由此了解，人對人的歧視，不只限於民族之間，在一個社會裏面，地位高的階層也會歧視低階層的人。可見，民族主義只能解決民族對民族的歧視，不能解決階級對階級的歧視，如果要有真正的社會正義，就非實現社會主義不可。

問　這樣說，是不是社會主義要比民族主義優先？

陳　也不能這麼說。自從近代西方帝國主義開始對外侵略時，被侵略的常常是整個民族淪為被奴隸的對象，這個時候全民族的反抗可以說是唯一的拯救之道，民族主義是很重要的。當然帝國主義也利用被侵略民族中的少數人，以他們為工具，來控制被侵略的民族。而這些少數人，往往可能就是這個被侵略民族中的壓迫階級。所以，被侵略民族的反抗，對外就是民族主義，對內就是那些與帝國主義合作的壓迫階級，這樣，這種革命就同時具有民族主義和社會主義的性格。

問　您怎麼會形成這樣的想法呢？

陳　這些當然是慢慢形成的。台灣光復以後，我在台中農學院（中興大學前身）讀書，看到來台灣接收的國民黨的種種腐敗現象，就想，那麼我們中國要怎麼辦，如果中國一直是這種政府，中國怎麼可能富強，怎麼可能擺脱被侵略、被歧視的處境？在當時的進步思想的影響下，我終於了解到，必須以革命手段重新建造一個既反帝國主義、又能實現社會正義的新中國，才能實現我心中的理想。從此以後，我就走上了這條路。

問　您這種選擇，讓您好幾次陷入殺身之禍，還坐過兩次牢，總共坐了二十一年，而且兩次審判都備受酷刑，這樣的道路，您曾經反省過嗎？

陳　這條路是我自己選的，而選擇這條路就是隨時準備要殺頭，我一開始就有這種覺悟。只有一次，我感到很痛苦。第二次坐牢時，我從《中央日報》讀到一些傷痕文學的作品，開始了解文革的某些事情，我就想，中國革命怎麼會變成這個樣子，那我為革命獻身不是毫無意義嗎？為了這個，有一陣子我幾乎不想活了。後來我不斷的讀書、思考，終於了解革命過程不可能很順利、很簡單，尤其像中國歷史那麼久，土地那麼大，人那麼多，又受了一百多年的侵略，怎麼可能經過幾十年的革命，就馬上成功呢。人類追求理想的過程當然是很漫長的，不可能在你活著的時候就看到你追求的目標已經達到。每一個人在自己活著的時候，盡自己的心力去做，就可以了。我這個思考過程，非常漫長，寫過很多筆記，後來，陳福裕幫我整理，你也幫過忙，出了一本書。我的思考不一定正確，但我由此知道，不可以寄望於革命馬上成功，或者革命過程永遠不會出差錯，如果這樣想，就會否定歷史上所有革命的價值。人類當然最好不要用革命手段來改變社會，但有時候就是不得不選擇革命，這是沒有辦法的。我恰好生活在這樣的時代，我只能選擇革命，我只能說，我生在一個不好的時代，但我認為，我的選擇沒有錯。

問　除了這些想法外，您如何評價自己的一生？

陳　我參加組織不久就被捕了，坐了十年的牢。出獄以後，十六年之間忙著養家活口，有空的時候就到處弄資料來看，沒想到因此又被捕。本來要判死刑，後來由於海外搶救，只判了十五年，實際坐了十一年的牢。前後三十七年，其實沒做什麼事。第二次出獄以後，才開始搞活動，而那個時候台獨已成氣候，國民黨實際上也是另一種台獨，在這種大形勢底下，這些活動其實效果很小。要說起來，有三件事還覺得勉強可以。第一，我帶頭把統派老政治犯組織起來，成立台灣地區政治受難人互助會，有了這個組織，統派的活動才有了基礎。第二，當原住民工作隊和高金素梅委員到日本抗議日本首相參拜靖國神社，並要求把靖國神社中的原住民牌位移出時，我從旁協助，最後迫使日本法院判決日本首相以官方身份參拜靖國神社是違憲的。第三，當連戰準備訪問大陸時，邀請一個統派到國民黨黨部去演講，我去了。我說，我跟我太太兩家，都被國民黨害得家破人亡，但我不是來跟國民黨算帳的。由於兩黨長期內戰，才會使得很多人民被牽扯進去，受到很大的犧牲。現在台灣的族群問題很嚴重，其根源就是國共內戰，要解決島內的族群問題，首先就要解決國共內戰的問題。我告訴連戰，解鈴還須繫鈴人，你有責任，也有義務，以國民黨主席的身份到北京和胡錦濤總書記見面，實現國共和解。現在兩岸雖然不能和解，起碼兩黨是可以和解的，為了兩岸人民的福利，國民黨有責任到大陸去跟共產黨談一談。據説，我這些話，讓連戰下了最後的決心，提前到大陸去了。這三件事是我比較滿意的。不過，整體而言，我做的事還是很少，我自己並不滿意。

問　我想事情也不能全部這樣看，這就好像是以成敗論英雄。當然，人活著總希望可以多做一點事情，但時勢使然，人有時候可能會白白活了一輩子。像你們這種「老紅帽」，坐了這麼久的牢，吃了那麼多的苦，始終不改其志，實在是很不簡單。比起現在的台灣人，只會追逐名利，完全缺乏理想，你們的人生還是充滿光彩的。

陳　我們也就只能這樣安慰自己了。不過從大形勢來看，我對我這輩子還是滿意的。我開始反抗日本人的時候，中國還在艱苦的抗戰，我加入地下組織的時候，國、共正在打內戰，我第二次出獄的時候，中國還處在改革開放的艱難時期。現在，中國不論是在經濟實力上、還是在國際地位上，都節節上升，現在僅次於美國。而且，美國的實力也越來越弱，而中國的實力還會繼續增強，中國人終於可以在世界上揚眉吐氣，我高中時所經歷的那種痛苦的民族屈辱感可以大部份洗刷乾淨。我這一輩子能看到中國發展成這個樣子，我自己覺得是蠻滿意的。

問 去年去世的顏元叔教授很久以前曾經寫過一篇文章，叫做〈感謝大陸億萬同胞〉，大意是說，中國能有今天，是所有中國同胞幾十年來共同努力的成果，當時看了相當感動。其實在革命過程中，有些人很早就犧牲了，例如你們的前輩郭琇琮、吳思漢、許強、鍾浩東等人，我們不能說他們沒有貢獻。我覺得，也可以用這種方式來評價你們這些老政治犯。

陳 這是別人如何看待我們的問題，我們不好說什麼。

問 您對現在台灣的局面有什麼看法？

陳 我對台灣的現狀非常困惑，也非常不滿意。不論是民進黨，還是國民黨，都不想跟大陸好好合作。台灣的經濟明顯是不行了，還不甘心跟大陸搞經濟合作。最近幾年，明明是大陸的遊客和大陸的購買團在支撐台灣的經濟，但大家不肯承認，贊成統一的人還是那麼少，我實在不知道台灣人在想什麼？

問 台灣的媒體非常糟糕，基本上沒有什麼國際新聞，台灣的老百姓對現在世界的經濟情勢根本就不了解，如果不到歐美、日本的經濟已經完全不行的時候，他們恐怕還是沒有感覺的。

陳 不知道還要等待多久，台灣人才會醒悟。現在就更糟糕了，政治上的惡鬥越來越厲害，政治人物完全不考慮台灣發展的方向問題，讓人無可奈何。

問 可不可以簡單談一下您對大陸社會的看法。

陳 年紀大了，身體不好，走路也不方便，大陸能去的地方不多，我現在主要從日本的著作中看他們怎麼分析大陸的經濟發展。我覺得有幾點是很明確的，大陸已經清楚的表示，政治上不走西方議會民主的道路，經濟上不走自由經濟的道路，西方和台灣因此批評大陸專制。我的看法剛好相反，這正表明中國還是朝向社會主義的道路在走。所謂「社會主義初級階段論」，就是在共產黨領導下，通過人民民主專政來推行社會主義市場經濟，以便準備進入社會主義社會所需要的物質、文化等條件的階段。當這些條件充足後，中國就能進入社會主義社會。因此不應該以為中國推行市場經濟，就認為已經「走資」。就落後國家（如中國）而言，沒有通過「社會主義初級階段」是不可能進入社會主義社會的。列寧在晚年提出「新經濟政策」（NEP）的時候也說過，像蘇聯這種落後國家是無法直接過渡到社會主義社會的，在進入社會主義社會之前，還要經過一個較長時期的，作為「特殊過渡階段的國家資本主義」，也就是在共產黨領導下，確保工農政權的性質，充分運用資本主義的優勢來發達社會生產，為進入社會主義社會提供條件。現在，歐美和日本的經濟前途普遍不被看好，而他們的政治其實也好不到哪裏去，這其實是證明了，西方的資本主義道路恐怕越來越難走，反過來說，中國的道路似乎就成了另一種選擇。我還沒有辦法想清楚中國道路的意義，但很難否認這種道路也許可以為未來的人類開拓另一種前景，這種前景或許可以說，就是朝著社會主義的目標前進吧。

問　現在大陸學界有一種聲音，越來越肯定中國文化，因為中國在強大的時候極少對外侵略和掠奪，反過來，中國強大的經濟反而對周邊國家產生助益，這就是傳統所謂「王道」。以此推論，現在中國的現代化所激發的經濟活力，如果也像以前的中國一樣，對周邊國家的經濟有促進作用，而不是對其他國家變成一種經濟侵略，那不就是一種中國式的社會主義嗎？

陳 我以前只從馬克思主義的立場思考社會主義如何實現的問題，我很少從中國傳統文化的觀點來思考這個問題。我很遺憾，高中以前受的是日本教育，光復後不久就被關，沒有機會好好學習中文，我的知識語言還是日語。你以前也跟我講過大陸學者現在有些人又回去肯定中國文化，這是很有意思的。習近平上台的時候，也一直在強調，要實現中國文化的再騰飛，好像也是在表達這種想法。以前胡錦濤也曾提出「和諧社會」的構想，方向上也是一致的。在中國文化傳統上找出和社會主義理想的相似之處，來讓中西文化的最大的共同夢想結合在一起，確實很有意思。這就更能證明，中國絕對不會走上西方那種霸道的、侵略成性的資本主義道路的。

問 我們的訪談也許可以結束了，您能不能再講幾句話。

陳 我再講兩點。第一、我生錯了時代，但沒有做錯事，就這一點來講，我沒有遺憾。第

二、我大概在有生之年還看不到兩岸統一了，這是小小的遺憾。不過，沒有關係，大形勢是擋不住的，我已經知道，統一不成問題。

原載於《觀察》第三期，二〇一三年十一月。

客家青年曾梅蘭苦苦尋找一九五○年代以「二條一」被處死的哥哥的屍骨，終於讓六張犁公墓與白色恐怖浮出歷史的地表。（李娜攝影）

第一次見到陳明忠先生，就被他的「蹣跚」吸引。拖著被當年酷刑毀掉的膝蓋，他走得吃力卻堅定，身無所求、心無旁鶩的堅定，這堅定從什麼歷史經驗中來？得知要做回憶錄，我就「自告奮勇」了。

二〇一一年六～九月之間，我有時和呂正惠老師，有時和福裕大哥、博洲大哥一起，對陳先生還有他的太太馮守娥老師，做了大約十九次訪談。呂老師主持整個工作，我做了整理和初步的編輯工作，交與陳先生往復修訂，呂老師再做進一步的編排校訂，同時請福裕大哥、傑哥增補。最後由夏潮聯合會的李中和人間出版社的鈺淩做統合出版。

總之，《無悔——陳明忠回憶錄》是台灣統左陣營的一個集體工作，我有幸參與其中，要感謝陳先生、呂老師和大家的信任。對我，這也是一個不平靜的學習過程，帶著我的「大陸背景」，我試著從統左派的血脈和現實，來理解台灣、思考我們欲求共同進步的未來。

「我的回憶有意義嗎？」訪談中，陳先生好幾次這樣問。他難得「猶疑」，但這「猶疑」不需回答。他的一生，無論作為台灣百年離亂的見證，還是紅色理想在戰後東亞的一種艱困實踐，其可貴價值，一讀便知。

「有意義嗎？」這問號只是讓我再度感受他的壯心不已：他的回憶，不是八十歲老人的悠然抒懷，而依然是面對現實的鬥爭。

陳明忠先生，大家叫他「陳桑」（以日語發音），這是一個包含著親切關係的尊稱。一九八七年以保外就醫出獄後，他很快成為統左派各路人馬的核心和紐帶，政治受難人互助會、夏潮聯合會、工黨、勞動黨、原住民部落工作隊的先後成立，他都是個關鍵人物。這二十餘年的活動，在這本回憶錄裏，他講得不多，但這二十餘年活動的根本與精神，念茲在茲，都貫注在他對早年經歷的敘述裏。

一、雨豆樹下的小孩

陳桑一九二九年出生於高雄岡山的小村落五甲尾。如今名「嘉興里」。二〇一一年夏天我去尋訪時，問路「五甲尾」，年輕人多已不知。建於一九二〇年的小學還在原址，教導主任說，日據時代唯一留下的，是操場邊那株綠蔭如傘的雨豆樹。

「整個五甲尾我還認得的，就那株雨豆樹了。」

當年他和同學在雨豆樹下練習相撲，他們「五甲尾分校」得了岡山地區小學比賽的第一名。因為不少孩子是一九三七年戰爭爆發後推行「皇民化運動」，才強制入學的，五年級生

十八、九歲的都有，跟別的學校十二、三歲的孩子比，「當然第一」。此時日語的推行也從學校延伸到村落，鄉村生活因此多了不少笑話。班上同學用日語請假「我家豬的媽媽發神經了，我要去找豬的哥哥給牠打」（豬母發情了，我要去牽豬哥來交配），把日本老師聽得目瞪口呆；電影公司來村裏拍片，宣傳「國語運動的成果」，老農緊張到指著「腦袋（あたま）」說「睪丸（きんたま）」；太平洋戰爭爆發後，村民被組織壯丁團操練，用「碗筷碗筷」代替「左右左右」的口令……這些笑話都極其生動，無論當年總督府宣揚的模範村，還是贊助台灣獨立論述、貌似學術化的「日據時代日語的普及是台灣形成共同體意識的基礎」，都得在笑聲中遁形。同時，陳桑回憶農民所受的壓榨，學校裏的軍事化訓練，以及隨時準備當炮灰的恐懼，來反駁李登輝對殖民統治的美化，「李登輝大概是個很特殊的台灣人吧。」

陳桑自己出身地主家庭，父親是接受殖民教育的順民，還因為戰爭的機會，開設牛奶牧場和榻榻米工廠，與日本人做生意。戰爭來了，一般鄉下人吃不起白米吃番薯簽的時候，他家的飲食變化，是從吃海魚改吃「有泥土味」的河魚——因為漁船被軍隊徵用了。以為自己「是台灣人也是日本人」的小學生陳明忠，考上高雄中學，受日本學生的欺負，才知道自己是「清國奴」，不是「日本人」。

陸續出版和將出版的老政治犯回憶錄中，有部同樣以真率讓我印象深刻的，是〈賴丁旺回憶錄〉[1]。賴丁旺和陳桑相差一歲，生在台南楠西村，作為貧家子弟，他更細緻地講述了日據後期農民生活的困苦程度，譬如即使是麻袋片做的衣服，一家四個孩子也只有兩個有得穿；還有習武結社的鄉村習俗的起起落落，比如「宋江陣」與地方勢力、日本人的關係。頗可與陳桑的回憶對照。

一九二〇年代生發的台灣新文學，以殖民地現實揭露與文化啟蒙為職志，鄉村社會是主要題材，一九三〇年代中期殖民政府越來越嚴厲的鎮壓和管制，讓新文學的生存空間日益逼仄。盧溝橋事變後，陳桑喜歡讀的楊逵、呂赫若、張文環等人的小說，即便仍以鄉村故事寄寓對殖民地問題的思考，都難以正面處理鄉村的民族與階級衝突（除了楊逵寫於一九三八年的〈模範村〉）。就此而言，陳桑和賴丁旺的回憶錄，正是瞭解皇民化時期的鄉村實景的可貴材料。

陳桑和賴丁旺的回憶都提到了他們的村莊之「偏遠」，賴丁旺的楠西村近山，不若台南市區以及海邊或平原上的村莊，有地利有交易。陳桑自覺殖民記憶的「城鄉差異和階級差

1 收錄於龍紹瑞，《綠島老同學檔案》，台北：人間出版社，二〇一三年二月。

異」，那是否只有城市或經濟較好的鄉村，以及地主階層，才會對殖民時代有好感呢？

以檔案史料、文學作品和口述回憶搭建一個多層次的途徑，可以瞭解的是：日本殖民台灣三十年前後，水利、發電設施的修建，農地產出的提高，讓一般人在資源掠奪式的殖民地經濟發展中，仍能維持生活；小學教育普及率在日據後期達到八～十四歲兒童百分之七十就學，高等教育方面，有條件讀書的台灣人被限制有刺激不穩思想之虞的文法學科，卻頗有機會入農林醫各類專門學校，習得一技之長。如此，生產力的提高、導向明確的殖民教育，配合嚴密的警察制度，得以維持所謂社會秩序的良好。這大概是陳桑的上一代人中，不只是陳桑的父親這樣的地主階層，會對「日本時代」抱有好感的原因。這也意味著一種滲透於日常生活的殖民意識形態的建立。一九三七年後戰爭逐漸破壞了生產和生活，但意識形態的鬆動要複雜得多。

陳桑在高雄中學被日本同學欺負，由歧視喚醒民族意識，這是殖民地人，特別是受教育者覺醒的常見形式。他曾請求父親給自己轉學到台南二中（以台灣子弟為主的中學，「總督府台南州立台南第二中學校」，一九四五年改名「台灣省立台南第一中學」），如果在那裏，陳桑自問，是不是他也會成為一個「讀書就好」的順民呢？

階級是事實，階級立場卻是主觀能動性。如果不是日後「背叛了自己的階級」，陳桑的雨豆樹，大概難以這樣得見殖民地生活的城鄉差異和階級差異。

一九四九年後國民政府通過土地改革、白色恐怖和情治體系，以及以儒家為底的道德倫理規訓，完成一套新的意識形態管控，卻與日據時代的殖民意識形態具有本質的連貫性。正如「清理奴化思想」，取而代之的是「人人腦中有個警備總部」。之後反體制運動和解嚴，也不曾動搖從日據時代確立的「知禮守法」和現代化價值。或也因此，雖然如今以美化殖民經驗來建構「我族」的認同政治，不那麼有效了，卻不妨礙它以「多元文化」的名義，轉為從官方到民間通吃的溫情懷舊，或曰「殖民地鄉愁」，如大熱的《海角七號》裏的日台之戀，如建成文物景點的金瓜石日本員工宿舍；也不妨礙國民黨一樣鄭重紀念烏山頭水庫和八田與一，不妨礙文化界熱衷「跳舞時代」各種「現代化初體驗」。

從學界的戴國煇、許介鱗到陳桑，都曾用了各種資料和譬喻來破解殖民現代化建設的神話，「小偷為了偷東西帶了梯子來，離開時帶不走，我們就該感謝他帶來梯子嗎？」但人們似乎並不在意小偷的正義與否，而是這個梯子仍然符合當下的審美。而對許多年輕人來說，日本殖民、國共內戰、兩岸分斷……或者沒那麼要緊關心，或者「尊重多元記憶」就好了。如果這是一種普遍的怠惰，那麼沿著殖民史觀批判，或許我們可以進一步推進殖民意識形態的反思。我想陳桑可以略寬心的是，也有許多為社會變革投身鄉鎮、社區等具體實踐的年輕人，「藍綠」魔咒不能再捆綁他們，殖民地經驗也得以更清醒、有歷史感地對待。

幾次訪談之間，得知我去了五甲尾，陳桑在一個信封上默了一首詩給我看：

ふるさとは遠きにありて思ふもの

そして悲しくうたふもの

（所謂故鄉，是唱著悲傷的歌、從遠方想念的地方……）[2]

「家沒了，地沒了，母親走了……小時候的同學，這些年也一個個都走掉了。十幾歲就離開家，故鄉就一直是遠遠想著才有。回去，什麼都沒有。但五甲尾是這輩子最無憂無慮的時候。」回憶即便有著強烈的現實戰鬥指向，它仍是個感性的力氣活，不時讓他陷入唏噓激動。他也從不迴避他身上的日本印記，他記得許多日語詩與歌謠，坦言日本「二二六」士兵和台中農學院的日本老師對他的影響；日語，更是他日後閱讀馬克思理論、獲得中國大陸資訊的重要管道。

這樣一種既有立場又坦然開放的殖民時代回憶，對於大陸理解台灣的殖民地經驗和兩岸文化差異，當大有幫助。大陸人多有「台灣人有日本情結」的印象——熱衷於報導台灣政黨鬥爭的媒體與有功焉——也同樣難於瞭解這一經驗的複雜性。想到這裏，如果陳桑和賴丁旺的回憶能拍成電影，不會遜於《稻草人》或《海角七號》的有趣有味，一定會引發兩岸，特別是年輕人瞭解的興趣吧。

二、坐牢算什麼

二〇一三年底，北京西山國家森林公園落成了一個「無名英雄紀念廣場」，紀念碑銘文寫著：「一九四九年前後，我軍按照中央關於解放台灣的決策部署，秘密派遣一千五百餘名幹部入台，被國民黨當局公審處決一千一百餘人。」這是大陸官方第一次公開這段歷史。有雜誌報導：這是國共雙方綿延三十年的角力過程中，鮮有的中共在「隱蔽的戰線」上遭遇的沉痛挫敗，也陰差陽錯地開啟了島內的一段「慘史」。[3]

---

2 室生犀星詩作〈小景異情その二〉（一九一三）。

3 黃毅修、許智博：〈潛伏在台灣〉，《南都週刊》八〇一期，二〇一四年四月。

「慘史」指的台灣一九五〇年代白色恐怖。它當然不是「陰差陽錯」被開啟。「白色恐怖」於大陸人，還不如被藍綠政治捆綁的「二二八」來得熟悉。陳桑說，去大陸，曾有人問他：「你是藍的還是綠的？」他說：「我是紅的。」聽者嚇了一跳。

從黨外運動到民進黨執政，「二二八」是用以控訴威權體制的武器；「白色恐怖」雖影響更深，但反共、匪諜的關係，讓它作為禁忌更難打破，而對彼時運動分化、通過了台獨綱領的民進黨來說，不分省籍的受難也無利「國殤」建構。「白色恐怖」遲至一九九〇年代才因六張犁公墓進入公眾視野，並不奇怪。「夏潮聯合會」、「中國統一聯盟」等成立後，統左有了組織，也有意識地以報告文學、口述史、紀錄片等文化形式，以推開白色恐怖和冷戰的鐵幕，爭奪戰後歷史的論述權。（其實一九八〇年代中期陳映真和藍博洲的作品都已開啟了這一工作。）

近年來形勢悄然變化，隨著兩岸經貿、文化交流的日益開放，政治打「省籍」牌已不是萬靈藥，民進黨也開始「看見」白色恐怖。而陳桑的回憶，一方面以「二二八台獨起源論」為對手，另一方面，我覺得更有意味的是，他的親歷帶出了「人民」的視角：從日據時代的抵抗，到「二二八事件」，到「白色恐怖」，是台灣人民反抗奴役、專制與腐敗的連續歷史。

1「敢反抗日本人的，就敢反抗國民黨」

「從高雄到台中讀書以後，最讓我吃驚的是，街上十字樓口旁常有二十～三十個年輕人，圍著圈彈風琴一起學『國歌』……深深感覺在思想上我真的比那些人落後太多。兩年後二二八事件發生，我在『二二八最後一役』之地的埔里看到了當年教唱國歌、教學國語的那些人圍在謝雪紅旁邊，聽謝雪紅指揮的情形。三年後白色恐怖肅殺全面展開，我更在保安司令部軍法處看守所裏，看到了那些人從容就義的最後一幕，也就是，由於二二八事件而拋棄『白色祖國』，走向『紅色祖國』的那批愛祖國愛人民的熱血青年的下場。」

「敢反抗日本人的，就敢反抗國民黨。」

陳桑和賴丁旺的講述裏，時時可以感受到一種屬於移民鄉村社會傳統的草莽氣息。賴丁旺回憶，光復後，楠西和附近的村子迅速恢復了曾被日本人禁止的「宋江陣」，人們結社練武，交朋友，行俠仗義，「心裏很暢快」。陳桑雖然已經是讀農學院的「讀書人」，從幼年時就表現出來的機敏好勇，在這個才從日本軍隊的暴力和謊言中走出來的青年身上，更顯旺盛。「會武功」的祖父和反抗日本人的「土匪」姑婆，似乎把反骨都隔代傳給了他。

從憑著血氣參加「二二八」，到「認識到國民黨的腐敗不代表中國」、「為了建設一個公平、平等的新中國」秘密入黨，陳桑踏上紅色理想的不悔路。

一九五〇年代白色恐怖，中共地下黨的「潛伏在台灣」是大肆抓捕的由頭；朝鮮戰爭爆發、冷戰格局下得到美國的庇護，是大肆殺戮的背景。國民黨檔案資料中，被捕叛變的「中共台灣省地下工作委員會」領導人蔡孝乾供認，當時發展的台籍地下黨員九百多人，大陸來的人數不明確，但一共被抓的黨員約一千三百多人。而據台灣多年來官方公佈或民間調查（至今爭議）的數字，被抓的人達到九萬（或說十三～十五萬），被處死的約九千人（或說一萬）左右。退守台灣的國民黨再度「清共」，抓捕殺戮至於瘋狂——獅子的凶心裏都有兔子的怯弱，陳桑說：「他（國民黨）是太害怕了。」

對死難者，許多人是通過陳映真、藍博洲等人的小說如〈鈴鐺花〉、〈山路〉、〈趙南棟〉、《幌馬車之歌》，或者電影《悲情城市》得以瞭解的。那些為理想拋家捨子、義無反顧，甚至拒絕「感訓」從容赴死的革命者，從幾十年的壓抑歷史中浮出，其震撼和動人，可想而知。

陳桑說：「判死刑的人，許多人是像陳映真小說寫的，視死如歸。他們選擇了共產主義，知道是掉腦袋的事。但那時候，共產黨在台灣的力量薄弱，為了壯大，採取了比較寬的路線，凡是反對國民黨的，都爭取進來。所以有許多年輕人，有左傾或者同情共產黨的，還談不上對共產主義有多少認識，或多深的信仰。所以，在獄中，面對死亡的命運，不好受。」他停下來，「心有不甘啊。」

陳桑自己在誤以為被叫出去槍斃時（實際是轉移），走在獄中過道上，天靈蓋突突地跳，「才知道人的腦袋上面還有動脈」。

也因此，無論外省人張伯哲對周圍人的關懷撫慰、上刑場時的平靜從容，羅東鎮青年馮錦煇與難友告別時溫暖如常的手，還是那些心有不甘者的痛苦，都成為陳桑一生的精神印記。回憶獄中生活的時候，陳桑的講述常常急促而跳躍，提到一個個人名，一個個故事，如斷簡殘編卻驚心動魄。許多人如武俠小說人物一樣來無影去無蹤，他所固執的，是想要為他看到的每一個生命的瞬間光華留下記錄。

再之後，他歎息復沉默，要講的是：「慷慨就義易，活下來難。」

第一次坐牢的十年，一方面，他看了太多逃亡、發神經、成為告密者的悲劇，一方面，他見證了許多被牽連或無辜被抓的台灣人，原不知共產主義為何物，卻在獄中走向「紅色祖國」。那些喊著口號赴死的人震動他們，「共產主義到底是什麼？」對這些人，名「新生訓導處」的綠島，的確是他們的新生之地、他們的「學校」。所以出獄後往來，他們互稱：「老同學」。

有知識的教沒上過學的，英語，代數，幾何，什麼都教。外省人教福佬人和客家人國語。思想上的學習則冒著風險，他們利用監獄「政治學習」課上的教材：投降的共產黨理論家葉青寫的《毛澤東思想批判》，「大段大段引用毛澤東的話」，簡直有「為匪宣傳」之嫌。他們略其批判而讀。有人甚至偷偷抄下來藏在牢房裏，幾十個人因此被安上「暴動」的名字槍斃。但仍有人冒生命危險做小抄，藏匿在廁所便池下的水泥地裏。伴隨這樣饑渴的學習熱情，還產生了「極左」和「修正主義」的派系。「極左派」攻擊較為知識分子型的，開展各種形式的獄中反抗，譬如多盛飯然後倒廁所裏，來消耗敵人的糧食，譬如用做「狗仔」(奸細)的方式「打入敵人內部」，等等。回憶牢房裏的「鬥爭」，陳桑歎惋：「極左」雖有熱情，但徒勞而已，甚至白白犧牲。「什麼都反抗」讓一整個牢房的難友受罰。十年間，母親路迢迢地來綠島兩次都不得接見，從此黯然不再來。有次，為了讓一個難友扮「狗仔」「打入敵人內部」，他們選出叫石滄柏的來做「被打報告的人」，結果石被隨之而來的審訊逼得「發了神經」。「是很勇敢啦！」陳桑不願對難友們批評，在那樣殘酷的處境中，反抗即使荒謬，也是種光亮。

2「共匪」的信息

「老同學」多未親炙過大陸，在獄中，除了共匪毛澤東的思想，還有共匪的戰俘，帶來「紅色祖國」的資訊。

一九五二年十月，國民黨襲擊莆田的南日島，俘虜八百多名解放軍，軍官全被處死，士兵被送到綠島，編入「第三大隊」，成了與台灣政治犯一起上訓導課的同學。陳桑印象深刻：他們很多人沒上過學，卻能認字，是在部隊學的；他們的軍官都死了，但在綠島，他們竟然摸清碉堡、機關槍的位置，策劃了搶奪補給船、逃回大陸或者上山打游擊的「暴動」。颱風拖延了補給船，暴動失敗。曾經幫他們送報紙「國際版」的「老同學」也受到牽連，陳桑在內的一批「不老實」的政治犯趁機被整肅，與南日島戰俘一起押赴台北的軍法處。

時逢七月一日，「反正要死了」，南日島戰俘與台灣政治犯一起唱起了「五星紅旗的國歌」。

南日島俘虜最後都被槍決了。台灣政治犯們，因為其中一人的父親賣掉醫院的奔走營救，再次得免一死。「南日島的俘虜，大陸可能到現在都不知道他們的事情。」

考古學家張光直一九四九年也曾入獄一年，他的自述《番薯人的故事》裏，記錄了與金門戰俘的兩次相遇。一段是在情報處監獄時，十來個解放軍戰俘，被允許與單獨關押的團長見面，一坐下來，他們討論的是「這一仗怎麼打輸的」，如同開戰後檢討會，連監獄的所長也在一旁聽得津津有味。另一段更有意思，是送到內湖「感訓」後，聽到一個國民黨教官對金門戰俘的「指導課」：

教：（穿軍裝，二十出頭，可能已在軍校畢業）「你在這裏與原來的部隊有什麼不同？」

俘：（穿俘虜裝，二十上下。剃光頭，華北農村中的典型老實人的樣子）：「不一樣！就像我走出走進營部的時候，還要給衛兵敬禮。看見了個官，又要敬禮。」

教：「這是非常重要的『禮』。軍隊裏沒有禮貌就沒有秩序。給衛兵敬禮是尊敬他的守衛的職務；給官長敬禮是尊敬他比我高的階級。這是從三千年前孔子的時候就傳下來的。」

俘：「我們那邊不敬禮，也照樣有秩序。看誰輪到站崗，點一個頭；我們沒有階級，照樣也有發命令的，有把命令接過來照做的。」[4]

這特殊環境下兩岸接觸的吉光片羽，讓人聽來五味雜陳。一九五〇年代的中國共產黨軍隊，透露如此清新昂揚的面貌。它不只是以暴力打破了舊世界。部隊是學校，除了識字，他們在具體的戰鬥中認識和實踐平等、秩序的新含義。這本是革命的精神所在，也是建國後百廢待興的基礎。相應一九五〇年代的台灣，如內湖的小軍官所言，偷渡於「三千年前孔子的時候就傳下來的」仁義禮智信中的等級與規訓，正在重新整合台灣的移民傳統和殖民地經驗，形成三十餘年戒嚴的基礎。那是高度有效的管控、是思想喑啞、消失了「左眼」的時代。但在獄中，疑似的共匪經過「訓導」，成了真正的共匪，恐怕是當政者怎麼也想不到的。

張光直在北京度過童年，日本佔領北京時，上學路上可見城外常常被八路軍扒開的鐵路；報攤上可買到偷運來的「解放區」的任何報刊。到台灣後就讀建國中學，又受到國文老師——大陸來的地下黨羅鐵鷹的影響，以左傾學生入獄。一年後張光直終於被父親張我軍輾轉保釋出獄，即報考台大考古人類學，走上研究「器物與古人」的學問之路。比他大兩歲的陳桑則繼續他的暗夜行路。白色恐怖施加於他們的，在未來，還要讓他們殊途同歸：在民族情感與社會主義信仰的問題上。

---

4 張光直，《番薯人的故事——張光直早年生活自述》，北京：三聯書店二〇一三年版。

總之，在綠島這所學校，從鬼門關走過一遭的人們成了「老同學」，完成了社會主義的啟蒙，奠定了對「紅色祖國」的嚮往。獄中學習資源侷限，也無從實踐。無需迴避：作為台灣左翼思想的殘存繼承，這一血脈先天不足。但他們所走過的是煉獄，有逃亡，有瘋狂，有為「激進還是修正」勢不兩立，也有相濡以沫、拼死衛護的情誼。陳桑說，獄中每天二十四小時相對，彼此全無遮掩，相互太瞭解了。所以「老同學」的信仰中有無從撼動的情感。一九八八年政治受難人互助會成立後，是以成為台灣統派最堅定的母體。

3 土地改革與白色恐怖

二〇一〇年我跟隨藍博洲去苗栗探訪當年地下黨最後逃亡的山區。陳映真曾以此寫下報告文學〈當紅星在七古林山區沉落〉（一九九二）：客家青年曾梅蘭苦苦尋找一九五〇年代以「二條一」處死的哥哥的屍骨，終於讓六張犁公墓與白色恐怖浮出淹埋的歷史。陳映真隨之探尋一九五〇年代撲殺的左翼青年中「覺醒的農民」，為何農民中之最「誠懇、正直」的會投身革命，且「一旦覺醒，英勇異常」——這是土地改革幾十年後，當代人難以理解的。作家朱天心則以出獄的親人為原型寫下小說〈從前從前有個浦島太郎〉，地主出身而試圖解放自己的佃農的「寶將」，在小說中，只是一種因青春血氣導致的誤會，一場龍宮歸來猛然驚醒的悲情。

陳映真的報告文學，每讀之如文中所言：「即使嚎啕失聲，也不為失態。」但我們必得從這一情感重擊稍微抽離，來面對異議：那並不遙遠的歷史，卻已經要問「誰的記憶算數」。陳映真的敘述脈絡裏，台灣人的紅色理想在光復前後有其階級矛盾的土壤，也有短暫而具體的實踐。而朱天心對土改前鄉村社會的描寫，無疑更符合當代人的感覺：地主和佃農在各就其位的鄉村秩序中，大可能溫情脈脈。（這一想像分歧，與大陸社會近年來對土改歷史的翻案和爭議，頗有一比。）地主的良善與否自然可有別，但地主與佃農土地、生產關係上的根本衝突，卻不取決於地主的品格。朱天心在小說中盡其可能地對「寶將」和他的革命理想做同情與瞭解，已是人道主義話語面對歷史所能達到的進步。

在苗栗，望著茂密山林和幽谷，藍博洲說，一九四九年開始的土地改革，使得逃亡的地下黨漸漸不易得到農民的支持了。

當年在苗栗山區逃亡的蕭道應等人試圖「重建」省工委，他對同志說：國民黨土改可能讓我們失去農民的支持，但我們還是要鼓勵他們去減租、分土地。

「耕者有其田」的口號源遠流長，一九二〇年代台灣農民組合運動不曾做到，日據後期覺醒的地主子弟，比如陳桑，比如朱天心筆下的「寶將」，也曾想把家裏的土地分給佃農。諷刺地是，自己革命做不到，關在牢裏，卻被敵人做到了。

從「三七五減租」到「耕者有其田」，農民逐漸轉化為自耕農，與地主的關係得到緩解，也為一九六〇年代工業發展提供了自由移動的勞動力基礎。從只管種地到只管賺錢，一樣的是莫問政治。

這裏有個有意味的對照，中共在大陸發動土改時，不管是在抗戰和內戰期間以「打土豪、分田地」來獲得農民支持，還是建國初期新區土改的「群眾運動」，都極為重視這過程中鄉村結構的改變和「人的覺悟」。很多檔案和運動的觀察者，細膩地記錄了生產關係變化中人與人的關係變化、鄉村新政治形態的產生，比如「幹部」和「群眾」的關係，群眾的分化，暴力的問題等等。農民與政治的關係是被正向鼓勵的。一九五〇年代，在台灣的國民黨則有意以共產黨土改中的暴力為反面教材，正當化「自上而下」、和平贖買的方式進行土改，而其作用，恰是去政治的。土改讓農民安分守己。某種意義上，這也是白色恐怖得以實行並令社會長期喑啞的「民意基礎」。

所以十幾年後「老同學」陸續出獄，無不感歎從「小牢」到「大牢」，體制監控與民間歧視的無所不在。一九九〇年代以來，以「走出白色恐怖」為號召的出版物，從官方到民間，所在皆是。如何走出「白色恐怖」？恐怕並不依賴「從吞恨到感恩」的劫後餘生心態。對罪行的控訴或有時盡，深入個體意識肌理的恐怖，才更難走出。

三、陳桑的遺憾

第二次出獄後，在「民氣可用」的形勢下，丟失工黨這個陣地，是陳桑最感痛心之事。一九七〇年代，他偷印禁書、與反對黨接觸乃至策反黃順興的行動，多是獨立、秘密進行，也不可能有什麼組織工作。到了他出獄後的一九八七年，《夏潮》、《人間》雜誌十幾年來凝聚的力量和影響，已有所積累，如果與社會民主派合作的工黨組黨成功，統左派將有一個真正的陣地，公開戰鬥的陣地。

「那個勢，過去了就沒有了。」陳桑詳細講了他認為的造成工黨分裂的多重因素，或許也會引起當事人或關心者不同角度的意見。若以二十餘年來各自發展的經驗，重新檢討這個「失敗」，是否能提供一個左翼各方實踐重新合作的想像呢？無論如何，陳桑認為，這是他們該給後輩的交待。

比工黨的分裂更讓他揪心的，是「統」與「左」的分裂。陳桑認為，對改革開放後大陸社會性質的認識差異，是「統」與「左」分裂的原因。代表正義、平等、窮人過上好日子的社會主義理想，還在嗎？陳桑為此大量閱讀有關中國革命的歷史材料，思考現實，得出大陸是「特殊過渡階段的國家資本主義」，仍朝著社會主義革命的方向。而美國對台灣戰後經濟和政治無遠弗屆的滲透，讓台灣一度成了新形態的美國殖民地。因而，統一亦是立足於反帝基礎上的民族主義。基於此，陳桑認為台灣社會的基本矛盾雖是階級矛盾，但現階段的主要矛盾卻是統獨矛盾。因此陳桑的回憶錄有著貫穿始終的對話對象：關於獨立的論述，和漸行漸遠的（不願意統或消極於統的）左派。

但看起來，台灣左翼的光譜並不只是以統獨分，還有保釣左，毛派、學院左，運動左，道德左，假左，還有不願被歸派別的、進入台灣社會變革的具體面向的新一代實踐者……那麼如何對待不贊成或消極於統一的左派呢？除了對大陸社會主義性質之爭議，在其實踐領域內，還有怎樣值得聆聽的聲音？譬如對兩岸經貿往來模式圖利大資本的狀況，統左陣營內部亦有討論。如果說外因只能透過內因起作用，那麼只有為台灣的農業自主、合作化打下基礎，台灣與大陸一起往前走時，才有可持續性的進步，而不是只依靠大陸採購團或旅遊團，讓共同進步成了饋贈。何況，採購團若沒有站得穩的中間人，沒有篤實的生產者自己的組織——遠有台南學甲虱目魚、近有金鑽鳳梨的案例，「惠利」也是何其難。

統與左的攜手空間，陳桑沒有多談，但我想他對後輩是抱著很大期待的。

剛剛退場的台灣「反服貿」，無疑有政黨政治與冷戰格局的遺留或內化，但從台灣的年輕人的表現看，民進黨和國民黨的政治手腕，其實已經越來越罩不住他們。被推入光環的幾個「學生領袖」有參加民進黨選舉活動的經驗，但在學運中，「領袖」一樣是被拿來晾曬、善意攻擊，並自我檢討的。作為一個大陸人，我想我不是「相信美國式的民主自由」而對台灣民主抱有什麼薔薇夢。學生的「宣言」許多還止於道德性，對服貿和自由主義貿易有深入思考的也未必占多數，但他們展現出的思考意識和努力，恐怕大大超過了他們只有被煽動的份兒的想像。時代的困境和問題，可能是最好的老師。

在大陸一面，「統獨」所繫的民族情感，如今在兩岸交往的進程中扮演的角色，也在「與時俱進」。以商促統不再強調同文同種，「兄弟讓利」之說也留在了前朝相國的語錄裏，而新的國台辦主任從台灣「反服貿」得到的啟示是，「要全面瞭解台灣，瞭解台灣基層民眾的想法。」

有時，陳桑會說：「我的一生是失敗的，沒能革命！也只能如此了。」

陳桑的路，貫穿著一個想做真正的、不被奴役、勇敢的人，不為自己苟活的人的理想，在白色恐怖的年代他堅定了統一和社會主義的信仰，心無旁騖走到今天，而兩岸的往來，一直在以種種新問題提出挑戰。有誰說，自日據時代萌生以來，台灣左翼運動是一連串的挫敗史，看看二十世紀的世界，又豈止是台灣左翼。後輩只能踏著前輩的挫敗往前走，如果對「失敗」的檢討能推動兩岸共同進步，我想，該是陳桑最樂見的。

回憶錄的整理，我也有幾點遺憾。首先是我不懂閩南語，陳桑用國語講述，先得經過他自己的一番翻譯。我的記錄又常需補足，這過程中一定失落了他的許多生動。這是我覺得遺憾和抱歉的。但我想，他的經驗僅只是最平白樸實的保留，都無損其價值。再一個遺憾是有關馮守娥老師，以及他們的兩個女兒一起經歷的，足可以另成一本書。為了陳桑回憶錄的主題集中，只能留待他日。[5]

感謝陳桑和馮老師，帶我走過這一程，兩年多前所聞所談，在今日仍是我的動力和思考資源。感謝呂老師和傑哥成全我的學習，無論資料還是實地踏訪，他們都是堅強後盾。呂老師身兼主持、外聯和校對，最為辛苦。感謝博洲大哥把他多年訪談的資料、影像都複製給我；福裕大哥以他豐富的經濟學知識幫我瞭解許多背景。感謝夏潮的同仁的幫助，其實他們比我勝任整理工作。感謝陳桑的大學同學林淵源先生接受我魯莽的訪談。還要謝謝俊憲載我去五甲尾和高雄踏訪討論。最後，很重要的，是李中、鈺淩、美編瑪琍、琪椿、敏逸為出版所做的統合工作，她們不只是「敬業」，也是珍惜這一台灣記憶，傾注了許多感情。因為她們，回憶錄才以這樣恰切的面貌問世。

整理後記我借用「暗夜行路」，這是陳桑曾經想給回憶錄的名字，來自志賀直哉的小說。或許是覺得小說裏孤獨的思想探索終究太文人氣？陳桑最後用了「無悔」。我覺得，兩個詞語合起來，是對他的人生最好的描述。

二〇一四年四月十三日

5 馮老師的口述回憶，此前有周芬伶整理，收入《憤怒的白鴿》，台北：元尊文化一九九八版。

無悔——陳明忠回憶錄

整理編輯　李娜
校訂　呂正惠
責任編輯　蔡鈺淩
文字編輯　李中、黃琪椿、蘇敏逸
照片整理　林聲洲
美術編輯　黃瑪琍
發行人　呂正惠
社長　陳麗娜
總編輯　林一明
出版　人間出版社
台北市長泰街五十九巷七號
電話　(02)23370566
傳真　(02)23377447
郵政劃撥　11746473・人間出版社
電郵　renjianpublic@gmail.com
定價　三二〇元
二版一刷　二〇一五年一月
二版二刷　二〇一九年十二月
ISBN　978-986-6777-74-5
印刷　崎威彩藝有限公司
總經銷　聯合發行股份有限公司
新北市新店區寶橋路二三五巷六弄六號二樓
電話　(02)29178022
傳真　(02)29156275

無悔：陳明忠回憶錄 / 李娜整理編輯. --
初版. -- 臺北市：人間, 2014.05
352面；14.8 x 21公分. --
ISBN 978-986-6777-74-5（平裝）

1. 陳明忠 2. 回憶錄 3. 白色恐怖

783.3886　　103008629

書中照片除已署名者之外，為陳明忠提供。